思想道德修养与法律基础课程
教学指导用书

《思想道德修养与法律基础课程教学指导用书》编写组　编

南开大学出版社

天　津

图书在版编目(CIP)数据

思想道德修养与法律基础课程教学指导用书/《思想道德修养与法律基础课程教学指导用书》编写组编. —天津：南开大学出版社，2021.5
 ISBN 978-7-310-06112-9

Ⅰ.①思… Ⅱ.①思… Ⅲ.①思想修养－高等学校－教学参考资料②法律－中国－高等学校－教学参考资料 Ⅳ.①G641.6②D920.4

中国版本图书馆 CIP 数据核字(2021)第 083748 号

版权所有　侵权必究

思想道德修养与法律基础课程教学指导用书
SIXIANG DAODE XIUYANG YU FALÜ JICHU
KECHENG JIAOXUE ZHIDAO YONGSHU

南开大学出版社出版发行
出版人：陈　敬
地址：天津市南开区卫津路 94 号　　邮政编码：300071
营销部电话：(022)23508339　　营销部传真：(022)23508542
http://www.nkup.com.cn

天津午阳印刷股份有限公司印刷　全国各地新华书店经销
2021 年 5 月第 1 版　　2021 年 5 月第 1 次印刷
230×170 毫米　16 开本　15 印张　264 千字
定价：60.00 元

如遇图书印装质量问题，请与本社营销部联系调换，电话：(022)23508339

编写组

主　编：张广森
副主编：杨艳红　贾恒欣
编　委：朱雪微　杨艳红　苏海生　高俊龙
　　　　张丽娟　李秀艳　邢靖懿　姜莉莉
　　　　赵艳波　杨　宇

前　言

　　高校思想政治理论课是高校思想政治工作的重要部分，是培育和践行社会主义核心价值观、培养大学生正确世界观、人生观、价值观的主阵地和主渠道，习近平总书记在全国高校思想政治工作会议上的讲话中指出要坚持把立德树人作为中心环节，把思想政治工作贯穿教育教学全过程，在学校思政课教师座谈会上的讲话中更是明确要求必须办好新时代思想政治理论课。"思想道德修养与法律基础"课作为学生进入大学的第一门思想政治理论课，在培养担当民族复兴大任的时代新人方面担当着重要的教育使命。本课程以我们处在中国特色社会主义新时代、时代新人要以民族复兴为己任为切入点，以人生观、价值观、理想信念、爱国主义、社会主义核心价值观、道德观和习近平法治思想教育为主线，针对大学生成长中遇到的思想道德修养与法治素养问题，有针对性地对学生进行教育和引导，帮助新时代大学生树立正确的人生观、价值观，坚定中国特色社会主义共同理想和共产主义远大理想，陶冶高尚情操，认同并养成正确的道德行为规范，形成中国特色社会主义法治观念。

　　为了配合高等院校思想政治理论课的教育教学、讲好"思想道德修养与法律基础"课，我们精心组织编写了《思想道德修养与法律基础课程教学指导用书》，此书可作为全国统编教材、马克思主义理论研究和建设工程重点教材《思想道德修养与法律基础》（2018年版）的教学辅助用书。

　　我们本着忠实于教材的原则，力求体现思想性、知识性和实用性的统一。在把握教材基本精神和基本框架的基础上，结合已有的思想政治理论课课堂教学与实践教学成果，针对教材中的基本理论问题进行分析和阐释，着力解决教师教学中容易出现的疑难问题。在内容设计与安排上以教材章节为依据，每一章均分为教学目标、内容提要、教学重点、思想理论要点阐释、案例精选、教学活动建议六个部分，以期帮助教师全面准确把握课程教学重点与难点，深入理解课程基本理论问题，提升教师理论授课质量，促进与课程相关的理论研究，帮助教师实现教材体系向教学体系的转化,最终有利于提升"思想道德修养与法律基础"课的教学质量和教学效果。

本书编写组
2021 年 1 月

目 录

绪 论 ……………………………………………………………… 1
    一、教学目标 …………………………………………………… 1
    二、内容提要 …………………………………………………… 1
    三、教学重点 …………………………………………………… 3
    四、思想理论要点阐释 ………………………………………… 3
    五、案例精选 ………………………………………………… 10
    六、教学活动建议 …………………………………………… 24

第一章 人生的青春之问 ………………………………………… 25
    一、教学目标 ………………………………………………… 25
    二、内容提要 ………………………………………………… 25
    三、教学重点 ………………………………………………… 27
    四、思想理论要点阐释 ……………………………………… 27
    五、案例精选 ………………………………………………… 42
    六、教学活动建议 …………………………………………… 53

第二章 坚定理想信念 …………………………………………… 55
    一、教学目标 ………………………………………………… 55
    二、内容提要 ………………………………………………… 55
    三、教学重点 ………………………………………………… 57
    四、思想理论要点阐释 ……………………………………… 57
    五、案例精选 ………………………………………………… 68
    六、教学活动建议 …………………………………………… 78

第三章 弘扬中国精神 …………………………………………… 82
    一、教学目标 ………………………………………………… 82
    二、内容提要 ………………………………………………… 82
    三、教学重点 ………………………………………………… 84
    四、思想理论要点阐释 ……………………………………… 84

五、案例精选 …………………………………………………… 101
　　六、教学活动建议 ………………………………………………… 113
第四章　践行社会主义核心价值观 ……………………………………… 116
　　一、教学目标 …………………………………………………… 116
　　二、内容提要 …………………………………………………… 116
　　三、教学重点 …………………………………………………… 118
　　四、思想理论要点阐释 ………………………………………… 118
　　五、案例精选 …………………………………………………… 129
　　六、教学活动建议 ………………………………………………… 143
第五章　明大德守公德严私德 …………………………………………… 145
　　一、教学目标 …………………………………………………… 145
　　二、内容提要 …………………………………………………… 146
　　三、教学重点 …………………………………………………… 148
　　四、思想理论要点阐释 ………………………………………… 148
　　五、案例精选 …………………………………………………… 174
　　六、教学活动建议 ………………………………………………… 181
第六章　尊法学法守法用法 ……………………………………………… 184
　　一、教学目标 …………………………………………………… 184
　　二、内容提要 …………………………………………………… 185
　　三、教学重点 …………………………………………………… 188
　　四、思想理论要点阐释 ………………………………………… 188
　　五、案例精选 …………………………………………………… 215
　　六、教学活动建议 ………………………………………………… 227
后　　记 …………………………………………………………………… 229

绪 论

一、教学目标

1. **知识目标**：帮助学生把握中国特色社会主义新时代这一历史方位的时代内涵；理解中国梦的时代内涵；掌握大学生思想道德素质和法治素养的基本内容，了解"思想道德修养与法律基础"课程的性质、任务以及学习本课程对于大学生成长和发展的意义。

2. **价值目标**：帮助学生确立制度自信；引导学生立志成为能担当起中华民族伟大复兴大任的时代新人；激发学生培养高尚的思想道德素质和法治素养的行为动机。

3. **能力目标**：使学生能够正确认识和把握中国特色社会主义发展进程，学会从时代任务、国家发展和民族复兴角度思考个人使命和责任，并能正确发挥思想道德素质和法治素养的作用解决成长中遇到的问题。

4. **素养目标**：使学生坚定做担当民族复兴大任的时代新人、为中华民族伟大复兴中国梦不懈奋斗的决心和信心，加深学生勇担时代重任的使命感和责任感，自觉提升思想道德素质和法治素养，努力成为中国特色社会主义事业的接班人。

二、内容提要

我们所处的新时代，是中国特色社会主义新时代。中国特色社会主义进入新时代，意味着近代以来久经磨难的中华民族迎来了"从站起来、富起来到强起来"的伟大飞跃，迎来了实现中华民族伟大复兴的光明前景；意味着科学社会主义在21世纪的中国焕发出强大生机活力，在世界上高高举起了中国特色社会主义伟大旗帜；意味着中国特色社会主义道路、理论、制度、文化不断发展，拓展了发展中国家走向现代化的途径，给世界上那些既希望加快发展又希望保持自身独立性的国家和民族提供了全新选择，为解决人类问题贡献了中国智慧和中国方案。这个新时代，是承前启后、继往开来、在新的历史条件下继续夺取中国特色社会主义伟大胜利的时代，是决胜全面建成小康社会、进而全面建设社会主义现代化强国的时代，是全国各族人民团结奋斗、不断创造美好生活、逐步实现全体人民共同富裕的时代，是全体中华儿女勠力同心、奋力实现中华民族伟大复兴中国梦的时代，是我国日益走近世界舞台中央、不断为人类做出更大贡献的时代。

青年兴则国家兴，青年强则国家强。青年一代有理想、有本领、有担当，国家就有前途，民族就有希望。大学生应该以有理想、有本领、有担当为根本要求，夯实综合素质基础，展现新的风貌、新的姿态，成为中国特色社会主义事业的合格建设者和可靠接班人，成为担当民族复兴大任的时代新人，成为走在时代前列的奋进者、开拓者、奉献者。为此，大学生要有崇高的理想信念，牢记使命，自信自励；要有高强的本领才干，勤奋学习，全面发展；要有天下兴亡、匹夫有责的担当精神，讲求奉献，实干进取。

做有理想有本领有担当的时代新人，必须具备良好的思想道德素质和法治素养。思想道德和法律都是调节人们思想行为、协调人际关系、维护社会秩序的重要手段。在我国，思想道德建设和法治建设紧密联系、相互促进，为中国特色社会主义事业提供坚实的思想基础、精神支撑和法治保障。坚持和发展中国特色社会主义，既要发挥思想道德的引领和教化作用，又要发挥法律的规范和强制作用。思想道德素质和法治素养是人应该具有的基本素质。大学生应当通过理论学习和实践体验，牢固树立坚定的理想信念和正确的价值观念，陶冶高尚的道德情操，增强尊法学法守法用法的自觉性，不断提高自身的思想道德素质和法治素养。

"思想道德修养与法律基础"是一门融思想性、政治性、科学性、理论性、实践性于一体的思想政治理论课。本课程针对大学生成长过程中面临的思想道德和法律问题，开展马克思主义世界观、人生观、价值观、道德观、法治观教育，开展习近平法治思想教育，引导大学生提高思想道德素质和法治素养，成长为自觉担当民族复兴大任的时代新人。学习本课程，有助于大学生领悟人生真谛，坚定理想信念，践行社会主义核心价值观，做新时代的忠诚爱国者和改革创新的生力军，明大德、守公德、严私德，尊法学法守法用法，从而具备优秀的思想道德素质和法治素养。

三、教学重点

1. 我们处在中国特色社会主义新时代。
2. 做有理想有本领有担当的时代新人。
3. 提升思想道德素质与法治素养。

四、思想理论要点阐释

1. 中国特色社会主义新时代的科学内涵

习近平总书记在党的十九大报告指出,"经过长期努力,中国特色社会主义进入了新时代"。我们这里所说的"新时代"是特指中国特色社会主义新时代,而不是别的什么主义的新时代,中国特色社会主义新时代的内涵包括以下五个方面:

第一,新时代是"承前启后、继往开来、在新的历史条件下继续夺取中国特色社会主义伟大胜利的时代"。从时间的连续性上来说,新时代与之前的时代既一脉相连又与时俱进,是之前时代的一个转折点,又开启之后的时代,因而又是之后时代的新起点。"一脉相连"体现在"新时代"之前的"时代"与"新时代"的目标都是要夺取中国特色社会主义伟大胜利,"与时俱进"体现在"新时代"将在之前的"时代"条件和新的条件的基础上继续夺取中国特色社会主义伟大胜利。

第二,新时代是"决胜全面建成小康社会,进而全面建设社会主义现代化强国的时代"。新时代中国的主要任务不仅仅是全面建成小康社会,而是在全面建成小康的道路上再前进一步,在实现全面建成小康社会的基础上,建成社会主义现代化强国,实现从站起来、富起来到强起来的跨越。

第三,新时代是"全国各族人民团结奋斗、不断创造美好生活、逐步实现全体人民共同富裕的时代"。新时代要坚持以人民为中心的发展思想,以人民为中心的发展思想的内涵是"坚持人民主体的地位"与"坚持发展理念"相结合,在坚持人民主体地位的基础上主张依靠人民群众共同发展中国特色社会主义,共创中国特色社会主义发展成果;在与人民群众共创中国特色社会主义发展成果的基础上主张为人民谋幸福、谋发展，共享中国特色社会主义发展成果；在与人民群众共享中国特色社会主义发展成果的基础上主张尊重和关心人民群众，共同参与国家事务与社会事务的治理，在共同富裕的进程中实现对美好生活的向往与追求。

第四，新时代"是全体中华儿女勠力同心、奋力实现中华民族伟大复兴中国梦的时代"。"中国梦"的"梦"字凝结了当代中国人民对"人的自由而全面发展"的"美好生活"的向往与憧憬，表征了当代中国人民致力于在理想性与现实性相统一的双重维度中建构中国"美好生活"的睿智与聪慧。新时代肩负着中华民族伟大复兴的梦想，新时代承载着中华儿女对实现中华民族伟大复兴的殷切期望，新时代记录着中国人民为实现中华民族伟大复兴的艰苦奋斗。

第五，新时代"是我国日益走近世界舞台中央，不断为人类做出更大贡献的时代"。新时代的中国不仅着眼于中国问题，也着眼于世界问题。中华民族始终把自己的前途命运与世界各民族的命运联系起来，人类命运共同体的方案以中国对人类命运的关注、中国对时代最迫切问题的洞察、中国为解决人类问题做出的行动，彰显着中国的大国风范，向世界证明了中华民族是睿智的民族、豁达的民族，是真正优秀的民族。新时代的中国在发展自身的同时，也定将会为世界的发展贡献中国的智慧，中国正在靠近世界舞台中央，为人类的发展做着巨大的贡献。

中国特色社会主义进入新时代，这是党的十九大做出的一个重大的政治判断。"变"是辩证唯物主义的基本观点，是指和从前相比，性质状态或情形发生了不同；"新"是一个具有相对意义的概念，"新"意味着发展，从这个角度来说，"新"也就是"变"，新时代必然发生新变化。

第一，新时代之新思。在我们这个时代"到底应该坚持和发展什么样的中国特色社会主义、怎样坚持和发展中国特色社会主义"萦绕在每个人的心头，正是在马克思主义理论指导下与党根据中国国情的艰难探索之中，围绕"坚持和发展什么样的中国特色社会主义、怎样坚持和发展中国特色社会主义"这个重大时代课题，形成了习近平新时代中国特色社会主义思想。习近平新时代中国特色社会主义思想"是马克思主义中国化最新成果，是党和人民实践经验与集体智慧的结晶，是中国特色社会主义理论体系的重要组成部分，是全党全国人民为实现中华民族伟大复兴而奋斗的行动指南"，是我们新时代的时代之新思。

第二，新时代之新行。新时代党提出一系列新理念新思想新战略，出台一系列重大方针政策，推出一系列重大举措，取得了举世瞩目的历史性成就。从经济上来说，新的发展理念与新的发展方式，保证了我国经济保持中高速增长，在世界主要国家中名列前茅，国内生产总值位居世界第二。天宫、蛟龙、天眼、悟空、墨子等科技成果的问世，增强了中国的科技实力，"一带一路"倡议、京津冀协同发展、长江经济带发展等的推进，精准扶贫、精准脱贫政策的实行，科学立法、严格执法、公正司法、全民守法等法治建设的推进，"绿水青山就是金山银山""要像保护眼睛一样保护生态"的生态文明建设等给国家带来了新的发展。

从我们切身体会来说，中国人民的生活也进入了新的时代。从前我们很少有人有电脑、手机，现在家用电脑、智能手机、平板电脑、电子书等电子产品越来越普及。我们从前出门钱包里会放很多现金以备不时之需，现在可以出门不拿现金了，也不用时刻担心钱包被偷，网银支付、微信支付、支付宝支付等电子支付手段使我们的生活越来越便利。同时，我们也越来越关注植树节和世界地球日，注重环境保护、生态建设，而且今天有很多人通过支付宝种树为干旱地区的生态建设贡献自己的一份力量。

2. 中国特色社会主义新时代的战略使命

习近平总书记在党的十九大报告中指出中国特色社会主义进入新时代，并根据新时代的新的历史方位制定了新的发展战略，揭示了中国特色社会主义新时代需要承担的战略使命。

中国特色社会主义新时代肩负建设富强中国和美丽世界的双重使命。

一方面，中国特色社会主义新时代的中国战略使命是实现中华民族伟大复兴的"中国梦"。首先，中国梦是中国的"梦"，习近平总书记以"两个一百年"奋斗目标概括"中国梦"的核心目标，即到2021年中国共产党成立100周年和2049年中华人民共和国成立100周年时，逐步并最终顺利实现中华民族伟大复兴，也就是实现国家富强、民族振兴、人民幸福的宏伟目标。中国特色社会主义进入新时代，这是中国从站起来到富起来再到走向强起来的阶段，是中华民族从民族独立到民族发展再到走向民族振兴的阶段，是中国人民从贫困到温饱再到走向小康的阶段，这不仅是一个梦想，更标志着中国人民实现了一种新的生活方式。其次，"中国梦"不仅仅是中国的梦，也是世界的梦。"中国梦"标志着中国走出了一条不同于西方资本主义文明的人类新文明之路，在利用资本的同时做到对资本的限制和超越，将中国优秀传统文化中的"和文化"融入其中，展现出一种新的"文明梦"的诞生。

另一方面，中国特色社会主义新时代的世界战略使命是推进人类命运共同体的建构。21世纪，世界发生了空前的重大变化，人类的发展实现了空前的重大飞跃，新时代中国的发展需要广阔的全球背景和深刻的世界语境，因而21世纪当代中国必然要承担起改变世界的历史使命。21世纪人类面临着比以往任何时代更严峻的世界问题：在人与自然方面，人类面临着更加严峻的生态问题、环境问题、能源问题；在人与人方面，人类面临着更加严峻的利益冲突、国家冲突、民族冲突；在人与自身方面，人类面临着更加严峻的信仰危机、道德困境、精神空虚等问题。人与自然、人与人以及人与自身陷入空前的紧张关系之中。"构建人类命运共同体"是新时代中国特色社会主义为"世界向何处去"提供的睿智方案，承载着马克思实现全人类解放的坚定理念，是中国越来越靠近世界舞台中央的重要体现，是缓解人与自然、人与人、人与自身紧张关系的制胜法宝，是当代中国马克思主义必须肩负的改变世界的历史使命。实现全人类解放是马克思主义思想的主题，真正共同体是以马克思主义理想建构的共同体。21世纪，我们离马克思主义人类解放理念的实现更近一步；21世纪，我们离马克思主义建构的真正共同体更近一步。但这并不代表真正共同体的实现在今天唾手可得，我们今天还是在追逐马克思主义真正共同体的路上，这条道路势必充满荆棘，但也势必有鸟语花香。我们今天需要做的是寻找到一条通向真正共同体之路的中介道路，而构建人类命运共同体就是我们实现马克思人类解放理念、建构真正共同体的中介环节。因而可以说，新时代的中国比以往任何一个时代都实现了质的飞跃，新时代的中国比以往任何一个时代都更加接近中华民族伟大复兴的中国梦，新时代的中国也比历史上任何时期都更接近、更有信心和能力实现中华民族伟大复兴的目标，而这一使命即将落在当代中国青年的肩膀上，他们是祖国和世界的希望，他们应以时代复兴、民族复兴和世界复兴为己任。

3. 时代新人要以民族复兴为己任

第一，谁是时代新人？时代新人是为中国特色社会主义进入新时代而努力奋斗，贡献力量，具有崇高而远大的理想，掌握高强的技能和本领，拥有胸怀国家和世界的担当精神的"人"。时代新人是我们上一代的人，是我们这一代的人，更是青年一代的人，当代大学生是时代新人中最重要的一批人。党的十九大报告指出："青年兴则国家兴，青年强则国家强。青年一代有理想、有本领、有担当，国家就有前途，民族就有希望。中国梦是历史的、现实的，也是未来的；是我们这一代的，更是青年一代的。"

第二，时代新人为什么要以民族复兴为己任？民族不复兴就会落后、贫穷，没有话语权，任人宰割，任人欺凌，只有民族复兴才能摆脱落后就要挨打、贫穷就要挨饿、没有话语权就要挨骂的境况。民族复兴代表着民族的经济实力、政治实力、文化实力、社会实力、科技实力的进步，代表着民族的综合实力的提升，民族综合实力的提升才能让我们在世界拥有一席之地，才能让世界听到属于我们民族的声音。直至今天，面对战争、疾病、灾害，我们越发发现一个强大的国家、一个强大的民族对于一国人民的重要性。安全感是我们自己给自己的，但是安全感更是国家和民族给人民的，我们的背后有一个强大的国家、强大的民族，我们才会有安全感，我们才能被世界尊重。因此，时代新人要以民族复兴为己任。

第三，时代新人如何以民族复兴为己任？习近平总书记指出："广大青年要坚定理想信念，志存高远，脚踏实地，勇做时代的弄潮儿，在实现中国梦的生动实践中放飞青春梦想，在为人民利益的不懈奋斗中书写人生华章！"从党的十九大报告对青年的论述中，我们能够深刻地体会到党和国家对新时代的青年给予的殷切期望。每一个时代都有每一个时代的特点，每一个时代都有每一个时代存在的意义，而每一个时代的青年都有每一个时代青年应当承担的使命和责任，都要在自己所处的时代条件下谋划人生、创造历史。如何担当民族复兴、祖国富强的时代重任，成为有理想有本领有担当的时代新人？一是要有崇高的理想信念，牢记使命，自信自励。要有作为中华儿女的骄傲和自豪，爱党、爱国、爱社会主义，树立坚定的政治方向和远大的人生志向，坚定中国特色社会主义的道路自信、理论自信、制度自信、文化自信，把理想信念建立在对科学理论的理性认同上，建立在对历史规律的正确认识上，建立在对基本国情的准确把握上。要保持对理想信念的激情和执着，将实现"两个一百年"奋斗目标、实现中华民族伟大复兴中国梦的历史使命内化为担当的自觉，外化为实际行动，从容自信、坚定自励。二是要有高强的本领才干，勤奋学习，全面发展。要惜时如金、孜孜不倦，下一番心无旁骛、静谧自怡的功夫，又要突出主干、择其精要，做到又博又专、愈博愈专；既打牢扎实基础，又及时更新知识；既刻苦钻研理论知识，又积极掌握实践技能；既向书本学，又向实践学、向群众学；既向传统学，又向现代学，努力成为兼收并蓄、融会贯通、本领高强、全面发展的优秀人才。概言之，大学生应把学习作为首要任务，树立梦想从学习开始、事业靠本领成就的观念，让勤奋学习成为青春远航的动力，让增长本领成为青春搏击的能量。三是要有天下兴亡、匹夫有责的担当精神，讲求奉献、实干进取。作为实现中华民族伟大复兴的生力军，大学生的担当精神体现为奉献祖国、奉献人民、尽心尽力、勇于担责，必须讲求奉献，实干进取，自觉树立国家意识、民族意识、责任意识，把个人前途命运与国家、民族的前途命运紧紧地联系在一起，在尽责集体、服务社会、贡献国家中实现人生理想和人生价值；应坚持实践第一，知行合一，求真务实，有为善为，勇于面对实际生活中的各种挫折考验，勤奋刻苦，磨砺意志，脚踏实地；应始终保持昂扬向上的精神状态，富有求新求变的朝气锐气，敢于站在变革前沿，引领潮流之先，以新的实践创造更大成就。

4. 提升新时代大学生思想道德素质和法治素养

大学承担着培养时代新人的使命，如果说专业知识培养学生成为"某种人"，那么思想政治理论知识塑造学生成为"人"，使学生成为"人"是为了更好地引导学生成为"某种人"。在大学中，一方面学习专业知识，以便学生们将来从事某个行业，所以这使得学生成为"某种人"；另一方面学习思想政治理论知识，大学生具备怎样的思想道德素质和法治素养就会怎样思考和处理问题，学生们的世界观、人生观、价值观决定他们想要什么、想走什么样的路、想过什么样的生活，并让他们知道什么样的生活才是合乎道德的、合乎法律的，所以它使学生成为"人"。具备良好的思想道德素质和法治素养是做有理想有本领有担当的时代新人的前提。

成为"人"就要具有一定的思想道德素质和法治素养，成为"人"不仅要有健康身体素质和科学文化素质，也就是说大学生不仅要有健康的身体，要学好专业课知识，还需要认真学习思想政治理论课，提高自己的思想道德境界和法治素养。什么是思想道德素质与法治素养？思想道德素质和法治素养是思想政治素质、道德素质和法治素养的有机融合。思想道德素质是人们的思想观念、政治立场、价值取向、道德情操和行为习惯等方面品质和能力的综合体现，反映着一个人的思想境界和道德风貌，是促进个体健康成长、社会发展进步的重要保障。法治素养是指人们通过学习法律知识、理解法律本质、运用法治思维、依法维护权利与依法履行义务的素质、修养和能力，对于保证人们尊崇法治、遵守法律具有重要的意义。再多再好的法律，必须转化为人们的内心自觉才能真正为人们所遵行。

现代社会政治结构转型在于从德治走向法治，我们需要反思的问题首先是法治为什么是现代社会的前提和基础？随着市场经济的发展，传统道德文化的断裂，现代社会没有统一的道德标准和道德准则，面对没有标准的道德选择，人们需要法律做强制规则来制约和规范社会结构。从德治向法治的转变，并不是要丢弃德治，而是坚持依法治国与以德治国相结合。法律本身就内含着道德的要求，是将某种道德要求变成法律规则，"法律是道德的最低底线"也是从这个意义上讲的。现代社会需要更多地依靠法律去处理人们的外在行为问题，但是法律的强制性是难以深入人们的内心世界的，换言之，法律涉及的是人们的外部行为，而德性追问的是人的内心世界。因而现代社会的转型不能以德治来淡化法治，也不能以法治来取代德治，而必须在德治与法治相结合的基础上实现中国社会的政治转型。

由此可见，法治作为国家社会治理的基础和前提，难以用德治来代替。但是法治涉及的只是人的外在行为，它不追问人的内心世界，而对于现代社会治理来说，不仅是要治理社会的外在行为，同时也要治理人的内在心理。由此可见，对于人的内在心理的治理来说需要德治建设，因而不能用法治来代替德治。一个有道德的人会自觉地遵守法律，没有道德的人很有可能越过法律的边界而做违法的事情，因而法治建设与道德建设是国家治理体系和治理能力现代化的重要组成部分。

在《关于费尔巴哈的提纲》中，马克思说："人的本质不是单个人所固有的抽象物，在其现实性上，它是一切社会关系的总和。"也就是说人是社会中的人，社会是人的社会，人在社会中，必然要以道德和法律来规范和调整自己的行为。随之而来的一个问题是德与法是什么关系？思想道德与法律，是社会上层建筑的重要组成部分，共同服务于一定的经济基础，是调节人们思想行为、协调人际关系、维护社会秩序的重要手段。道德更多是一种内心的准则，正是因为这样，康德才称之为"我心中的道德律"，是我们自己规范自己的原则。法律是强制的，外在强加于我们自身的一种规则，因而康德称其为他律。自律为他律提供思想指引与价值基础，他律是自律的制度保证。习近平总书记在十九大报告中提出："人民有信仰，国家有力量，民族有希望。要提高人民思想觉悟、道德水准、文明素养，提高全社会文明程度。"由此可见，一方面，思想道德为法律提供思想指引和价值基础。思想道德为社会主义法律的正当性和合理性提供了价值准则，在某种程度上是对法律的丰富和完善；思想道德通过提升人们的道德境界使人们更加自觉地遵守法律规范；相比法律来说，道德有更广泛的内涵和外延，因而思想道德可以以一种更加柔性的方式辅助社会主义法治建设。另一方面，法律的实施为社会主义思想道德建设提供了制度保障。法律以强制力来为思想道德建设提供有力保障，科学立法和民主立法更加有利于良法善治的建设，严格执法和公正司法将公平正义落到实处，全民普法和全民守法使履行法定义务、家庭责任和社会责任成为一种自觉行动。

推进国家治理体系和治理能力现代化，一方面需要法治建设对人的外在行为进行约束,另一方面也需要德治建设对人的内在心理进行规范。法治建设与德治建设相结合,才能建设一个有现代教养的中国特色社会主义国家,建立一个有现代教养的新时代社会,培养一批有现代教养的中国人。

如何提升思想道德素质和法治素养?良好的思想道德素质和法治素养,是在学习中升华、内省中完善、自律中养成、实践中锤炼的结果,同时也是大学生把握发展机遇、创造人生精彩的基础条件和宝贵资源。当代大学生首先要学习理论知识,特别是马克思主义理论知识,死记硬背马克思主义基本原理知识、教条主义套用马克思主义方法都是对马克思主义理论知识的误读与亵渎,同学们要掌握马克思主义基本原理,以问题为导向,自觉地根据时代的发展和国情、世情、社情的变化运用马克思主义方法思考问题、处理问题和解决问题。其次,要积极参加社会实践活动。在实践中检验真理,在实践中促进真理,在实践中推进真理,使理论与实践相结合不再成为口号,而是落实到实际行动之中。最后,要树立崇高的理想和坚定的信念。理想信念是精神之钙,崇高的理想和坚定的信念是大学生健康成长、成就事业、开创未来的精神支柱和前进动力。没有崇高的理想,没有坚定的信念,会使人感到内心的空虚,陷入精神的荒漠,丧失生活的勇气和信心,找不到生活的价值与意义。

五、案例精选

1. 衣食住行看变迁

70年来,占全国人口82%的广大农村发生了巨变,农民生活水平大大提高。广大农民衣食住行的大变迁表明,我国取得了举世瞩目的伟大成就!

穿衣不仅能遮体御寒,更能体现人的精神风貌,以及对服装审美意识的提升。改革开放前,无论春夏秋冬,人们穿的满眼的蓝、黑、灰是常景。新三年、旧三年、缝缝补补又三年。寒冬深夜,时常看到老妈妈在昏暗的油灯下糊夹织、纳鞋底、缝补衣裳的疲惫身影。村中到处跑的是穿着空心棉袄、飞了花棉裤的顽童,因为没有贴身的衬衣、秋衣裤可穿用,袖子上还抹满了大鼻涕。一件衣服老大穿完老二穿,老二穿时老三还在等;买布一律要票证,谁要能穿上一件用土布、卡布做的新衣服,夏天能穿上"的确良"衬衫,那是让人羡慕得要命。改革开放以来,农民的服装从穿严实到穿暖、穿新品种,从一件衣服穿四季到四季均有衣服换,从衣柜中只有几件补丁旧衣到有各款衣服几十件;喇叭裤、蝙蝠衫、棒针衫等外来的"奇装异服",也流传到农村各地;随着纺织工业的发展,涤纶服装开始流行;西装热是对"国际范"的顺应,紧身健美裤、牛仔装、蓝白条运动衫、海魂衫体现了开放思想;人们的着装由黑蓝灰的单一色调,发展为丰富多彩、舒适大方的多种形式;短袖上衣、风衣、羽绒服、羊毛衫等全新类型纷至沓来。看眼下,人们回归自然、返璞归真,带来了棉麻衣服的回潮;挑战自我的户外运动服成为全民装束;具有民族风格与传统文化特色的新中式服装,日益得到青睐。

吃是人们最基本的生活需求,农民坚定信奉"民以食为天"。从中华人民共和国成立到今天,农村人的"一日三餐",历经了为吃饱发愁到追求吃好、吃精,走过了满足温饱到丰盛美味再到营养健康的变化历程。20 世纪 60 年代的"瓜菜代",成为中华民族难以忘怀的阵痛。70 年代有所好转,但大米、白面、鱼、肉等在餐桌上仍少见,年夜饭有白菜粉条炖肉和"两样掺"(白面、玉米面)馒头就行;平日里还是"太阳出来照西南,一天三顿窝、稀、咸",棒面馇馇像砖头一样硬;村里还不时出现乞讨人员的行踪。进入了改革开放的 80、90 年代,人们的吃食变了样,鸡鸭鱼肉上餐桌,还有鱿鱼、虾仁和海参也进入农户饭厅。大米饭、白馒头成为当家主食,副食、菜品开始七个碟、八个碗地摆上了。只要愿意,顿顿能吃细粮,天天可见荤腥。农家人对这大鱼大肉还真有点不适应,有人过快、过早地患上了"三高症"。进入 21 世纪,各种票证和粮店、副食店早没了踪影,取而代之的是大型超市、菜市场;各类副食一应俱全,琳琅满目,商家良性竞争。人们注意到不能盲目大吃大喝了,不能单纯追求餐桌的丰盛,而是要讲究粗细搭配、荤素调整、摄入均衡,多吃绿色食品;原来的"弃儿"——山芋、窝头、面粥、南瓜等,又成了餐桌上的"新宠"。如今农民们的口头禅是:要吃得营养,吃得健康,利于提高生活质量,益寿延年,活得硬朗;新时代农民吃嘛嘛香,生命之树常青;"舌尖上的中国"已在世界驰名。

住是人类社会进步的重要标志之一,不但能挡雨避风,还具有一定的艺术观赏功能。从唐代杜甫的"安得广厦千万间,大庇天下寒士俱欢颜"的期盼,到现代人们期望住上高档房的热切心情,是人类历史发展的必然传承。中华人民共和国成立初期,农民住的多是土坯房、"穿鞋戴帽房(上下是砖的、当中是土坯的)"或用泥土和麦秸建成的土屋,雨季常出现"外面下大雨、屋里下小雨"的窘境;大雪纷飞时,室内冰冷难熬,只能蜷缩在被窝中不动;举目望全村,纯砖瓦房寥寥无几。屋内四个墙旮旯,一件像样的家具都没有。现如今,满村都是砖混瓦房,一排排、一幢幢,整齐统一;近几年实行的"煤改电",防污染,方便又卫生;富裕户盖了小二楼、小洋房,雕梁画栋,美观安全;各具特色的民居、别墅，成为农村的亮丽风景。国家"平房改造"政策得到广大农民积极响应，他们又陆续住进了"双气"的高级楼房，宽敞豁亮、冬暖夏凉、窗明几净，住房条件像那芝麻开花高了一层又一层。再看室内日用品及摆设，应有尽有，四角充盈；"三转一响（自行车、缝纫机、手表、收音机）"早就变成了彩电、冰箱、电脑、空调、装饰镜，有的人家还把大型根雕茶具和钢琴请入屋中。

40年前，受经济基础限制，投资不足，条件落后，交通成了老大难。村里都是土路，下雨一身泥，晴天一身土，道路凹凸不平，雨后处处泥泞。夜晚无照明，夜行者得想着"道白、水亮、泥黑"的提示，走走停停。交通工具稀少，出门办事、串亲戚要骑驴、坐马车，到七八里地远的农田干活也靠"11路"步行。谁家有辆飞鸽牌自行车可在全村逞能，人称"铁牛"的是红旗牌加重自行车。村里如果开进一辆小轿车，人们则纷纷前去观赏，像看奇葩动物般甚是吃惊。改革开放以来，国人人均可支配收入陡增，紧跟而来的是农村交通条件的大改善，年年都有提升。看现在，村村通公路，连街道胡同都铺满了水泥路面，绿化又美观，展示着新的村貌村容。大街小巷都有路灯，夜晚灯火通明。交通工具也不断提升，公交车四通八达；自行车、摩托车、电动车成为村民代步工具；农家院里的小轿车屡见不鲜、层出不穷，自驾出游已成平常事情。现在，高速铁路、网络购物、扫码支付、共享单车成为中国新的四大发明；A320大型空客昂首飞向蔚蓝的天空；铁路迅速发展，由蒸汽机车、内燃机车到电力机车，再到和谐号动车、复兴号高铁，坐高铁出行快捷、便利又荣光。如今，新农村的阿姨们喜乘各式现代交通工具，"一条丝巾"天下行，尽显国人衣食住行新内涵，已成为世界上的独特风景。

看今朝，十九大劲吹深化改革开放东风，习近平总书记倡导的"绿水青山就是金山银山"的观念，已成为人民的心声、百姓的行动；广大农村将更加壮美，山清水秀，人们的衣食住行将向更高的目标攀登。"一带一路"更加展示了中国的博大胸怀、雄韬大略和与世界共赢的目标，中国人民撸起袖子加油干，砥砺奋进，越战越勇，众志成城。展望未来，中国必将取得更大成就，必将实现中华民族伟大复兴的中国梦！①

【教学建议】此案例适用于思想道德修养与法律基础课程绪论中"中国特色社会主义进入新时代"70年变化的相关问题的讲解。

---

① 资料来源：人民网，2019年6月27日。

2. 中国高度——新中国成立 70 周年成就述评之二

3000 米，这是国产大飞机 C919 首飞的最大飞行高度；

6000 米，国内首架大型双发长航时无人机成功首飞；

数百公里的太空轨道，神舟飞天、北斗组网，中国卫星自由徜徉；

38 万公里之外的月球，嫦娥四号首探月背，五星红旗格外鲜亮……

梦想是伟大事业的开端。从温饱不足到迈向全面小康，从站起来、富起来到强起来，中华民族的发展进程中，无数梦想拔节生长，美好希望竞相绽放。

从一穷二白到创造传奇：伟大梦想决定伟大创造

1958 年，一列闷罐火车行驶在中国西部，所经站牌都被草帘子遮得严严实实。列车的目的地是一望无际的戈壁，任务是在荒凉沉寂的戈壁滩里修铁路、建机场，直到后来，人们才知道，这是新中国的首个导弹、卫星发射场。

1949 到 2019 年，一代又一代航天人献完青春献子孙，不断放飞了中华民族千百年来的飞天梦想，每一次飞行都描绘着壮丽的中国航迹，每一步跨越都标注着崭新的中国高度。

70 年前：新中国一穷二白、百废待兴，开国大典上，受阅的飞机因为数量不够，不得不飞完一圈绕回来再飞一圈。70 年后：国产大飞机运 20、C919、AG600 蓝天聚首，嫦娥四号实现人类探测器首次月球背面软着陆，长征系列运载火箭飞行次数突破 300……

从"东方红"跃然于世到"墨子号"飞向太空，从"两弹一星"横空出世到北斗系统服务全球、"嫦娥四号"传回世界上第一张月背影像图……一部新中国的航空航天发展史，就是一个发展中国家自强不息的奋斗史。

从仰望星空到走在前列：梦想让我们离目标越来越近

梦想，从历史长河中走来，闪耀着伟大复兴的曙光。45 年准备、论证，15 年探月圆梦。

1957 年，年轻的欧阳自远被苏联发射上天的第一颗卫星震惊了。搞矿产勘探的他在想：如果能用卫星找矿，效率该有多高！

1958 年，美苏相继公布探月计划。欧阳自远急了，既然没人搞，那就我来干！

从年轻的科研人员到白发老院士，作为中国月球探测工程首任首席科学家的欧阳自远一干就是 45 年，他和同事们最终完成了中国首次月球探测立项报告。

2004 年，中国探月工程正式立项；2019 年，嫦娥四号成为首个实现月球背面软着陆的人类探测器……

"生命就这么长,要把最宝贵的时光献给祖国最需要的地方!是梦想让我们离目标越来越近。"欧阳自远说。

50年前,人类登月成功;50年后,月球上的中国探测器、中国月球车仍在继续书写新的传奇。

2019年8月25日,月亮上的"嫦娥""玉兔"又醒了!嫦娥四号着陆器和"玉兔二号"巡视器再次通过月夜低温考验,分别自主唤醒,进入第九月昼,继续开展科学探测任务。

还是在酒泉,2019年夏秋之交的一个月之间,连续三发火箭腾空而起。"捷龙""快舟"接过前辈手中的火炬,"星际荣耀"开辟中国民营火箭新天地……中国速度让中国高度未来更可期。

"两弹一星"梦、载人飞天梦、探月梦……每一个梦想成就更大的辉煌。

"我在其他地方没有看到过这样快速的发展,中国就是未来。"美国太空探索技术公司创始人埃隆·马斯克赞叹于中国的发展。

时代的脚步,总在不断跨越艰难险阻中愈发坚实。探寻巨变,必有生生不息的力量源泉。

这是涓滴而成的大海,重大工程的跨越,正来自"中国方案"凝结而成的厚积薄发,是集中力量办大事奏出的时代强音。

这是万千活力汇聚而成的时代伟力,自力更生是中华民族自立于世界民族之林的奋斗基点,勇于探索、协同攻坚带来自觉创新的不竭动力。

"科技梦"助推"中国梦":对未知的探索永不停歇

2017年5月,C919成功首飞,实现了国产大型客机"零的突破",让中国不再是"没有翅膀的雄鹰"。

从1970年我国自主研制的"运十"飞机立项,到2017年C919成功首飞,中国人的"大飞机梦"穿越了近半个世纪。

C919首飞现场,年近九旬的"运十"飞机副总设计师程不时用自己珍藏多年的小提琴,深情演奏了一曲《我爱你中国》,打动了在场每一个人。

经过近三年的紧张调试,"中国天眼"渐入佳境。截至目前,被誉为"中国天眼"的500米口径球面射电望远镜已发现132颗优质的脉冲星候选体,其中有93颗已被确认为新发现的脉冲星。

中华民族一次又一次从困境中奋起,有一种特殊的基因,这种基因就是伟大的中国式创新。一个个创新成果的涌现,编织起人民走向美好的希望版图,托举起中华民族伟大复兴的中国梦。

月球返回、探索火星、空间驻留……仰望璀璨星空,我们追梦不止。中国将奏响探索宇宙的新乐章,崛起中华民族精神的新高度!①

【教学建议】此案例适用于思想道德修养与法律基础课程绪论中"中国特色社会主义进入新时代"70年中国成就的相关问题的讲解。

3. 武汉战"疫":一场"00后"的"成人礼"

戴着一副黑框眼镜,眉眼间稚气未脱,"00后"武汉女孩谢小玉是北京矿业大学大二学生。新冠肺炎疫情暴发时,她正在家里过寒假。"与其宅在家里,不如做些更有意义的事。"于是,她来到社区报名成为一名防疫志愿者,每天为小区居民买菜、买药,分发生活物资。

像谢小玉这样的"00后"还有很多。他们有的是医护人员,与时间赛跑,与病魔较量;有的是青年民警,身穿制服,维持秩序;有的是社区志愿者,穿上"红马甲",走街串巷,排查宣传……"国召唤,我必上","00后"青年军的火线驰援,是一次行胜于言的"成人礼"。疫情之下,我们是时候重新认识这一代人了。

在这次抗击疫情斗争中,人们看到了"90后""00后"的群像。过去有人说他们是娇滴滴的一代,但现在看,他们成了抗疫一线的主力军,不怕苦、不怕牺牲。抗疫一线比其他地方更能考验人。

越是危难时刻,越需要责任担当

"如果前线缺人手,过了隔离期我还愿意报名。"湖北省委党校方舱医院休舱后,19岁辅警雷剑璇等值勤人员也随之进入了隔离期。

时间倒回到2月11日。雷剑璇所在的武汉市黄陂区公安分局武湖派出所发布号召青年民警、辅警驻守方舱医院的任务通知后,他第一个向所里提交报名意向。"父亲在我这个年纪时,参加了1998年湖北抗洪抢险。我也要做一件和父亲当年一样值得骄傲的事情。"

在高峰时段,武汉十余家方舱医院有1200余名警力24小时轮流值守。在医院值勤期间,雷剑璇等除了保障医院内部及周边治安管理,还要协助医护人员发放饭菜、搬运设备,下班后还会帮助患者代买生活物资。

"当自己穿上防护服,跨进医院隔离门时,那种'被需要'的感觉我一辈子都不会忘记。越是危难时刻,越需要责任担当,也越能彰显青春价值。"雷剑璇说。

或许每一代年轻人都有不一样的个性,但有一点却出奇一致:关键时刻,

---

① 资料来源:新华网,2019年9月3日。

都会毫不犹豫挺身而出。同样作为武汉人的陶梦婷,是武汉生物工程学院药学专业大二学生。在武钢体育中心方舱医院担任志愿者期间,她也成了"斜杠青年":方舱医院播音员、防疫物资装卸工、社区生活物资派发员。

"我是这座城市的一部分,现在她'生病'了,我有责任为她出一份力。'00后'已经不再是长辈眼中的孩子,我们有担当,经得住考验。"陶梦婷语气铿锵。

在距离武汉 500 多公里外的湖北恩施龙凤镇吉心村村委会交通管制点,大学生志愿者蔡丹、蔡让姐弟俩正在给过往车辆消毒登记,为行人测量体温。

"疫情暴发后,看到越来越多的人奋战在抗疫一线,我们也觉得应该站出来做些什么。" 2 月初,这对"00 后"龙凤胎姐弟俩来到村委会,主动报名加入了村志愿服务队。"这些年家里并不富裕,乡亲们给了很多帮助,疫情之下我们要用实际行动回报大家。"

坚守抗疫一线,彰显青年力量

走进武汉大学中南医院隔离病区,防护服、护目镜、N95 口罩,全副武装,为病人输液、吸痰、翻身、清理呕吐物……连续工作了两个多月后,刚满 20 岁的急诊中心男护士胡勋炜早已没有了最初的紧张和焦虑。

"有段时间医院收治患者人数增加,忙起来的时候没有察觉,下班换衣服才发现全身早已湿透,几乎等于用汗水洗了个澡;长时间戴护目镜,鼻梁、颧骨等骨性突出部位出现压痕、磨伤,但我们觉得这是最美的青春印记。"胡勋炜说。

与胡勋炜同样忙碌的,还有湖北商贸学院"00 后"大二学生戴林翔。1 月 23 日武汉封城后,戴林翔报名了武汉市汉阳区七里晴川社区志愿者。在疫情防控期间,为保证社区新冠肺炎疑似患者应收尽收,戴林翔和社区工作人员经常加班到深夜,累计完成了 398 户居民入户排查和小程序"健康码"登记工作;同时,每天协助社区工作人员在居民网格微信群里,对 198 户居民所需物资进行登记归类。

因为基层社区人手紧缺,戴林翔还担任起了临时搬运工,先将居民生活物资一份份搬上运输车,运到社区后又搬下来,再分发到各个小区的每个楼栋。"我年轻,这些体力活儿不算什么,正好可以锻炼肱二头肌。"戴林翔笑着说。

在磨砺中收获,在历练中成长

3 月上旬,因疫情滞留湖北的全国 300 多名消防员抵达武汉集结,与武汉市消防救援支队"119 党员突击队"并肩作战、共抗疫情。广西总队桂林支队平乐县昭州消防救援站战斗员周丰学便是其中的一员。

20 岁的周丰学在回湖北孝感老家探亲的第三天,就赶上了孝感封城。"虽然回不了原单位参加战'疫'工作,但有幸奔赴武汉一线,更是对自己的磨砺。"

在武汉船舶职业技术学院隔离点值勤的 46 位消防指战员中，周丰学虽年龄最小，胆气却不小：接送隔离人员时，同事背起行走不便的老人，他会主动上前搭把手；看到有些隔离人员情绪不好时，他会主动协助医护人员进行心理疏导。

"以前自己多是机械地完成任务，性格上也有些我行我素，经过这次历练，增强了团队意识，更加懂得体谅、关心别人，也更深刻地感受到了生命的脆弱与珍贵。作为一名'00 后'消防战士，应该加倍珍惜青春时光，用这抹'火焰蓝'守护好人民大众。"周丰学说。

与周丰学同龄的宋佳宝，是雷神山消防救援站通讯员。因为消防救援站与雷神山医院仅有一墙之隔，宋佳宝负责在消防站指挥大厅远程监控医院消防安全，还多次进入雷神山医院进行消防数据采集和消防巡查。

过去一个多月，雷神山消防救援站站长曾雄飞深刻感受到了宋佳宝的成长。"每天进出医院人员较多，多项消防数据都在不断变化，许多细节需要实时调整。在每晚举行的'灭火预案'推演讨论会上，佳宝总是善于发现问题，提出合理修改建议。大家明显能感受到他工作上的细心和责任心。"曾雄飞说。

恰同学少年，风华正茂。对于"00 后"来说，抗疫一线既是战场，也是学习历练的"课堂"。在疫情这道考题下，他们留下了青春的力量、拼搏的印记。3 月 19 日，将是宋佳宝的 20 岁生日，他的生日心愿早已经想好："抗击疫情，青春蝶变，淬炼成钢，期待不断成长的自己担负起更多时代赋予的责任。"①

【教学建议】此案例适用于思想道德修养与法律基础课程绪论中关于"如何做时代新人"的讲解。

4. 张佳鑫：两获全国道德模范提名的"90 后助老博士"

新时代的青年已将参与公益视为新时尚，"90 后"张佳鑫是其中一名佼佼者，这名"助老博士"凭借实效、影响和口碑而屡获殊荣。通过他的故事、探索和感悟，希望投身公益的青年能得到启迪，一起做好中国青年志愿服务的供给侧结构性改革，翻开志愿服务事业的新篇章。

2019 年 9 月 5 日，新闻联播的第 3 分 54 秒，女主播微笑着，播报出张佳鑫的名字。

第二天，中国几乎所有报纸上，都有"张佳鑫等 257 位同志被授予第七届全国道德模范提名奖"的内容。

这名不到 30 岁的青年，已经在这个含金量极高的奖项上"梅开二度"——

---

① 资料来源：《光明日报》，2020 年 3 月 16 日 08 版。

两年前的 2017 年 11 月，他已经荣获第六届全国道德模范提名奖。

此刻，他是一名令人赞赏的"公益创客"。而在获奖后的下一个月，这名文质彬彬的"工科学霸"又成为 2019 年 WCSP 无线通信和信号处理国际会议（IEEE WCSP）上令人瞩目的学术新星。

他和两名学术导师合作的论文，入选了 IEEE（世界上最大的非营利性专业技术学会）在无线通信和信号处理领域颁发的十周年"优秀论文奖"。

"我也想当志愿者"

1990 年，张佳鑫出生于陕西省汉中市。他的祖籍地在吉林松原，他的爷爷从哈尔滨工业大学毕业时，恰逢轰轰烈烈的"三线建设"如火如荼地推进，于是投身这股洪流，来到汉中，入职陕西飞机制造公司[现为中航工业陕西飞机工业（集团）有限公司——记者注]，成为一名造飞机的设计师。

"每天早上，我都会闻到白米面皮配着油泼辣子的清香，那是幸福的味道。"从小学到初中，张佳鑫一直在厂里吃住，念附属学校，"几乎每天都去姥姥家吃饭，从学校出来，下个坡就到了"。

那段日子里，因为和姥姥特别亲，他格外关注姥姥的一举一动。他有时感到，老人在慈祥温和、任劳任怨的另一面，也有着晚辈难以觉察的孤独，以及追赶时代脚步的力不从心。"我爱姥姥，长大后，我要为老人做些什么。"

2008 年，他迎来高考。汶川地震后的盛夏，天空繁星点点，他躺在操场的地震帐篷里，突然对身旁的同学说，"电视里有志愿者在抗震救灾，我也想当志愿者。"

"你要高考啊，你想去哪里？"

"我要去北京，我看过报纸，那里有义工。"

献身公益的种子从此在张佳鑫心里生根发芽。那时，他并没有想到，公益会在他的人生中烙下深深的印。

志愿服务也需要专业

张佳鑫如愿考取北京邮电大学。他报到后，第一件事就是申请加入志愿服务社团。"入学前，我心目中，志愿服务就是浓缩大学精神的符号。"

张佳鑫加入学院的阳光志愿者协会后参加了去昌平区信心小学的志愿服务。

当时，信心小学很小，一个年级就一个班，教室很旧，孩子们在泥土飞扬的院子里奔跑，没有老师教英语。"大学生志愿者真是雪中送炭。"学校老师说。

从此，每双周的周三，张佳鑫就会早早出发，步行 20 多分钟到学校上英语课。

他发现,学生缺的东西太多了,可自己没有足够的钱解决这些问题。于是,他们为同学打扫卫生,收集喝完的饮料瓶,"扫楼"后,用一条细绳把瓶子串起来,拉下楼去义卖。筹得的费用,为每个孩子买练习册和试卷。

他干得很用心,但很快就发现,贫困的地方比想象的多,需要帮助的人也比想象的多。"志愿服务需要成本,如果只靠一腔热血,效果有限,也不可持续。"

他还意识到,从事公益需要放弃个人英雄主义。"干志愿服务需要团队,需要更多人的支持和理解,因此,得努力让别人知道你在干什么。"

专业能力显得格外重要。"如果你啥都不懂,站上讲台,反而是浪费孩子们的时间。"

"志愿服务能点亮心灯,为别人带去快乐,也能给自己带来快乐。"他回忆说,志愿服务让信心小学的孩子收获了信心。

这些农民工家庭中的孩子,多数比较羞涩,不愿主动表现。张佳鑫经常省下买鸡腿的晚饭钱,买3支圆珠笔,谁主动回答问题,就奖励谁。

就这样,孩子们愿意走上讲台,在同学面前做自己擅长的事情。"学生在掌声中走下讲台的表情细节说明他们建立了自信。"

时光飞逝,告别的时间到了,小班同学组织文艺活动,志愿者和学生一起载歌载舞。在张佳鑫离开前,一名学生给了他满满一口袋的千纸鹤,上面写满了祝福的话语。

这段经历让这名近1米9的高个子爱上了公益,"上瘾了"。

"我们要去传递爱、成为爱"

第二次志愿服务,是庆祝新中国成立60周年阅兵式志愿服务。当年暑假,他一直没回家,在操场训练,举着花束,激情满怀地向前走。

有一次,大雨毫无征兆地倾盆而下,猝不及防的志愿者们的第一反应不是跑开躲雨,而是更加豪情满怀地坚持练习走正步。

"真正走过长安街时,心潮澎湃,感觉心脏和祖国的节拍一起跳动,特别幸福。"他说,这段经历终生难忘,"我们受到了很热烈的欢迎,同学都非常羡慕穿志愿者服装的人"。

"视野被打开了,结识了很多的好朋友。"张佳鑫听说了蜚声环保NGO圈子的宋庆华老师的故事,也为"世界咖啡屋""社区客厅"的创意而激动兴奋。"真是大开眼界!我发现,用心做公益,能打开一个完全不一样的世界。"

"人,生来就是应该去爱的,世界精彩纷呈,缺的是从内心发出来的真诚、善意、正义、无畏和同情。"他说,志愿服务让城市更有温度,也让每个人的生活更加多姿多彩,"我们要去感受爱、传递爱、成为爱"。

让"银发族"跟上时光的脚步

一个偶然的机会,让张佳鑫开始筹建团队,从志愿服务的参与者,变成策划、组织、倡导、参与、推广者。

那是 2011 年 5 月,即将升入大四的张佳鑫发现学 6 楼下贴出海报——"寻找改变世界的种子"。这是中国青少年发展基金会当年推出的希望工程"激励行动",支持大学生参与公益服务。要求学生自行设计项目,用技能和思考去解决问题。

张佳鑫心动了,在图书馆一楼,他召集的 13 人小队站着围成一圈,展开讨论。

有人提出回小学教英语,大伙儿认为不现实;有人提议送书包,反对者认为一次性的活动难以持续。那么,13 个人能做什么呢?

张佳鑫想到了姥姥,和自己视频时,放不出声音,急得出汗;他还想到了大姑,电脑出点很小的问题,都得花钱请人修,"可能就是不懂按某个键"。

"咱们是学信息工程的,学院有近千名大学生,利用自己的专业,教周围的老人学电脑。"他的提议得到了一致赞成。

"夕阳再晨"应运而生。他们坚持不懈的努力,让那些没能跟上时光脚步的"银发族"和年轻人一样享受信息社会带来的便捷。

10 年来,在张佳鑫的带动下,北京、上海、广东、陕西、南京、河南、四川、湖南等 19 个省市 100 余所高校志愿者加入科技助老公益活动中。累计参与志愿者人数超过 10 万人次,覆盖全国 500 余个社区,帮助老人达到 100 万人次。

庞大的数据背后,是老人生活品质的提升,大量家庭因此受益。

"邻里守望,夕阳再晨绽放美好华彩"

2013 年,芦山地震发生后,张佳鑫作为志愿者代表被选拔出来,全程参与、监督中国红十字会 2000 万元地震专项资金的使用。

他发现,灾后安置期需要明确的规则,包括界定受灾户、补偿标准、发放安排、统计登记政策等。规则的落实也需要系统的考量机制和评价标准,让救灾物资迅速到达群众手中。"只有各方相互协调配合,才能避免积压。"

同时,他意识到,物资发放现场需要更多的志愿者维持秩序,保证有序高效发放,并做好登记画押签收。

跳出"身在此山中"进行旁观的这段经历,让他加强了对"夕阳再晨"的审视,和团队的两位联合创始人何绍森、罗旭一起,不断对细节进行优化。

最终,该项目荣膺在重庆举行的中国青年志愿服务项目大赛金奖。

在做公益的过程中,他没有丢掉学术。他研究卫星地面融合网络、无线网络大数据、政务大数据,参与过多项国家 973 项目、国家自然科学基金和国家科技重大专项,发表 SCI/EI 论文 30 余篇,申请国家发明专利 10 余项,并在 2020 年获得国家自然科学基金青年项目资助。

他和张兴、王文博教授发表的学术论文 Social-aware cache information processing for 5G ultra-dense networks(《5G 超密集网络中基于社会关系的缓存信息处理》),荣获 IEEE WCSP 组委会颁发的十周年"优秀论文奖",该奖项基于过去 10 年来 WCSP 所有发表文章的引用率、学术价值等进行综合评估,共评选出 10 篇"优秀论文"。

他的论文提出了一种基于实际蜂窝网络收集的数据获取基站之间的社会关系因素,并通过建模设计了一套新型社会关系感知缓存信息处理方法,通过优化,可以提高超密集 5G 网络吞吐量和能源利用率,降低端到端时延。

令人惊奇的是,这名"工科男"还出版了诗集,大声赞美美景、友谊和爱情,歌颂公益和祖国,思考人生的价值和意义。

那些关于志愿服务的诗篇,未必最能体现他的才华,却一定是他的真情流露。他写道:

> 因为花开,心中更加有爱
> 芳香扑鼻,一树一树装点希望未来
> 因为云来,心中更加有爱
> 变化万千,霞光万丈洒满金色大海
> 因为你在,心中更加有爱
> 解释春风,温暖感动充斥浩荡胸怀
> 因为志愿,心中更加有爱
> 邻里守望,夕阳再晨绽放美好华彩[①]

【教学建议】此案例适用于思想道德修养与法律基础课程绪论中关于"提升大学生思想道德修养"的讲解。

5. 大学生求职揭开特大网络诈骗案 利用语音平台行骗

浙江金华某职业院校的大三学生小王想趁着大学毕业前找个兼职,赚点外快的同时也可以为今后进入社会积累些经验。然而,万万没想到,他的第一次求职经历却揭开了一个以"介绍网上兼职"为名,利用语音平台实施诈骗的大

---

① 资料来源:新华网,2020 年 5 月 14 日。

案。截至7月10日,浙江省金华市婺城区检察院以涉嫌诈骗罪对这个诈骗团伙中的16人批准逮捕。另有多名涉案犯罪嫌疑人还在陆续被报捕之中。初步估计,该案涉案金额已逾千万元。案件仍在进一步侦查中。

求职心切,大学生掉入语音平台诈骗陷阱

和普通求职者一样,小王一开始选择了在某大型求职网站上浏览招聘信息。2017年2月,一则招网评员和淘宝客服的招募广告吸引了他。想到可以在学校里兼职,既不用奔波又不耽误学习,小王挺心动,主动联系了广告上的联系人张女士。对方告知他,他们现在的招聘工作都在语音平台上进行,让小王下载并进入一个叫"IS"的语音平台,会有专门的客服人员与他联系。果然,当小王注册进入这个语音平台后,一个名为"锦程招聘"的客服就开始向他询问求职意向。

"我们这里有各种类型的工作,根据工作的不同,需要交一定的押金,分为四档:一档是小时工,交99元;二档是临时工,交199元;三档是正式工,交299元;四档签合同,交399元。这个押金是为联系公司和进行培训的,3天至7天就会返还。"

一听给联系单位还给培训,小王觉得挺靠谱,立即交了199元押金。之后,客服又以岗位试用金、马甲费等各类名义要求小王不断交钱。在交了近800元钱后,小王终于被告知可以参加培训了。于是,小王在"锦程招聘"的引导下,又加入了培训部的账号,而培训部也确实没让小王闲着,很快给他分配了培训任务,就是网上刷单。然而,就在小王用个人身份信息注册了一大堆账号,完成刷单任务后,培训部的账号却突然将他拉黑,不仅任务提成没收到,自己反而又为刷单搭进去好几百。

不到几天的时间,小王先后支付了1000多元钱,却什么工作也没找到,意识到自己可能被骗,小王当即报了警。

山东姐妹花的"致富经"

公安机关随即对此事立案侦查。在案件侦破过程中,首先进入警方视线的是一对来自山东农村的姐妹管昊和管真,她俩的角色就是为小王提供求职咨询的"客服"。

据管昊交代,今年1月,她在网上找工作的时候无意中加入了一个招聘团队,团队主管要求她注册了一个"IS"语音平台账号,并交给她一个工作台本。每天管昊的工作就是在语音平台上开一个"房间",等待求职者上门,再按照台本的内容,忽悠求职者交纳各类押金。等上钩者的钱交得差不多了,就把人转去培训部,然后迅速将对方拉黑。管昊则根据求职人交纳的金额,按比例获得佣金。

一开始，管昊觉得这份工作又轻松又赚钱，于是，又拉着妹妹管真也开始干起了客服，不到三个月，姐妹俩每人的月收入就达到了1万多元。但干了一段时间，姐妹俩发现了其中的一些猫腻，她们从被拉黑人员的留言中看到，不少人说她们的团队是骗人的。

意识到自己可能加入了诈骗团伙，姐妹俩心里也十分害怕，但想到最小的妹妹还在读大学，家里又急需用钱，求财心切的二人仍然继续昧着良心在平台上充当"大忽悠"的角色。被抓后，姐妹俩追悔万分，她们如实供述了自己的犯罪事实，但二人对团伙成员的信息所知甚少，仅能提供的线索也只有和她们日常联系的语音平台账户和给她们打工资的支付宝账户。

诈骗犯罪团伙浮出水面

尽管从管昊、管真处获得的线索有限，但公安机关经过不懈的侦查，最终将该案的组织者之一杨冰捉拿归案，从而使这个隐藏在语音平台背后的诈骗团伙浮出水面。

经公安机关初步查明，这是一起典型的网络诈骗案件，涉案的犯罪团伙组织架构严密，不仅有"管理""财务""外宣""客服""培训"等多个岗位，而且团队成员只在YY语音平台上进行联系分工，然后转战"IS"语音平台实施犯罪，并使用网上购买的支付宝账户进行资金转移，犯罪手段十分隐秘。犯罪团伙在一些网站上大量发布虚假招聘信息，诱使求职者进入"IS"语音平台特定频道，以介绍兼职岗位、进行业务培训为名，通过向求职者收取岗位试用金、押金、培训费等手段骗取钱财。之后，又以岗位培训为名，向求职者分派网上刷单、挂机等任务，并截留任务佣金。为了更多地吸引被害人，团伙内部编写了统一的"剧本"，同时严格控制"客服"收款金额，不能超过799元，最大限度地隐藏犯罪，一些被骗人员因为被骗数额较小，也就不再报案，使得这个犯罪团伙得以长久持续地实施犯罪。

截至7月10日，金华市婺城区检察院以涉嫌诈骗罪对这个诈骗团伙的头目杨冰以及财务常冰琦、客服管昊等16人批准逮捕。目前，仍有多名涉案犯罪嫌疑人被陆续报捕。据警方初步估计，该案涉案金额已逾千万元，被害人多为在校大学生、家庭妇女等，人数逾千人。①

【教学建议】 此案例适用于思想道德修养与法律基础课程绪论中关于"提升大学生法治素养"的讲解。

---

① 资料来源：新华网，2017年7月18日。

六、教学活动建议

1. 编演情景剧

组织学生根据绪论的内容制作与新时代相关的情景剧，例如中国人民 70 年来生活的变化、当代大学生如何勇担时代重任等，在课程最后一节课进行展示，根据剧本、演员表演和同学们的反响进行评定。

2. 拍摄微电影

可组织学生在校内外拍摄本章教学内容相关的主题（例如中国特色社会主义进入新时代、培养时代新人、提升思想道德素养与法治素养等）微电影，并在最后一节课进行展示，根据微电影的构思、制作、剪辑、表演以及表达的中心思想等进行评定。

3. 校内外参观考察

组织学生参观改革开放取得伟大成就的代表性领域，体悟改革前后中国的变化，参观后要求学生提交参观体会。

4. 观看视频

通过观看《极限挑战》节目为高考学子加油视频，引导学生反思我们应该如何做时代新人：我们无法选择出生在哪个年代，出生在哪个国家，出生在哪个家庭，但我们能选择如何过好我们的一生，如何有意义地过好我们的一生。而如果很幸运，出生在一个还算不错的时代，出生在一个强大起来的国家，出生在一个小康以上的家庭，享受着强大起来的国家、民族、父母提供给我们的舒适的环境、优越的条件，那我们是不是也应该把自己的人生和祖国的、民族的命运联系起来，以民族复兴为己任？今天作为时代新人的你们，站在更高起点的你们，可以为国家富强、民族复兴做的比我们这一代人，比我们上几代人都多得多，那么同学们，你们要怎样以民族复兴为己任、做时代新人？

第一章　人生的青春之问

一、教学目标

1. **知识目标**：帮助学生认识人的社会本质，理解作为人生观主要内容的人生目的、人生态度、人生价值的基本内涵和相互关系，了解人生观与世界观的内在关联，把握个人与社会的辩证关系；掌握"服务人民、奉献社会"人生追求的依据和意义，认识积极进取人生态度的重要性，理解人生价值的评价方法和实现条件；把握正确幸福观、得失观、苦乐观、顺逆观、生死观、荣辱观的基本内容和要求，认识拜金主义、享乐主义、极端个人主义等错误人生观的实质和危害，理解新时代大学生成就出彩人生的正确途径。

2. **价值目标**：引导学生形成"人的本质在其现实性上是一切社会关系之总和"以及个人与社会辩证统一的观念；确立"服务人民、奉献社会"是崇高的人生追求，积极进取是正确的人生态度，能力与贡献相统一、物质贡献与精神贡献相统一、完善自身与贡献社会相统一是正确的人生价值评价标准等观念；确立创造出彩人生必须与历史同向、与祖国同行、与人民同在的观念。

3. **能力目标**：使学生能够正确认识和理解人的本质以及个人与社会的关系；学会选择与践行崇高的人生目的、积极进取的人生态度和科学的人生价值观；增强辩证对待人生矛盾、抵制错误人生观和成就出彩人生的能力。

4. **素养目标**：使学生加深对树立正确人生观重要意义的认识，增强追求崇高人生目的的自觉性，进一步端正人生态度，树立正确人生价值观，自觉创造有价值的人生。

二、内容提要

人生观就是人们关于人生目的、人生态度、人生价值等问题的总观点和总看法，它的主要内容包括人生目的、人生态度和人生价值。人生目的是指生活在一定历史条件下的人在人生实践中关于自身行为的根本指向和人生追求，它回答人为了什么活着的问题；人生态度是指人们通过生活实践形成的对人生问题的一种稳定的心理倾向和精神状态，它回答了人应当如何活着；人生价值是指人的生命及其实践活动对于社会和个人所具有的作用和意义，内在地包含了人生的自我价值和社会价值两个方面，它回答的是什么样的人生才有价值的问题。人生目的、人生态度、人生价值相互联系、相辅相成，统一为一个有机整体。其中，人生目的决定人生道路和人生价值选择，人生态度影响着人们对人生目的的持守和人生价值的评判。人生价值制约着人生目的和人生态度的选择。因此，人生目的是人生观的核心。

人生观与世界观有密切的关系。世界观决定人生观。对人生意义的正确理解，需要建立在对客观世界发展规律正确认识的基础之上。同时，人生观又对世界观的巩固、发展和变化起着重要作用；个人与社会的关系问题是认识和处理人生问题的重要着眼点和出发点。个人与社会是对立统一的关系，两者相互依存、相互制约、相互促进。个人与社会的关系，最根本的是个人利益与社会利益的关系。

树立正确的人生观，必须明确人生目的，端正人生态度，认识人生价值。"服务人民、奉献社会"的思想以其科学而高尚的品质，代表了人类社会迄今最先进的人生追求。大学生要把为国家和人民事业无私奉献作为人生的最高追求，在服务他人、奉献社会中收获成长和进步；走好人生之路，需要保持认真务实、乐观向上、积极进取的人生态度；评价人生价值，根本尺度是看一个人的实践活动是否符合社会发展的客观规律，是否促进了历史的进步。在今天，衡量人生价值的标准，最重要的就是看一个人是否用自己的劳动和聪明才智为国家和社会真诚奉献，为人民群众尽心尽力服务。此外，评价人生价值，还需要坚持能力有大小与贡献须尽力相统一、物质贡献与精神贡献相统一、完善自身与贡献社会相统一。实现人生价值则要从社会客观条件和个体自身条件出发，并不断增强实现人生价值的能力和本领。

创造有意义的人生，要辩证看待人生矛盾，树立正确的幸福观、得失观、苦乐观、顺逆观、生死观、荣辱观；要反对拜金主义、享乐主义、极端个人主义，警惕和自觉抵制这些错误人生观的侵蚀；要与历史同向、与祖国同行、与人民同在，在服务人民、奉献社会的实践中成就出彩人生。

三、教学重点

1. 人的本质、个人与社会的关系和人生观的主要内容。
2. 崇高的人生追求、积极进取的人生态度和正确的人生价值观。
3. 反对错误人生观。
4. 成就出彩人生的基本途径。

四、思想理论要点阐释

1. 人的本质是一切社会关系的总和

这个论断来自马克思写于 1845 年的《关于费尔巴哈的提纲》，完整表述为"人的本质不是单个人所固有的抽象物，在其现实性上，它是一切社会关系的总和"。

自苏格拉底提出"人应该认识你自己"的论断，"人的本质"问题就成了"哲学上的最高的东西"[①]。"人的本质是什么"是每个哲学家都必须面对和回答的根本性问题。从柏拉图"人是肉体和灵魂的共存"到亚里士多德"人是天生政治的动物"，从笛卡尔"人是理性的动物"到卢梭"人是生而自由的"，从拉美特里"人是机器"到康德"人是目的"，从贝克莱"人是被感知"到黑格尔"人是绝对精神的运动"，"人的本质"问题从朴素断言走向思辨神秘，"人的本质"逐渐被"纯粹经院哲学"的思辨谬误所封闭，始终无法获得科学的解答。费尔巴哈看到了黑格尔"绝对精神"的缺陷，认为把人的本质外在化、使人和人的本质相对立是错误的，主张回归"人本身"来追求和回答"人的本质"。他认为人的本质不应当由人之外的力量来说明，而应当由人作为"类存在"这个本身事实来说明，而关于"类存在"，"对这个问题最简单、最一般、最通俗的回答是：意识……理性、爱、意志力，这就是完善性，这就是最高的力，这就是作

---

① 路德维希·费尔巴哈. 费尔巴哈哲学著作选集：上卷[M]. 荣震华，李金山，等译. 北京：商务印书馆，1984：83.

为人的绝对本质,这就是人的生存的目的"。①可见,费尔巴哈虽然回到人本身来探讨人的本质,但他抛开人的活动来理解人的本质,仅把人的本质归结为类意识,获得的关于"人本身"的认识是不彻底的,是脱离了人的现实活动及其历史发展的"抽象物",实质还是颠倒了思维和存在的关系,最终仍然掉入了唯心主义的泥潭。

马克思早在《1844年经济学哲学手稿》中就已提出,生产劳动是人作为类存在的本质,而在《关于费尔巴哈的提纲》中,则从科学实践观的高度,彻底清算了费尔巴哈的错误,科学地揭示了人的本质。马克思指出:费尔巴哈"把宗教的本质归结于人的本质",用人的本质说明宗教的本质,这无疑是他的一个十分卓越的见解。但是他对人的本质的理解是错误的,因为他把"人的本质理解为'类',理解为一种内在的、无声的、把许多个人自然联系起来的普遍性"。撇开历史的进程,把所谓的宗教感情,即理智、意志、爱看作每个人与生俱来的、永恒不变的本质的东西,完全否定了人的社会性,这是错误的。要揭示人的本质不能仅从人的自然特性或精神性的因素去说明,必须把人作为处于一定社会关系中从事实践活动的人去理解,基于此,马克思深刻地阐明了唯物史观关于人的本质的基本观点:"人的本质不是单个人所固有的抽象物,在其现实性上,它是一切社会关系的总和。"

具体说来,马克思关于人的本质的经典论断包含以下三层含义:

第一,人的本质并不是它的自然特性,而是它的社会性。因为人与动物的根本区别就在于人的社会本质。人与人之间的本质区别,不在于他们的自然生理特点的差别,而在于他们的经济政治地位等社会关系和社会属性的差别。离开社会关系,不具有社会属性的人,就不能算是真正意义上的人。

第二,人的本质不是由社会关系的某一方面决定的,而是由全部社会关系的总和决定的。因为现实的人,都是处在一定社会关系之中并从事实践活动的人。每一个人都在一定的社会关系中生活,是不能脱离社会而存在的。人们为了生存和发展,就必须进行生产劳动,人们在生产实践中必须结成一定的生产关系,并在此基础上逐渐形成家庭、阶级、国家等各种复杂的社会关系。正是这些社会关系的总和决定了人的本质。在阶级社会中,社会关系主要表现为阶级关系,人的本质就主要表现为阶级本质。

第三,人的本质是具体的、历史的。人的本质是由社会关系的总和决定的,

---

① 路德维希·费尔巴哈. 费尔巴哈哲学著作选集:下卷[M]. 荣震华,李金山,等译. 北京:商务印书馆,1984:28.

而一定的社会关系都是在一定的、具体的社会历史条件下形成的,这些社会历史条件是不断变化的,这就决定了社会关系不是凝固不变的,而是历史的、不断发展变化的。所以,人的本质也是不断发展变化的,根本不存在费尔巴哈所说的那种永恒不变的、抽象的人的本质。

"人的本质"的经典论断为我们理解人生观问题提供了理论依据。社会关系的总和作为人的本质,一方面表明人的生命存在方式是社会性的,即必须通过一定的社会关系生成自身的本质;另一方面也说明人在不同社会关系中生成的不同本质不仅需要从个体生命的视角予以理解,更需要放在整个社会的尺度中加以审视。任何人都不是离群索居的,当人树立起自身的人生目的时,决不能也不应该纯粹在主体的自身想象空间中完成。作为现实的人,其人生的规划总是要在一定的社会关系当中完成,回答"我是谁""我在哪""我应该做什么"等问题就成为必然,人们所从事的社会实践活动以及在此基础上所结成的社会关系也必然决定人生目的的设计、人生态度的确立和人生价值的评判。在人生观的实践中,人的社会属性决定了个体必须将一定的社会关系作为生存和发展的前提条件,必然考虑到社会发展的阶段性,必定考虑到自我所属的社会关系对个人的要求,也正是在这个意义上,"服务人民、奉献社会"的人生目的是科学的、符合历史唯物主义的。①

2. 人生目的是人生观的核心

人生目的是指生活在一定历史条件下的人在人生实践中关于自身行为的根本指向和人生追求,与人生态度、人生价值共同构成人生观的内容。在这三者之中,人生目的作为核心,决定人生道路、人生态度和人生价值,在人生观的形成发展以及人的生命活动中发挥着决定性的作用。

人生目的是人生观的核心。首先因为人生目的决定人生道路,为个体指明前进的方向。人生道路是人们选择的如何度过自己一生的道路。人生道路怎么走,取决于要通往的人生方向,取决于要达到的人生目标,即人生道路的选择、人生轨迹的描绘,是由人生目的来定向和导航的。在人生实践中,人们总是根据已知的事实和既有的条件,预先在头脑中形成一定的目的或计划,并以此为先导指引实践活动。正如马克思所说:"蜜蜂建筑蜂房的本领使人间的许多建筑师感到惭愧。但是,最蹩脚的建筑师从一开始就比最灵巧的蜜蜂高明的地方,

---

① 钟启东. "个人" 与 "社会" 的融合——马克思 "人的本质" 经典论断的思想政治教育学解析[J]. 观察与思考, 2019 (1): 31-37.

是他在用蜂蜡建筑蜂房以前，已经在自己的头脑中把它建成了。劳动过程结束时得到的结果，在这个过程开始时就已经在劳动者的表象中存在着，即已经观念地存在着。"① 人生目的就是这样一种"观念地存在着"的计划性意识，它一经确立就会指引人们沿着其规划的人生目标和奋斗方向选择人生道路，并因此赋予自己所从事的社会实践活动以鲜明的个人特征，形成区别于他人的人生轨迹。也就是说，人生目的通过指引和决定人生道路从根本上影响着人们对自身生命活动的整体规划，决定着人们的人生观。

人生目的是人生观的核心还在于人生目的决定人生态度。人生态度，是指人们通过社会实践形成的对于"人究竟应该怎样活着"这一人生问题的相对稳定的心理倾向和基本意愿，是人生观最直接的表现和反映。人们以什么样的态度度过人生，以怎样的态度对待人生的矛盾和机遇，是由人生目的影响和决定的。社会进步的客观要求和人们生存发展的主观需要不同，使人选择了不同的人生目的，开始了具有自身特征的人生之旅。而不同的人生目的形成了对人生的不同的心理感受和情绪体验，形成了对人生境遇的不同理解和感悟：持有健康、向上、明确的人生目的的人能够勇往直前，形成积极、进取的人生态度，在寻找和创造、品味与体验中感受生命的真谛；而持有低劣、消极、模糊人生目的的人则会止步于人生矛盾的考验，形成悲观、厌世的人生态度，长久地沉迷于生命悲剧之中。人生目的越科学、越坚定，越是能够激发出人们积极向上、顽强进取的人生态度，人生目的不清晰或者不适合自己，则会使人迷茫萎靡，甚至迷失前进方向，停滞不前。

人生目的是人生观的核心也因为人生目的决定人生价值。人生价值是指个体的实践活动在多大程度上满足了个人和社会的需要，包括自我价值和社会价值两个方面：人生的自我价值，是个人对自己的生存和发展方面需要的尊重和满足；人生的社会价值，是个人对社会和他人的生存和发展所具有的积极意义。不同的人生目的决定了人们不同的价值选择：正确的人生目的会使人明白人生社会价值是社会存在和发展的重要条件，是自我价值实现的重要保障，个人要实现自我价值首先在于为社会奉献，只有通过尽心尽力尽责的工作创造社会价值才能实现自我价值；错误的人生目的则使人只注重人生自我价值的满足，单方面向社会或他人进行索取，把追逐个人私利视为价值和意义之所在，漠视对国家集体和他人的义务和责任，最终必然失去实现自我价值的可能性。

正是由于人生目的在人生观中处于决定人生道路、人生态度、人生价值的

---

① 马克思恩格斯选集：第 2 卷[M]．北京：人民出版社，2012：169-170．

关键地位，因此，人生目的是人生观的核心。①

3. 人生自我价值和社会价值及其相互关系

人生的自我价值，是指个体的人生实践活动对自身生存和发展所具有的价值或意义，主要表现为个体对自身物质和精神需要的满足程度。人生的社会价值，是指个体的人生实践活动对社会和他人所具有的价值或意义，表现为个体对社会发展和人类进步所做出的贡献。从主客体辩证关系的角度而论，人生价值内在地包含了人生的自我价值和社会价值两个方面。

从哲学上看，价值是一种关系，是客体满足主体需要时的关系，是客体固有属性与主体需要发生关系时所产生的属性，即客体对于满足主体的需要有意义。所以在一般意义上，价值是指人们对能够满足他们需要的外界物属性及与自身关系的一种认定。人生价值是一种特殊的价值，这种特殊性在于它揭示的是人既作为主体、又作为客体，社会和他人既作为主体，又作为客体的价值关系。这种价值关系具有两个方面的意义：一方面，是价值主体和客体都是"自我"时的价值关系，即将价值客体的个人满足作为价值主体自己的需要，从而创造价值主体自己生活的意义，即人生的自我价值。另一方面，是人与社会和他人互为主客体时的价值关系，即个人作为客体，满足作为主体的社会和他人的需要，也就是人的社会价值。

人生的自我价值与人生的社会价值构成人生价值的两个方面，有着不同的定位，这种不同既是二者的区别也是二者不可分割的原因，决定了二者之间既相互区别又密切联系、相互依存的辩证关系。

人生的自我价值和社会价值的区别在于二者的价值指向不同。人生的自我价值是个体生存和发展的必要条件，它的实现是个体为社会创造更大价值的前提。马克思、恩格斯曾经指出："全部人类历史上的第一个前提无疑是有生命的个人的存在。"②"个人怎样表现自己的生活，他们自己就是怎样……个人是什么样的，这取决于他们进行生产的物质条件。"③"人们为了能够'创造历史'，必须能够生活。但是为了生活，首先就需要吃喝住穿以及其他一些东西。因此第一个历史活动就是生产满足这些需要的资料，即生产物质生活本身，而且，这是人们从几千年前直到今天单是为了维持生活就必须每日每时从事的历史活

---

① 吴潜涛，武东生."思想道德修养与法律基础"课重点难点解析[M]. 北京：高等教育出版社，2016.
② 马克思恩格斯选集：第 1 卷[M]. 北京：人民出版社，2012：146.
③ 马克思恩格斯选集：第 1 卷[M]. 北京：人民出版社，2012：147.

动,是一切历史的基本条件。"①人们在从事物质生产和精神生产实践活动中展开自己的生命历程,创造满足自己生存发展需要的物质产品和精神产品,支撑自己生命活动的不断展开和生命意识的不断寻获,从而构建起人生的自我价值。在此意义上,人生的自我价值是指向人们生存发展的前提和意义的必要条件,离开了这些前提和意义,人们便不能在自己的生命活动中构建起满足自己需要的人生价值,人们就会觉得自己的人生对于自己没有价值,从而丧失对人生意义的建构和现实追求,在无价值和无意义的人生理解中迷惘、悲悯甚至绝望,也就失去了在自己的生命活动中创造人生社会价值的前提条件。因此,人们应当理直气壮地关注和追求人生对于自己的价值,社会应该尊重个体的生存发展需要,为满足自身需要的努力即为实现人生的自我价值提供条件、创设环境。

但是,仅有自我价值的人生是不完整、不可取的,因为人生价值在根本上来说是社会的,"人的本质不是单个人所固有的抽象物,在其现实性上,它是一切社会关系的总和"。②人是社会的人,离开社会,人就不存在。这不仅意味着个体在物质和精神上的需要必须在社会中才能获得满足,还意味着这些需要获得满足的方式和程度也是由社会决定的。个体不能仅靠自己满足自己的物质和精神需要,这就如同人不能仅靠自己建构和实现对自己的关系,因为"人对自身的关系只有通过他对他人的关系,才成为对他来说是对象性的、现实的关系"。③人们只有在社会中才能展开自己的生命活动,只有把自己的生命活动置于社会视野中去考察自身所作所为对他人和社会的意义、作用,才能获得自己的人生,才能使自己的人生真正具有价值。不仅如此,社会是由每个具体的个体构成的,每个人生的自我价值和社会价值构成人类社会整体存在发展的价值依据与价值内涵,正是人生的社会价值把人的价值同社会的价值衔接起来,正是人生的社会价值把人生的价值表征到社会视野中,呈现出人作为社会性存在物的价值本质。因此,人们应当努力在自己的人生中创造价值,使自己的生命活动对他人、对社会具有意义,就如爱因斯坦所说:"人是为别人而生存的……我每天上百次地提醒自己:我的精神生活和物质生活都依靠别人(包括生者和死者)的劳动,我必须尽全力以同样的分量报偿我所领受了的和至今还在领受的东西。"仅此方能在社会价值实现中获取人之为人的根据和表征。在此意义上,人生的社会价值是社会存在和发展的必然要求,人生社会价值的实现是个体自我完善、全面发展的保障,人生价值必然要包含社会价值。

---

① 马克思恩格斯选集:第1卷[M]. 北京:人民出版社,2012:158-159.
② 马克思恩格斯文集:第1卷[M]. 北京:人民出版社,2009:505.
③ 马克思恩格斯选集:第1卷[M]. 北京:人民出版社,2012:59.

人生的社会价值和自我价值作为人生价值的有机组成部分,在人生价值的生成发展过程中具有价值同构性,能够协同推进实现人生价值,二者还是相互依存的辩证统一关系。"正像社会本身生产作为人的人一样,社会也是由人生产的。"① 社会结构是个人行动的条件和前提,而个人行动又产生了新的社会结构。个人与社会之间是相互建构的关系结构,互为前提和依据。个人能够怎样,取决于社会怎样,以及个人在社会中怎样;社会能够怎样,取决于社会中的人怎样,以及它对每个个体的人怎样。人在活动,社会就在活动;社会在活动,人才能够活动。人和社会的这种互相建构的关系结构,表现在人生的价值实现中,就是人生自我价值和社会价值的相互依存关系,两者密不可分、互为前提。在一般情况下,人的生命活动在创造自我价值的同时也在创造着人生的社会价值。同样,人生在实现社会价值的同时,也在实现着人生的自我价值。一个人的自我价值实现程度往往取决于他的社会价值创造程度,他在多大程度上创造自己人生的社会价值,就在多大程度上具备实现自己人生自我价值的可能条件;同样,他在多大程度上实现着自己人生的自我价值,就说明他在多大程度上依赖着自己人生的社会价值。因而,他必须在实现人生自我价值的同时,积极创造人生的社会价值。人生自我价值和社会价值的价值同构性,说明自我价值和社会价值是辩证统一的,两者不仅不矛盾,而且还是相互依存、彼此促进的。人们应当在自己的生命实践活动中注重对自己人生自我价值和社会价值的双向关注与创造,在人的生命展开过程中保持自我价值和社会价值的协调推进,进而在人的完全意义上获取人生的真正价值。②

4. 人生价值的评价

人生价值的评价,是人们依据一定的标准,对人生价值的实践过程及其结果做出的肯定或否定判断。人生价值的评价在本质上是一种社会评价,是一定社会、阶级或集团用来调整个人与社会关系,对其成员进行人生价值导向的重要形式。

人生价值评价具有历史性和阶级性,不同社会、不同阶级、不同集团的社会利益和需要不同,对人们进行人生价值评价时所持有的标准也不同。在资本主义社会,人生价值的评价标准是金钱和财富,资本主义生产关系的性质决定了一个人的最高价值就是资本的价值。正如恩格斯所指出的,在资本主义社会

---

① 马克思恩格斯文集:第1卷[M]. 北京:人民出版社,2009:187.
② 吴潜涛,武东生. "思想道德修养与法律基础"课重点难点解析[M]. 北京:高等教育出版社,2016.

中,"金钱确定人的价值:这个人值一万英镑,就是说,他拥有这样一笔钱。谁有钱,谁就'值得尊敬',就属于'上等人',就'有势力',而且在他那个圈子里在各方面都是领头的"①。在中国特色社会主义初级阶段,我们把劳动作为人生价值评价的根本标准。因为在以公有制为主体、劳动人民成为社会财富主人的社会主义国家,人们对个人与社会关系的认识更趋于客观,人们能充分认识到劳动是创造社会财富的真正源泉,奉献不仅是利国利民利他的行为,也能让自己得到最大限度的价值满足,把劳动和奉献确定为人生价值的评价标准,既符合我国社会主义初级阶段的国情,也与社会主义生产关系的性质相适应。

人生价值的评价标准决定了人生价值评价的根本尺度。我们从劳动和奉献这一评价标准出发,确定了人生价值评判的根本尺度是:个人的人生实践活动是否符合社会发展的客观规律,是否促进了历史的进步。

人生价值的评价还包括人生价值评判的方法。确定了评价标准和根本尺度后,进行人生价值评价的实践还必须采用一定的方法。

第一,坚持能力有大小与贡献须尽力相统一。贡献最基本的含义是指为国家、社会及他人所做的有益的事。个人对社会的贡献是衡量其人生价值的基本尺度,由于社会分工以及个人能力上的差异,每个人为社会贡献的方式及绝对量肯定是有差异的。每个人不可能在一生中完成所有的社会需要的工作,而只能在自己的岗位上,以自己的方式为社会尽义务。这就决定了我们在评价个体的人生价值时,必须把个体对社会的贡献与他们的能力及所承担的社会职责联系起来进行考察。任何人只要在自己的岗位上尽职尽责、兢兢业业,社会就应对其人生价值给予积极的肯定的评价。在评价人生价值时,坚持以贡献作为评价人生价值的基本标准,体现的是普遍性原则;同时兼顾能力的大小和差异,体现的是特殊性原则。不是把贡献这一普遍性原则当作公式化的标签贴到各种人和事物上去,而是从人和事物的特殊性出发,实事求是地加以考察,具体情况具体分析,这就避免了仅以能力和地位来认定人生价值的片面性,从而有利于调动全体社会成员的积极性和创造性,在各自的岗位上为社会多尽力量、多做贡献。坚持能力有大小与贡献须尽力的统一,体现了普遍性与特殊性结合、绝对性与相对性综合起来考察的辩证唯物主义的思想方法和原则。

第二,坚持物质贡献与精神贡献相统一。社会的发展进步是物质文明和精神文明共同推进的结果。历史唯物主义认为,社会发展离不开物质生产和精神生产以及人自身的生产,它们共同构成了人类社会生产的全部。其中,人自身

---

① 马克思恩格斯全集:第2卷[M]. 北京:人民出版社,1957:566.

的生产是社会存在发展的前提,物质生产是社会存在发展的基础,而精神生产则是社会存在发展的条件。人类的物质生产,是指人类生存和发展所必需的物质生活资料的生产,它是一种可以按照一定模式和程序重复进行的生产活动,并且可以通过数量和计算表现出来。人类的精神生产,创造的是人类发展所需要的精神生活资料,如作为人类精神产品的哲学思想、道德观念等,它不是按照某种模式和程序重复进行的生产,而是有其特有的规律和生产过程。马克思在《德意志意识形态》中,首次以唯物史观为依据提出与物质生产相对应的精神生产的概念,把表现在某一民族的政治、法律、宗教及形而上学等方面的生产定义为精神生产。精神生产虽然以物质生产为基础并受到相应制约,但作为人类社会生产的重要组成部分,它同物质生产一样,具有自己相对的独立性,两者相辅相成、不可或缺。所以我们在评价人生价值的过程中,必须坚持物质贡献与精神贡献的统一。而由于社会的精神生产与物质生产是两种不同的生产过程,两者之间不具有完全的同步性,因而在对一个人的人生价值作评价时,要克服重视物质贡献、忽视精神贡献的倾向。爱因斯坦在评价居里夫人一生的成就时曾说过:"在像居里夫人这样一位崇高人物结束她一生的时候,我们不要仅仅满足于回忆她的工作成果对人类已经做出的贡献。第一流人物对于时代和历史进程的意义,在其道德品德方面,也许比单纯的才智成就方面还要多。"①这一评价体现的就是物质贡献与精神贡献相统一的原则。

第三,坚持完善自身与贡献社会相统一。人生价值内在地包含了人生社会价值和自我价值两个方面,是两者的统一。一方面,人生的自我价值是个体生存的前提,也是社会价值的基础,所以个体首先要满足自身生存的需要,才能维持生命的存在,才能为社会做贡献;另一方面,人生的社会价值是社会存在和发展的重要条件。人的社会性意味着个体的物质和精神需要必须从社会得到满足,而且满足的方式和程度也由社会所决定。而个体能否从社会得到满足,以及在多大程度上得到满足取决于个体人生实践活动对社会和他人所做出的贡献,即个体自我价值的实现程度最终取决于他的社会价值。一个人对社会贡献大,他的社会价值就大,自我价值实现的程度就高。反之亦然。人生价值包含社会价值和自我价值两方面,两方面缺一不可,这是坚持两点论;但两点之中又有重点,强调一个人只有多为社会创造价值,才能更好实现自我价值,这是坚持了重点论。只有坚持社会价值与自我价值相统一的原则,才能更好地引导全体社会成员坚定地树立中国特色社会主义的理想信念和为人民服务的人生观

---

① 许良英,范岱年.爱因斯坦文集:第 1 卷[M].北京:商务印书馆,1976:339.

和价值观，调动一切积极因素，为实现中华民族伟大复兴的中国梦建功立业。①

5. 对幸福的科学理解

幸福是个深刻而复杂的多元概念。关于什么是幸福，古今中外很多思想家都进行过论述，穆勒答曰："幸福是指快乐与免除痛苦，不幸福是指痛苦和丧失愉快。"莱布尼茨说过，"幸福是一种持续的快乐……是通过快乐的一条道路，而快乐只是走向幸福的一步和上升的一个梯级"，"幸福就其最广范围而言，就是我们所能有的最大快乐"。合而言之，所谓幸福，就是人生重大的快乐，是人生重大需要和欲望得到满足、人生重大目的得到实现的心理体验，说到底幸福是达到生存和发展的某种完满后的心理体验。

人生的需要、欲望和目的总体来讲无外乎两大类：一类是物质方面的需要、欲望和目的，另一类则为精神方面的需要、欲望和目的。从幸福的类型上来看，前者达到所实现的快乐的心理体验是物质幸福，后者达到所实现的快乐的心理体验是精神幸福。所谓物质（生活）幸福，是物质需要、欲望、目的得到实现的幸福，也就是生理需要、肉体欲望得到满足的幸福，是食欲和性欲得到满足的快乐体验，其最高表现是生活富裕和躯体健康。所谓精神（生活）幸福，则是人的精神方面的需要、欲望、目的得到实现的幸福，主要包括认知需要得到满足的幸福和审美需要得到满足的幸福。精神幸福的最高表现是自我实现、自我创造潜能之实现，尤其是精神领域的创造潜能之实现所带来的快乐体验。

实现幸福离不开一定的物质条件，物质需要的满足、物质生活的富足是幸福的重要方面，但人的幸福不能仅仅局限于物质方面，精神需要的满足、精神生活的充实也是幸福的重要方面。因此，物质幸福是精神幸福的基础，精神幸福是人生幸福的高层次追求。著名的心理学家马斯洛提出了人的需要层次论，认为人的需要分为阶梯式的五个层次，分别是生理上的需要、安全上的需要、感情上的需要、受尊重的需要和自我实现的需要。这一阶梯式需要反映了人的需要的层次性：最低层次的、基本的需求是人类维持自身生存的物质需要，包括饥、渴、衣、住、性方面的要求；而自我实现的需求则为人最高层次的需求，它是指实现个人理想、抱负，发挥个人的能力到最大程度，完成与自己的能力相称的一切事情的需要，是精神需求。可见随着需要层次的提高，人的需求也从物质性需求转变为精神性需求，因此，人的精神需要高于物质需要，精神需求满足带来的快乐体验也高于物质需求满足带来的快乐体验，故精神幸福高于

---

① 刘书林.《思想道德修养与法律基础》教师参考书[M]. 修订版. 北京：高等教育出版社，2008.

物质幸福。

幸福是奋斗出来的。正如俗语所说：梅花香自苦寒来，一分辛苦一分甜。幸福不是天上掉下来的。作为人一生中具有重要意义的需要、欲望、目的得到实现而体验到的重大、长久或巨大的快乐，幸福是在理性指导下经过较长时间的努力奋斗实现的。莱布尼茨说："理性和意志引导我们走向幸福，而感觉和欲望只是把我们引向快乐。"习近平总书记也指出"幸福都是奋斗出来的"，奋斗按其释义，是指为了达到目的、克服困难或防止邪恶而作的极度的努力或尽力。没有个人努力得来的快乐是不长久的，因之不会有真正的幸福；没有个人极度的努力或尽力，幸福的最高层次——精神幸福也不可能达到。

从过程和结果的维度看，幸福是需要奋斗的。表面看来，任何幸福——不论是物质性的还是精神性的都是达到某种预期结果的心理体验，因而幸福似乎只存在于结果，其实不然。首先，幸福虽然是达到某种结果的心理体验，但是，没有个人一步步的努力过程，无论是精神需求还是物质需求都不可能得到满足，所以幸福的结果需要以努力的过程为前提。其次，求得幸福的努力过程，细究起来，又由若干较小的目的或预期结果组成。在追求幸福的过程中，每一个较小目的或预期结果的达到，都使个体经历一次快乐体验。这些快乐单独看来，无疑只是快乐而非幸福；但是，结合起来，却是一种持续的快乐，是具有重大意义的快乐，这才是幸福。过程中的每一个阶段性的目的或需求的实现不可能是一帆风顺的，都需要个人付出努力，甚至有的需要个人以最大努力（尽力）克服重大的挫折或困难才能得到满足，即个人通过不断奋斗实现了一个个小的目标，经历一次次的快乐，这些快乐积累起来成为最终结果中蕴含的持久快乐即幸福。

从追求幸福和修炼德性关系的维度看，幸福是需要奋斗的。追求幸福和修炼德行既有联系又有区别，二者虽然动机指向不同，前者指向需要的满足，后者指向德性的提高；但二者具有共同的结局，即快乐，追求幸福和修炼德行最终因快乐而统一于个体的人生过程之中。德行修炼使得幸福追求具有了实现的可能性，幸福追求中包含着德性的提高。奋斗是二者之间相互联系的纽带。一方面，个体要想得到幸福，必须通过正确的行为来追求需要、欲望和目的的实现，而正确的行为是靠个人经过奋斗后修炼成的良好德性指导的。在个人追求幸福的过程中，首先，良好的德性能使个人正确理解幸福，将对幸福的认识趋于幸福的客观本性；其次，德性的提升使个人对自己的认知和定位逐渐趋于理性和客观，有利于个人根据自己的实际情况和能力选择与确定需要、欲望和目的及其实现程度，使个人的幸福追求具有现实基础；最后，在追求幸福的过程中，良好、稳定的德性能督促、激励个人去积极作为，执着前进从而使追求幸福从"想法"或"欲望"变成现实。德性对幸福的这种作用离不开奋斗，因为德性发挥作用的前提是具有德性，德性是经过修炼得到的。修炼德性需要个人尽力克服各种困难、挫折和利益的诱惑，需要奋斗；修炼后的德性在指导幸福实现的过程中，在确定目标、选择行为、督促实现时也会遇到困难和挫折甚至需要进行自我革命，这些都需要个人付出最大努力，需要奋斗。可见，不管是德行修炼本身还是德性指导幸福追求作用的发挥，都离不开奋斗。另一方面，作为幸福追求当然内容的德行修炼，被个体真正确定为自己幸福追求的内容并不懈践行之也需要奋斗。人生有很多需求，这些需求、目的和欲望的追求与实现受到主客观条件的限制和制约，并不是所有的需要、目的和欲望都能在人生中实现，个人选择哪种需要、目的和欲望作为自己行为的动机，确定哪种需要、目的和欲望的实现作为自己的幸福追求，是因人而异的。德性作为个人精神上的一种需要，虽然是幸福追求的题中应有之义，但是否选择这一需要的满足作为自己的幸福追求，需要个人尽力去抵制各种物质需要的诱惑，尽力去权衡德性修炼与其他精神需要之间的关系，甚至有些时候需要个人有勇气放弃某些精神需要。而一旦确定之后，能否坚持追求直到逐步达成并最终享受到持久巨大的快乐也需要个人通过奋斗方能达成。可见，只有奋斗，才能实现幸福。

幸福与奋斗的关系，不仅表现在幸福是奋斗出来的，还表现在奋斗本身也具有幸福意义，即奋斗的过程本身就能满足人们的需要，从而让人获得幸福感。①

幸福是一个总体性的范畴，不能片面理解幸福，将生活的某一方面的幸福或不幸福作为衡量是否生活幸福的指标。幸福指的是整体上生活美好，不是某一阶段，也不是某一方面，它意味着人总体上生活得美好，家庭和睦、职业成功、行为正当、人格完善都是幸福。追求幸福还必须正确处理个人幸福与社会利益、他人利益之间的关系。在追求幸福的过程中，不能把自己的幸福建立在损害社会整体利益和他人利益的基础上，这是由个人和社会的关系决定的：损害社会利益和他人利益的幸福是不长久的幸福。相反，只有在为社会做贡献、为他人服务的过程中，我们才能获得幸福所需要的环境和条件，产生更大的幸福感，实现个人幸福与社会进步的相互促进。

---

① 王海明. 伦理学原理[M]. 2版. 北京：北京大学出版社，2005.

6. 个人主义评析

个人主义一词源于拉丁文 individum，是伴随着私有观念产生的、在西方资本主义生产关系的发展中不断成熟的价值观念和道德原则，是一种资产阶级的政治、经济和道德理论体系。

个人主义源于古希腊罗马哲学和基督教神学，欧洲文艺复兴、宗教改革是个人主义形成的推力，随之而来的资本主义商品经济则是个人主义产生的温床。17 世纪关于个体和自我的形而上学奠定了个人主义的理论基础，如英国近代资产阶级革命时期的思想家霍布斯等人，把个人主义泛化为永恒不变的人性，并使之成为道德的主要内容和判断善恶的重要标准。19 世纪上半叶，法国政治思想家托克维尔正式提出并论证了比较完整的、体现资产阶级意识形态内涵的个人主义概念："个人主义（individualisme）是新的观念创造出来的一个新词，我们的祖先只知道利己主义（egoisme）。利己主义是对自己的一种偏激和过分的爱，它使人们关心自己和爱自己甚于一切。而个人主义则是一种成熟而镇定的感情。"①19 世纪下半叶个人主义进入系统化和明确化时期。德国哲学家尼采等人，把对权利意志的追求看作人的本质和人生的最高价值与理想，认为能够满足个人权利意志的东西在客观上必定是好的和善的，强调个人才是价值的基础和评判社会的唯一标准。到 20 世纪，个人主义作为资本主义发展必不可少的文化动力，成为对西方产生广泛影响的核心价值观。从"人的依赖关系"到"以物的依赖性为基础的人的独立性"，个人主义是西方所能选择的最好的伦理原则，是西方价值观的核心和"第一语言"。

个人主义作为一种价值体系主要包括以下三方面的内容：

第一，作为一种伦理学说，个人主义高度重视个人自由，广泛强调自我选择、自我支配、自我控制和不受外来约束。它认为一切价值均以人为中心，个人本身就是目的，具有最高价值，"任何人都不应当被当作另一个人获得幸福的工具"。社会只是达到个人目的的手段，一切个人从某种意义上说在道义（价值）上是平等的。

第二，作为一种社会政治学说，个人主义强调个人的自由和平等，极力反对集体、社会和国家对个人的干预与限制，认为最符合个人利益的就是让他有最大限度的自由和责任去选择他的目标和达到这个目标的手段，并且付诸行动。但个人主义并不完全否定政府作用，尽管有少数极端个人主义者主张无政府主

---

① 托克维尔. 论美国的民主（全两卷）[M]. 董果良，译. 北京：商务印书馆，1988：625.

义,但绝大部分个人主义者都认为政府干预人们生活应保持在最小限度。也就是说,个人主义既"是一种旨在理解那些决定人类社会生活的力量的社会理论",又"是一套源于这种社会生活的行为规范"。

第三,作为一种经济和财产制度,个人主义指每个人(或家庭)都享有最大限度获得财产并按自己的意愿去管理或转让财产的权利,这充分体现了个人主义是与资本主义的私有财产制度相适应的。它所要维护的是个人作为主体占有、支配自己财产的私有财产制度,肯定个人追求自己物质利益的正当性、至上性。

综上所述,我们可以明确个人主义在西方的内涵:基于个人的自主性,为了个人的利益、尊严和自我发展,强调个人的自由选择;反对他人、社会和国家的干预,反对外部的强制力量。

个人主义在资本主义发展史上的确曾起过巨大的进步作用。在资产阶级革命时期,个人主义宣扬个人应运用自己的理智做出独立判断,不要盲从外在权威,要勇敢地担负起自己的责任而不是将其推给上帝、社会和他人,这种对个性自由张扬的追求成为新兴资产阶级反对宗教禁欲主义的有力武器;资产阶级取得政权以后,三权分立的政治体制和自由贸易的市场经济的建立都内含了丰富的个人主义精神。三权分立的政治体制对个人民主自由的保障,从根本上维护了资本主义神圣不可侵犯的私有财产制度,市场经济使行为主体"经济人"在市场中平等竞争、自由贸易,追逐个人利益,且因"看不见的手"的作用客观上使其行为付出大于他所获部分的利益,从而对于社会、他人做出了贡献。所以个人主义与资本主义是契合的,个人主义在西方至今仍有其存在的理由。

但随着资本主义的发展,个人主义的负面效应亦愈显著,包括托克维尔在内的很多西方学者先后敲响了个人主义的警钟,这意味着个人主义的消极面给社会带来的危害已引起了人们的普遍注意。

第一,在人际关系领域,个人主义对个性自由的过分张扬损害了公共生活。个人主义使人只相信自己和依靠自己,"最后完全陷入内心的孤寂"。由于只关心自己,一切以自己为目标,而与家庭、社团等社会组织疏远,所以虽然在承认自我利益的同时也承认并尊重他人利益,这种尊重也只能是法律意义上的冷冰冰的相互尊重,在现实中必然导致人与人之间关系的冷漠,内心的孤独和心灵的空虚,必然导致物欲极度膨胀,价值理性失落。因此,个人主义在现实生活和理论中均出现了享乐主义、拜金主义、利己主义等异常形态,在一定程度上阻碍了社会良性运转。

第二,在政治生活领域,个人主义追求的个人自由和平等,对政府权力的限制也导致了负面效应,如人民政治意识的淡化和极端自由主义、无政府主义的出现等。虽然无政府主义在西方从来就没有成为现实,但仍给资本主义的统治秩序带来了一些不稳定因素,出现了对政府权力的多方面限制等,使政府在更好履行自己职能时受到了一定阻碍。

第三,在社会生活领域,个人主义无视人们在起点上的不平等,片面强调个体不受社会限制的、在市场上公平竞争的平等权利,而忽视了社会财富分配不均、贫富两极分化日趋严重的现实,从而对社会公正等问题关注不够,故而个人主义在自由主义市场经济体制下不可能解决贫富两极分化等社会问题,最终其实无法保障个体的利益。

在社会主义条件下,尽管消灭了个人主义产生的社会基础,但其影响在一定范围内依然存在,因此必须大力弘扬和宣传社会主义的集体主义,正确引导人们的人生观和价值观。社会主义市场经济体制下,人们逐渐成为经济活动的利益主体,人的需要、能力、活动和社会关系开始呈现多样化、复杂化的趋势,人们的思想道德观念也同时发生着激烈的变化和冲突,在价值观念方面越来越呈现出多元化。如果人们的思想道德观念只是消极地适应市场经济的负面效应,就不能有效地抵制个人主义、拜金主义、享乐主义等腐朽思想的影响,厘清个人主义和集体主义的区别,让人们明白个人主义与集体主义的分歧与对立,不仅是个人利益和集体利益的争执,而且是极其重大的社会历史观的争论,即如何来看待社会和人的本质,如何看待社会历史的发展和人的发展问题,就显得尤为重要。集体主义作为社会主义主流的价值观,虽然与个人主义是对立的,但是集体主义并不否定个人利益和个人需要,而是认为只有通过社会整体利益的满足和提高,才能使个人利益得以实现和满足,与片面强调个人权力和利益的个人主义在性质上是完全不同的概念;集体主义不是抽象谈论人的本性、人与人之间的利益关系,而是从社会主义的经济和政治制度出发,高度概括处理社会各种利益关系的指导性原则,这就使得它所提倡的毫不利己、专门利人和大公无私的精神比利他主义更具有坚实的社会基础和说服力。①

极端个人主义是一种极其浓厚、强烈的个人主义,它将个人主义的种种特点扩展到了极致,主要特征是个人本位、自我中心、利己主义,持有极端个人主义价值观的人过分强调个人利益,在一切方面都把个人私利放在第一位,为了达到个人利益不惜损害社会和他人利益,因此是一种错误人生观。

---

① 刘书林.《思想道德修养与法律基础》教师参考书[M]. 修订版. 北京: 高等教育出版社, 2008.

五、案例精选

1. 李兰娟：73 岁再赴抗疫最前线

一场突如其来的疫情，让中国人民面临着严峻的考验，而那些冲在最前线的医务人员，在这场没有硝烟的战争面前让所有人为之动容。

这其中，就有中国工程院院士、国家卫生健康委员会高级别专家组成员李兰娟。和 17 年前面对"非典"一样，她再次义无反顾地冲在了抗疫最前线。

1 月中旬以来，李兰娟和其他院士专家深入防控疫情现场，从病毒溯源、临床救治方案、中医药防治等多方面科学研判，形成并提出有关防控策略、疾病诊治等多条重要建议。在国家卫生健康委员会高级别专家组召开的发布会上，针对"新型冠状病毒肺炎疫情"有关防控情况，她还和钟南山院士一起就公众关心的问题回答了记者。

2 月 1 日，李兰娟院士再次出发，率领浙江医疗队驰援湖北省武汉市。

出征，每天只睡 3 小时

再赴武汉，李兰娟有着自己的期望。"当前抗击新型冠状病毒肺炎已进入关键期，危重症病人抢救更为紧迫。浙江在抗击 H7N9 型禽流感时，创建了一套'四抗二平衡'的浙江经验,这次我们将把这个经验用到武汉的危重病人抢救中，希望能够救治更多的病患！"

有人问她，具体会在哪里工作？李兰娟回答："去哪里要服从安排，我自己希望去金银潭医院，就是危重病人最集中的医院。"

李兰娟说她做好了长期在武汉奋战的准备："与那边的医务人员共同奋斗，把病人救治工作做好。"而谈及归期，她表示："至于什么时候回来我自己还没有考虑过。"

凌晨 4 点下火车，李兰娟带领团队就开始在医院昼夜不停地连续开会、深入一线。每天只睡 4 个小时，争分夺秒阻击疫情。2 月 4 日，她的团队在武汉发布重大抗病毒研究成果："阿比朵尔、达芦那韦能有效抑制新型冠状病毒。"

这无疑为连日来的抗疫战注入了强心剂。消息一出，举国沸腾。

武汉大学人民医院副院长江应安称赞道："70 多岁的老人了，真的不分昼夜……是我们中华民族的脊梁。"

从医，圆一个救死扶伤的梦

1968年，依靠助学金读完高中的李兰娟回到家乡——浙江省绍兴夏履桥村，执拗的她放弃人人羡慕的代课教师岗位，选择去当赤脚医生。全村1300多个村民，没有一个不认识她。李兰娟经常目睹辛苦劳作的村民遭受腰背疼痛的困扰。为了能为乡亲们缓解病痛，她去浙江中医院学习中医针灸技术，把经络书背得滚瓜烂熟。这是她第一次系统地学习医学，目的仅仅是为了给乡亲们做点事。

1970年，因为业务能力突出，李兰娟以"赤脚医生"的身份被推荐到浙江医科大学（现浙江大学医学院）学习，毕业后进入浙江大学医学院附属第一院工作。

20世纪80年代，全国重型肝炎病死率高达80%。李兰娟和她的团队努力钻研10多年，终于创立了一套独特有效的人工肝支持系统。如今，以她的名字命名的"李氏人工肝支持系统"已经成为全世界医治人数最多、治疗技术最为成熟的人工肝系统。2013年，以她为第一完成人的"重症肝病诊治的理论创新与技术突破"项目获得国家科学技术进步一等奖。

创新，永不停息在路上

作为我国人工肝的开拓者，2005年11月，李兰娟以"中国传染学第一人"的身份当选中国工程院院士。当同事们纷纷向她表示祝贺时，她却显得极为平静淡然："当选为院士是一份责任和使命，我的角色永远是医生。"

研发出"李氏人工肝支持系统"后，李兰娟并没有躺在功劳簿上睡大觉。她和团队继续奋战在科研一线，揭示了重型肝炎患者肠道微生态变化规律，阐明了肠道微生态变化与重型肝炎发生、发展的关系，丰富了重型肝炎发病机制的理论。2003年在抗击"非典"中，她提出的系列防治措施在浙江省抗击"非典"取得胜利的过程中发挥了关键性作用。2013年H7N9型禽流感来势凶猛，她带领的团队在第一时间向世界公布了该病毒的全基因组序列。

短短20年，从研究空白到领跑全球，李兰娟团队的研究成果极大地提升了我国在国际微生态领域研究的国际地位。2015年3月，李兰娟在第五届国际微生态联盟大会上出任主席，这是中国人乃至亚洲人第一次当选该领域的主席。

公益，尽最大可能燃烧光和热

为使全国各地更多的重症肝病患者享受到一流技术带来的福音，从2001年开始，李兰娟每年举办培训班，无偿地将她的人工肝技术推广到全国。

"全国有那么多病患，不可能都跑到浙江来就医，在当地得到及时的治疗，才是最好的结果。"如今，人工肝技术已推广到全国31个省市自治区，治疗患者 2000 多例，显著提高了重型肝炎肝衰竭患者的生存率。李兰娟也被称为"国际上最大的人工肝组织的领头人"。

在李兰娟看来，受益于社会，就应加倍回报社会。她与同为中国工程院院士的丈夫郑树森一起捐资，联袂社会各界力量成立"树兰人才基金"，奖励在医学科研和临床领域取得突破性创新成果的中国杰出科技人才。

李兰娟以治病救人为天职，无论"非典"、禽流感还是"新冠"，只要病人需要，她始终坚守在抢救危重病人的一线。她给自己，也给立志从医的后辈们16 字座右铭：严谨求实，开拓创新，勇攀高峰，造福人类。这是一名医生的追求，也是医生服务人民、奉献社会的最佳途径。①

【教学建议】本案例可用于思想道德修养与法律基础课程第一章第二节第一目"科学高尚的人生追求"中"服务人民、奉献社会"部分的教学。

2. 最重要的，是要做手边最具体的事情

1871 年的春天，英国蒙特瑞综合医科学校的学生威廉·奥斯勒对自己人生中的问题感到很困惑。他不明白应怎样处理远大的理想和身边的具体小事，一个人有什么样的做事态度才能成功。他渴望成功，但对于身边的小事又觉得没有什么用处。他甚至认为此刻的学校生活枯燥乏味，没什么值得用心的，因而他的成绩也每况愈下。他找他的老师探讨这些困难的人生问题。他的老师推荐他阅读哲学家卡莱里写的一本哲学启蒙读物。老师说，他的书里或许有答案能帮你解决问题。

威廉·奥斯勒是一个意志很坚定的青年，他一向不崇拜大人物，更不坚信所谓的名人名言，对许多问题一向有自己的独到见解。但既然是老师推荐的，他想或许真的有用，于是拿过书漫不经心地浏览起来。

突然间，书中的一句话让他眼前一亮："最重要的，就是不去看远方模糊的东西，而是要做手边最具体的事情。"他恍然大悟，是啊，不论多么远大的理想，都需要一步步去实现啊！不论多么浩大的工程，都需要一砖一瓦垒起来啊！

他的困惑解决了，他最后找到了人生的答案。他知道，那些远大的理想，就应让它们高悬在未来的天空里，最紧要的，是把自己手边的每一件具体的事情做好。

也就是从那一天开始，1871 年春天的一个下午，年轻的威廉·奥斯勒开始埋头读书，因为他知道这是他目前最紧要的事情，他要把自己的成绩提高上去。

---

① 资料来源：学习强国《每日一星》，2020 年 5 月 26 日。

半个学期以后，威廉·奥斯勒一跃成为整个学校最优秀的学生。

两年以后，威廉·奥斯勒以全校最优异的成绩毕业。毕业后他来到一家医院做医生，他认真对待每一位患者，对每一次出诊都一丝不苟。兢兢业业的态度和精益求精的精神，使他很快成为当地的名医。

几年以后，他创办了约翰·霍普金斯学院。他把自己的人生态度贯彻到每一个细节里。许多专家学者慕名来到他的学院工作，使他的学院很快成为英国乃至世界上最知名的医学院。美国有两所医学院的教学病房被命名为 Osler Ward，一是约翰·霍普金斯（Johns Hopkins）医院的一般内科病房，它是该大学医学院学生学习内科的主要场所，另一是杜克大学医院一般内科的女性病房，它也是杜克大学医学院最重要的教学场所。杜克大学医院病房之所以以奥斯勒命名，就是要提醒学生要以奥斯勒医师为学习的典范。

42年后，在一个温和的春夜，郁金香开满校园的时候，威廉·奥斯勒爵士对耶鲁大学的学生发表了演讲。他对学生们说，像他这样一个曾经在4所大学当过教授、写过一本很受欢迎的书的人，似乎应该有"特殊的头脑"，但其实不然。他说他的一些好朋友都知道，他的脑筋其实是"最普通不过了"。说到自己成功的经验，奥斯勒爵士讲到他曾经的一个经历。在奥斯勒爵士去耶鲁演讲的几个月之前，他乘着一艘很大的海轮横渡大西洋，看见船长站在舵房里，按下一个按钮，发出一阵机械运转的声音，船的几个部分就立刻隔绝开来。他对那些耶鲁大学的学生说："你们每个人的组织都要比那条大 海轮精美得多，所要走的航程也要远很多，我要劝各位的是，你们也要学着怎样控制一切，而活在一个'完全独立的今天'里面，这是在航程中确保安全的最好方法。到舵房去，你会发现那些大的隔舱至少都可以独立使用；按下按钮，注意你生活的每一个层面，用铁门把过去隔断——隔断已经死去的那些昨天；按下另一个按钮，用铁门把未来也隔断——隔断那些尚未诞生的明天。然后你就保险了。你有的是今天……未来就在于今天……没明天这个东西，人类得到救赎的日子就是现在，精力的浪费、精神的苦闷，都会紧随一个为未来担忧的人……那么，把船里的大隔舱都隔断吧，准备养成一个好习惯，生活在'完全独立的今天'里。"所以，要"活在完全独立的今天"，"最重要的是把你手边的事情做好，这就足够了"。正是靠着这两句话，精心地做着自己的事情，威廉·奥斯勒不仅成为那个时期最著名的医学家，还成为牛津大学医学院的钦定讲座教授，被英国国王授予爵士爵位，这是那个时代学医的英国人所能够获得的最高荣誉。

奥斯勒爵士告诉我们的并不是不应该为明天而下功夫准备，而是说为明日准备的最好方法，就是要集中你所有的智慧、所有的热诚，把今天的工作做得尽善尽美，这就是你能应付未来的唯一方法。

【教学建议】本案例可用于思想道德修养与法律基础课程第一章第二节第目"积极进取的人生态度"中"人生当务实"部分的教学。

3. 黎明出发，点亮万家——"蓝领创客"张黎明的电力抢修人生

黎明，总是给人以憧憬和希望。在国网天津市电力公司，张黎明就是这样一个给人希望、值得信赖的人。

踏上工作岗位至今，张黎明扎根电力抢修一线31年，从一名普通工人，成长为行业里响当当的电力"蓝领创客"。经他手开展的技术革新多达400余项。他还投入满腔热情，常年义务帮扶身边群众，点亮万家灯火。作为知识型、技能型、创新型新时代产业工人的典型代表，张黎明在看似平凡中创造了不平凡的人生。

创新让工作更快乐

作为国网天津滨海供电公司配电抢修班班长，张黎明是同事眼中的能人。他对岗位的执着、对技术创新的挚爱，超出了大多数人的想象。

做好电力故障抢修，首先要做的就是熟悉线路。工作之初，张黎明下班后怀揣着笔记本，沿电力线路边走边记，熟悉周边环境。多年下来，陪伴他熟悉线路的交通工具从老式自行车到电动自行车再到抢修汽车。在长期抢修实践中，他巡线8万多公里，亲手绘制抢修线路图1500多张，练就了一手事故诊断的绝活：根据停电范围、故障周边环境、线路设备健康状况等，能迅速判断出事故的基本性质、大概位置，甚至能准确点出故障成因，这为高效完成抢修任务赢得了宝贵时间。大家因此送给他"活地图"的绰号。

"工作是快乐的。创新让工作更快乐。"张黎明常把这句话挂在嘴边勉励同事、徒弟们。

他和同事们反复试验发明的"可摘取式低压刀闸"，将线路变压器发生保险片短路烧毁故障的抢修时间，从过去45分钟一下子缩短至8分钟。如今，这项发明获得了国家专利并得到广泛推广，仅这一项小革新每年就可创造经济效益300多万元。

2011年，以张黎明名字命名的"张黎明创新工作室"应运而生，这是国网天津市电力公司的第一个职工创新工作室。工作室成立以来，张黎明带领同事们开展技术革新400余项，获得国家专利140余个，20多项成果填补智能电网建设空白。"张黎明创新工作室"还孵化出"星空""蒲公英"等8个创新工作坊，培养出一批"蓝领创客"，创造了大效益。

同事张可佳说,张黎明在创新上的勤奋是由于发自内心对工作的热情。"以前以为,创新是实验室科技人员的工作,没想到一线创新也大有可为。"

居民眼里的小事,想到还要做到

电与老百姓的生活休戚相关,张黎明始终惦记着老百姓的用电需要。除了抢修班班长,他还有一个特殊的"头衔"——滨海黎明共产党员服务队队长。

2017年4月12日,滨海新区新开里社区按事先通知,安排实施计划停电检修。可就在断电前,滨海黎明共产党员服务队突然接到社区居民范阿姨哭着打来的电话:她96岁的老母亲瘫痪在床,靠呼吸机维持生命,断电随时有生命危险。

"人命关天,跟我走!"张黎明叫上队员带上发电机火速出发。在现场,他们架设起20米长的入户供电线路,实施了持续11个小时的特殊供电服务。制氧机咕噜噜运转起来,老奶奶的呼吸恢复均匀,范阿姨笑着流下眼泪……

张黎明和队员们主动印制了一些卡片发放到社区,创建微信平台,与11个社区150多位老弱孤残人士长期建立爱心服务联系。"很多居民眼里的小事,我们看到了想不到,师傅看到想到了,还一定要做到。"张黎明的徒弟张雨未这样评价他。

有一次,他到老旧小区抢修及看望孤寡老人时,发现小区楼道大多又黑又暗,出行很不方便。他毫不犹豫地将滨海新区发放给自己的一万元文明个人奖金悉数捐出,成立"黎明·善小"微基金,用来购买节能LED灯泡。经过协调各居委会,服务队员们义务安装好节能灯泡,将老旧小区的楼道点亮。截至目前,服务队累计对600多层老楼楼道进行改造换灯,近2000户居民从中受益。

积善成德,而神明自得。张黎明在志愿服务的道路上累并快乐着,并乐此不疲。

"实诚人"的"底色"

在同事眼中,张黎明不仅是个勤于学技术、精于干专业的技术工,更是一个办事认真敬业、值得信任的"实诚人"。

拿线路巡查来说,这是个良心活儿,如果投机取巧、半路偷懒,没人看得见瞧得出,除非将来线路发生事故。

一年冬天,有位同事因家中有急事请假,张黎明主动替他去巡查沿线77根电线杆。在寒风中,夜间巡线异常辛苦。张黎明蹬着自行车一不小心掉进水渠中,冰水将他的棉裤浸透。线路尚未巡完,怎么办?上岸后,张黎明没有打退堂鼓,忍着逐渐结冰的棉裤散发出的刺骨寒气,跨上自行车,硬是将整条线路逐段不落巡查完才回家换衣服。

有人问他为什么这么犟,可他憨憨地回上一句:"要是不巡完,我就不放心。"这种"不放心"的执着和不知变通的"傻",正是张黎明难能可贵的"底色"。

他从抢修设备中琢磨,将遇到的近万个故障进行总结分析,用录音、视频等多种方式向身边的员工传授。他还将其中常用的 11 个抢修小经验、8 大抢修技巧、9 个经典案例印成《抢修百宝书》,遇到故障,大家可以像"查字典"一样按图索骥,效率成倍提升。

"跟着黎明师傅觉得挺幸运的。"张雨末说,张黎明带徒弟从来都是毫无保留地传授技巧,用她的话说是"掰开了揉碎了"讲,生怕徒弟们听不懂。

这么多年过去了,当初的"实诚人"成了行业闻名的"蓝领创客"。他的徒弟们也沿着他的脚步,成了各专业的领军人才。①

【教学建议】本案例可用于思想道德修养与法律基础课程第一章第二节第三目"人生价值的评价与实现"中"正确评价人生价值"部分的教学。

4. 习近平总书记的"奋斗幸福观"

习近平总书记的"奋斗幸福观"融奋斗观、幸福观于一体,形成了鲜明的理论特色,既是对马克思主义幸福观的理论发展,也是对中国传统幸福观的创新超越。

"奋斗幸福观"有机统一了国家富强、民族振兴和人民幸福

中国传统的幸福观源远流长,《尚书》就提出了"寿、富、康宁、攸好德、考终命"的"五福"幸福观,后来发展成新"五福"(福、禄、寿、喜、财),但这仅反映着中华民族对美好生活的企盼。马克思指出,劳动是幸福的源泉和实现的基本途径,幸福是主观性与客观性、物质生活与精神生活、享受与劳动、个人幸福与社会幸福的统一。

党的十八大以来,习近平总书记的"奋斗幸福观"在中国梦的主题下逐渐清晰。中国梦在国家富强、民族振兴与人民幸福三个层面有机统一,人民幸福是国家富强、民族振兴的根本目的和最终归宿。习近平总书记不仅将其个人的幸福追求深刻融入国家民族命运中,还引领人民将个人、家庭的幸福梦与国家、民族的幸福梦紧密相连。习近平总书记说过,"生活在我们伟大祖国和伟大时代的中国人民,共同享有人生出彩的机会,共同享有梦想成真的机会,共同享有同祖国和时代一起成长与进步的机会"。三个"共同享有"为每个人的全面发展、幸福生活提供良好环境和权利保证。

---

① 资料来源:新华网,2018 年 5 月 23 日。

"奋斗幸福观"贯穿于党领导人民投身中国特色社会主义的伟大实践

马克思曾经提出人民的现实幸福论，超越了西方感性和理性主义幸福观，表达了对现实生活主体与社会制度关系的考察和反思。习近平总书记的"奋斗幸福观"坚持以马克思主义为指导，是在中国特色社会主义伟大实践中丰富起来的。他特别强调，中华民族伟大复兴，绝不是轻轻松松、敲锣打鼓就能实现的。全党必须统揽"四个伟大"，必须付出更为艰巨、更为艰苦的努力。

首先，把"人民对美好生活的向往"确定为党和国家的奋斗目标并规划了实现目标的不同阶段，使目标的实现落到实处。党的十八大以来，以习近平同志为核心的党中央为了"两个一百年"奋斗目标不懈努力，党的十九大又做出新"两步走"战略部署。其次，习近平总书记将马克思主义幸福观与当前时代重任和实际问题相结合，提出新时代我国社会主要矛盾的转化。充分认识到人民美好生活需要日益广泛，同时还需要着力解决发展的不平衡不充分问题，从多方面多维度提升人民群众的幸福感。再次，习近平总书记提出推动构建人类命运共同体，开展"一带一路"建设，已经证明并将继续证明"奋斗幸福观"不仅具有占据道义制高点的崇高性，而且具有落地生根的可行性。幸福一般是指个人自我奋斗、自我目标的实现，但作为更高更深刻的幸福则表现为对社会和人类的无私奉献。

"奋斗幸福观"融汇于"五位一体"总体布局和"四个全面"战略布局

人的解放蕴含于马克思主义的幸福观，马克思主义围绕人的解放问题而展开，其中明确包含着人的现实幸福实现问题。习近平总书记的"奋斗幸福观"在中国特色社会主义事业总体布局和战略布局中得以充分体现。一方面，中国特色社会主义事业"五位一体"总体布局包含着富强、民主、文明、和谐、美丽的中国梦，根植于中国大地，反映着人民意愿，凝结着中华民族价值共识，集中体现了习近平总书记以人民为中心的发展思想、团结一致实干到底的奋斗幸福观，丰富了马克思主义幸福观的内涵。另一方面，通过"四个全面"战略布局的实施不断实现对人的解放。全面建成小康社会为人的解放提供了现实基础，提升人民幸福感；全面从严治党，加强党的长期执政能力建设、先进性和纯洁性建设，教育党员干部为中国人民谋幸福，为中华民族谋复兴；全面依法治国，努力让人民群众感受到公平正义，从国家法治体系及其运行中体悟到幸福感；全面深化改革，以人民的现实生活处境、现实利益需求为立足点和出发点，以实现人民幸福为落脚点，在改革实践中既着力解决人民衣食住行、教育就业、医疗养老、政治参与等各方面的具体问题，又坚决破除一切不合时宜的思想观念和体制机制弊端，突破利益固化的藩篱。

"奋斗幸福观"创新了全体人民全面的幸福观

自古以来,中西方流行着德性主义幸福观和快乐主义幸福观。德性主义幸福观认为幸福主要在于具有高尚的道德行为;快乐主义幸福观立足于个体体验,注重欲望的满足。这两种幸福观无疑具有很大的片面性。习近平总书记的"奋斗幸福观"创新了全体人民全面的幸福观。一是教育人民在坚定理想信念中追求和实现幸福。理想信念是中国共产党人的精神"钙",是世界观、人生观、价值观的"总开关",要把握好这个"总开关",关键是坚持正确的人生价值追求和方向。二是培育和践行社会主义核心价值观,以培养担当民族复兴大任的时代新人为着眼点。习近平总书记特别教育青年,每一代青年都有自己的际遇和机缘,都要在自己所处的时代条件下谋划人生、创造历史。三是推崇立德修身,深入实施公民道德建设工程,推进社会公德、职业道德、家庭美德和个人品德建设。道德是幸福的基础和前提,幸福是道德的价值目标。新时代公民道德建设不仅要制定合理的道德规范与法律法规,而且要培养健康高尚的生活情趣,不断提升人们的道德能力,形成道德习惯。①

【教学建议】本案例可用于思想道德修养与法律基础课程第一章第三节第目"辩证对待人生矛盾"中"树立正确的幸福观"部分的教学。

5. 17年积淀,才有了这次的肝胆相照

2020年3月26日,一场由世界中医联合会举办的中医药抗疫专家经验全球直播正在进行,64个国家10万人在线进行交流分享。中国工程院院士张伯礼作为主讲专家,进行了40分钟的中医抗疫经验介绍。令他惊喜的是,来自各国的提问接连不断,持续了1个多小时,展现出对中医的极大兴趣。有的询问中医怎么治疗?有的直接开口向张伯礼求一张中国药方……

中医药愈来愈受到海外的认可,这振奋人心的一幕张伯礼已经等待了17年。

张伯礼,中国工程院院士、医药卫生学部主任,天津中医药大学校长,中国中医科学院名誉院长,"重大新药创制"科技重大专项技术副总师,国家重点学科中医内科学科带头人。他曾获得国家科学技术进步奖一等奖、吴阶平医学奖、全国中医药杰出贡献奖,并长期从事心脑血管疾病防治和中医药现代化研究工作。2017年他被授予"全国名中医"称号。

---

① 资料来源:《安徽日报》,2018年4月3日。

国有大疫，医生即战士

2003 年，非典肆虐中华大地，医院隔离病房一片忙碌，时任天津中医学院院长的张伯礼却插不上手。抗击非典疫情以来，一直是西医在一线主导救治，中医药未被允许介入，张伯礼只能干着急。

"国有大疫，医生即战士。宁负自己，不负人民！"他立下誓言，一定要用自己的中医药学服务于人民。此时，一位院长找到张伯礼，说自己的亲戚在隔离病房接受治疗，怕是挺不过去了，请张伯礼用中药试试。刚好，张伯礼的学生就在这家医院的隔离病区。他让学生传来病人的舌象和症状，开药熬好了偷偷送进去，给病人服用。三天后，那位院长专程感谢张伯礼，说亲戚症状明显好转。"以前说一分钟话还断断续续，气喘。今天跟我说了 15 分钟话，并且想吃东西了，精神也好多了。"

有了这次的成功，张伯礼更坚定了要用中医治疗非典病人的决心。"中医能治，为什么不给我们机会？"在他的极力争取下，10 名非典病人被安排接受中医治疗。经治疗，10 人中没有一人转为重症，其中不乏治愈者。此时，张伯礼大胆提出，组建中医隔离病区，由中医成建制管理和治疗，应用中西医结合的方法救治患者。"短短一个多月时间，积累了很多经验。"

2020 年，张伯礼已是 72 岁的古稀老人，他没料到，自己将再度披甲，用非典实战经验和深厚的科研积累率队出征。

临危受命，壮士暮年出征

1 月 26 日，大年初二晚上，张伯礼接到了中央疫情防控指导组的通知，要他第二天飞赴武汉。一种老将暮年出征的雄心和悲壮同时袭来，他湿润了眼眶。

抵达武汉后，眼前的景象让张伯礼感到焦虑。大街空无一人，医院却人山人海；医护人员连续作战，疲惫不堪；检测能力有限，无法及时确诊；更可怕的是交叉感染……张伯礼当机立断，必须阻断传染途径！他提出：迅速采取对四类人群（确诊患者、疑似患者、无法排除感染可能的发热患者、确诊患者的密切接触者）进行分类、集中隔离。

在初步实现隔离后，张伯礼紧接着提出"中药漫灌"，给患者普遍服用中药汤剂，来舒缓他们恐惧情绪，缓解病情，提高免疫力。他坚信"一个病因，相同症状，中药漫灌符合大规模流行病学"。在服用清肺排毒汤、化湿败毒汤、宣肺败毒汤等汤剂后，隔离人群转为确诊患者的比例从 2 月初的 80%，降到 2 月中旬的 50%，2 月下旬 30%……

"严格的隔离，集中服中药可以说截断了疫情的蔓延。如果把它比喻成一场战争，这是战争取胜的基础。"

肝胆相照，方显医者仁心

如果说"中药漫灌"是初试牛刀，那么成建制接管方舱医院才是中医真正的大展身手，这也是张伯礼17年来的心愿。2月14日，武汉市江夏方舱医院开始接收轻症患者，这也是武汉市唯一一家由中医医疗团队成建制接管的方舱医院。

张伯礼根据患者的脉象、舌象，辨证施治。除了中药汤剂，中医特色的耳穴疗法、艾灸等也作为辅助治疗手段在病区中推广；八段锦、太极拳等中医养生保健操，让患者活络筋骨的同时，也传递着战胜疾病的信心。

在张伯礼看来，方舱更像一个社区或大家庭。他自己犹如家长。为了让病患有更舒适的环境，在他的张罗下，江夏方舱增加了拉帘、热水器、空气净化器……"治疗第二位，服务第一位。"这是他对方舱医护人员的要求。

"我们的中药，还有热情的服务，中医综合治疗起到了效果。"江夏方舱医院从开舱到休舱共收治564名病人，没有一例转为重症，很多病人最后都不愿意离开方舱。由于太劳累，加上饮食不规律，张伯礼突发胆囊炎。医生建议手术治疗，虽然张老的儿子跟他同在武汉支援，但为了不影响抗疫工作，他没有告知儿子自己手术的消息，自己签字接受了微创胆囊摘除手术。看到同事们为自己的身体担忧，张伯礼开玩笑称："我这回把胆留下了，真的是与武汉人民肝胆相照了。"胆囊炎后双腿出现血栓，医生让张伯礼卧床休息两周，他却说，"我肯定乖乖听话，但最多只能一周"，要尽快回"前线"指挥战斗，不想动摇军心；考虑到他的身体状况，中央指导组和国家中医药管理局相关领导多次请他返回天津休养，他少有地没有服从组织安排。"正是需要我的时候，怎么能离开，身体上的困难能克服。"

发扬光大中医药的脚步不停

随着武汉疫情逐渐得到控制，各省援助医疗队陆续撤离武汉，但张伯礼依然归期未定。"天欲破晓一抹清，曙光初现万霞虹。鏖战疫魔须坚忍，凯旋班师踏清明。"这首《破晓待明》，是张伯礼的心声。所以在江夏方舱医院休舱后，张伯礼的工作重心转移到出院病人的康复治疗上。"很多重症患者出院后依然有心悸、乏力等症状，部分病人的肺功能、脏器功能受到损害，我们首先要进行评估，再对症分情况进行康复。"

3月24日，张伯礼牵头负责的全国被感染医务人员康复管理平台正式启用。"这是由中国工程院和腾讯基金会支持的平台，由武汉协和医院和武汉市中医医院具体负责，我们争取用两到三年的时间，让这些医护人员完全康复，回到正常的工作生活轨道。"张伯礼说。

逆行和坚守，只因医者仁心、家国情怀。"自古读书人在世，有三件事不能避：为国请命不能避，为国赴难不能避，临危受命不能避。"这是张伯礼赴武汉时的心声。①

【教学建议】本案例可用于思想道德修养与法律基础课程第一章第三节第三目"成就出彩人生"中"与祖国同行""与人民同在"部分的教学。

六、教学活动建议

1. 课堂讲授

思想道德修养与法律基础课程第一章的第一节、第二节、第三节的"反对错误人生观"部分主要由教师课堂讲授。

第一章第三节的"辩证对待人生矛盾"部分讲授可采用问题式教学；"成就出彩人生"可采用案例式教学。

第一章内容的课堂讲授，应特别注意分析"个人与社会的关系"，运用马克思主义相关理论，注重联系学生的学习和生活实际，在逻辑的严密性、案例的生动性、问题的针对性上下功夫。

2. 课堂讨论

可以组织学生对第一章中"人生价值的评价与实现""正确的幸福观"等问题开展课堂讨论。教师可通过课堂通知或课外线上通知方式提前布置课堂讨论题，通过线上或线下方式提供与课堂讨论相关的阅读材料，并对课堂讨论是完全自由发言还是提前安排重点发言、是否分组、如何记分等做出设计和安排。教师要注意做好课堂讨论的主持和引导，并做好讨论情况的总结和点评。

示例：课堂讨论——什么样的人生是有意义的？在大学期间我应做什么样的准备？

教师通过课外线上方式通知学生讨论题目，并提示学生结合课堂教学内容从人生目的、人生态度、人生价值实现等方面进行思考。课堂讨论开始之前，组织学生分组，小组成员5—6人为宜；先让学生自由讨论20分钟，然后选取若干小组代表当课进行交流，针对学生的发言，教师进行引导和小结。通过即

---

① 根据《科技日报》2020年3月29日新闻和湖北卫视2020年4月9日专题栏目改编。

时的讨论，让学生结合课堂教学内容进行思考和感悟，促进学生领悟和内化理论知识，同时，也促使学生规划人生，确立自己的人生追求。

3. 观看影视片

可组织学生利用课外时间观看与第一章教学内容相关的影视片。教师应提前为学生提供片源，并对是否写作观后感或影视评论以及写作要求、提交时间、提交方式、展示方式、奖评方式、记录方式等做出规定和说明。

推荐影视片如下：
① 《黄大年》；
② 《中国合伙人》；
③ 《张丽莉老师的故事》；
④ 《集结号》；
⑤ 《最美逆行者》。

示例：建议学生观看影片《黄大年》。

根据黄大年的真实事迹创作拍摄的电影《黄大年》，用电影艺术的多种表现手段，真实再现了黄大年归国后惜时不惜命的工作状态，讲述了时代楷模黄大年不忘初心，把爱国之情、报国之志融入祖国科技事业的感人事迹。电影生动诠释出"大地之子"的家国情怀，用光影和镜头的变化展现黄大年不平凡的人生足迹，表达对英雄的敬意，震撼着观众的心灵，展现了以黄大年同志为代表的新时代科技工作者的光辉形象。

观看完电影《黄大年》，组织学生进行讨论。通过共情引导学生感悟以黄大年为代表的新时代科研工作者，在各自领域为国家强盛、民族振兴而埋头苦干的人生态度，引导学生理解正是因为有许许多多像黄大年一样的中华儿女，才有了实现中华民族伟大复兴的中国力量，最后得出结论：人生的价值只有融入家国与时代，才能迸发出蓬勃的伟力，与历史同向、与祖国同行是人生价值的实现途径。

教师根据学生的发言情况（思想性、态度、与教学内容的相关性）给出评分。

4. 拍摄微电影

可组织学生在校内外拍摄与第一章教学内容相关的主题微电影。微电影可以是纪录片，也可以是故事片、情景剧等。教师要对剧本立意、编写、微电影的拍摄给予必要的指导，并对微电影的展映和评审方式等做出规定和说明。

第二章 坚定理想信念

一、教学目标

1. **知识目标**：使学生认识理想信念的内涵与特征，理解作为精神之"钙"的理想信念对于人生的意义；把握信仰马克思主义、树立中国特色社会主义共同理想、胸怀共产主义远大理想的理论、历史、实践依据和极端重要性；理解理想与现实的关系、个人理想与社会理想的统一，懂得必须把实现理想的道路建立在脚踏实地的奋斗上。

2. **价值目标**：使学生充分理解马克思主义是科学性与革命性统一、具有鲜明的实践品格、具有持久生命力的科学理论，懂得只有社会主义才能救中国、只有中国特色社会主义才能发展中国的道理；明白实践和奋斗是实现理想的必由之路，确认个人理想应以社会理想为指引、社会理想是个人理想的凝练和升华。

3. **能力目标**：增强学生对马克思主义、中国特色社会主义和共产主义科学性、正确性、先进性的认识能力，提升学生化理想为现实的能力。

4. **素质目标**：使学生加深对理想信念重大意义的认识和理解；引导学生确立马克思主义信仰，坚定中国特色社会主义共同理想和共产主义远大理想，增强把个人理想融入中国特色社会主义建设伟大进程、在实现中国梦的伟大实践中实现人生理想的自觉性。

二、内容提要

理想信念是人类特有的精神现象。理想是人们在实践中形成的、有实现可能性的、对未来社会和自身发展目标的向往与追求，是人们的世界观、人生观和价值观在奋斗目标上的集中体现。理想具有超越性、实践性、时代性。信念是人们在一定的认识基础上确立的对某种思想或事物坚信不疑并身体力行的精神状态。信念具有执着性和多样性。理想和信念总是相互依存的。理想是信念所指的对象,信念则是理想实现的保障;理想信念是人的精神之"钙",理想信念昭示奋斗目标,理想信念提供前进动力,理想信念提升精神境界。大学生只有树立崇高的理想信念,才能激发起为民族复兴和人民幸福而发愤学习的强烈责任感与使命感,掌握建设祖国、服务人民的本领。

要实现国家的繁荣富强、民族的伟大复兴、人民的美好生活,离不开崇高理想信念的有力支撑。新时代大学生应当确立马克思主义的科学信仰,树立共产主义的远大理想和中国特色社会主义共同理想。马克思主义作为我们立党立国的根本指导思想,是近代以来中国历史发展的必然结果,是中国人民长期探索的历史选择,也是由马克思主义严密的科学体系、鲜明的阶级立场和巨大的实践指导作用决定的。马克思主义体现了科学性和革命性的统一,具有鲜明的实践品格,具有持久生命力;中国特色社会主义是改革开放以来党的全部理论和实践的主题,是党和人民历尽千辛万苦、付出巨大代价取得的根本成就。在当代中国,坚持中国特色社会主义,就是真正坚持科学社会主义。改革开放以来我们取得一切成绩和进步的根本原因,归结起来就是:开辟了中国特色社会主义道路,形成了中国特色社会主义理论体系,确立了中国特色社会主义制度,发展了中国特色社会主义文化。中国特色社会主义,既是我们必须不断推进的伟大事业,又是我们开辟未来的根本保证。中国共产党的领导是中国特色社会主义最本质的特征。当今中国,只有中国共产党,才能领导中国人民坚持和发展中国特色社会主义,才能担当起带领中国人民创造幸福生活、实现中华民族伟大复兴的历史使命;共产主义社会是物质财富极大丰富、实现按需分配、人的精神境界极大提高、每个人自由而全面发展的社会。共产主义只有在社会主义社会充分发展和高度发达的基础上才能实现。共产主义是现实运动和长远目标相统一的过程。那种认为"共产主义是渺茫的幻想""共产主义没有经过实践检验"的观点,是完全错误的。

实践是通往理想彼岸的桥梁。在追求理想的过程中,要正确认识理想与现实的关系,辩证看待理想与现实的矛盾,充分认识实现理想的长期性、艰巨性和曲折性,懂得艰苦奋斗是实现理想的重要条件;要深刻理解个人理想与社会理想的相互联系、相互影响、相互制约,懂得个人理想以社会理想为指引,社会理想是对个人理想的凝练和升华,把个人理想融入社会理想之中,在实现社会理想的过程中努力实现个人理想;要志存高远、脚踏实地、埋头苦干,用勤劳的双手成就属于自己的人生精彩。

三、教学重点

1. 理想信念的含义和理想信念对人生的意义。
2. 崇高的理想信念。
3. 理想与现实、个人理想与社会理想的关系。
4. 实现人生理想的途径。

四、思想理论要点阐释

1. 人为什么要有理想信念？

第一，人之为人的标志。人不仅有自然属性，有吃穿住行等一系列的物质需要，也有社会属性，还需要充实的精神生活。一个人如果没有充实的精神生活，那么物质生活再丰裕与奢华，也无法感受到人生的真正意义和价值。而理想信念正是人最内在的精神需求，是人之为人的重要标志。

表面来看，日常生活中的衣食住行似乎只是为了人能够"活着"，即生存。但是，动物也"活着"，动物的一切活动也是围绕着生存展开的。如果认为衣食住行等活动仅仅是为了生存，仅仅是为了满足自己的物质需要或者吃喝玩乐，这就把人等同于动物。而人显然是超越动物的，人也不会甘心混同于动物。最明显的事实就是：虽然当人不具备生存的条件时，人会为了生存而去追求最基本的物质资料。但是，当人在物质上富有时，人并不会感到满足，反而会觉得生活乏味与空虚。

人的活动从本质上来讲是一种自觉的能动活动，是一种自己可以控制和支配的个体活动。由于人的活动是一种有意识的活动，这就使得人不像动物那样，只在肉身欲望的支配下活动；使得人不像动物那样，只按照它所属的那一类的尺度进行活动，而是懂得按照自己给自己划定的尺度来进行活动，按照美的尺度来生产。也就是说，由于有了意识，人的活动就成了一种可以自己选择的活动。而人的意识则提供了这种选择的能力和空间。意识要做到这一点，则需经由语言这一中介实现。语言不仅能够反映和表达现实的事物或事物的现实性，而且还可以表达或反映"非现实"的事物或事物的"非现实性"。把那些用语言表达出来的"非现实"的事物或事物的"非现实性"按照预设的原则组织起来，就组成了一个可能性世界。这里的可能性世界并不是人的虚构，而是有其客观性。正是语言为人打开了一个可能性世界，使人由实然世界进入了可能性之域。

而理想正是人通过意识和语言所展示的可能性空间。理想就是一种可能，就是一种长远的、能够包容人的整个生命历程的、未来可以实现的可能性空间。由于动物没有意识和语言，动物因而也就没有了理想信念。概而括之，一方面，因为人有意识、有语言，才使理想信念有了存在的可能；另一方面，正是因为人类有理想信念，才使得人类有别于动物，因此理想信念也成为人类所独有的标识。

第二，为生活提供精神支撑。我们所生活的世界，是充满各种不确定性的。在现实世界中，人们总会感觉到，当做出一种行为之后，可能会出现多种可能情况，而且每种情况都有成功与失败的可能。因此，行为者往往受到不确定性的影响或支配，从而在行动过程中不能确切知道时间或行动变化的结果。

面对复杂多变的陌生世界，人时常感到自己的弱小无力，感到人生的无常，感到无法把握自己的未来，因此就会感觉到忧虑和恐惧。为了消除忧虑和恐惧，人就试图找到一个支撑或支点，所以追求确定性反映了人性的一种普遍要求。自古以来，人们就在探寻如何实现对现实和未来的掌控，即如何将不确定性变得确定。理想信念就是一种确定性，就是人的精神支撑。人要探寻世界的确定性，就必须发现理想信念的生成意义和存在价值。换句话说，人类可以通过理想信念的塑造，达到在现实社会中努力追求以及实现确定性的目标。

第三，让精神世界更加充实。理想和信念决定了人的生活状态，没有理想信念的人，难以拒绝庸俗与堕落；没有理想的国家和民族，难以焕发出希望之光。没有了理想，人类社会也就只剩下物质生活了。没有对精神的追求，没有了对知识的敬畏，就失去了原本人性应能散发出的熠熠光辉。而当人失去了理想、失去思考能力之后，人也就难以称之为人了。

人生应该有更多精神层面的追求，人生的意义在于实现自己的价值，使自己的生命更充实而丰盈。人的生命是神圣的、庄严的。莎士比亚在他的不朽之作《哈姆雷特》中就借王子之口对人类进行了浓墨重彩的赞颂："人类是一件多么了不起的杰作！多么高贵的理性！多么伟大的力量！多么优美的仪表！多么文雅的举动！在行为上多么像一个天使！在智慧上多么像一个天神！宇宙的精华！万物之灵长！"而人类个体在衣食住行等基本需求之外，需再开辟一片精神的家园，树立远大理想并为之奋斗，才能使生命之树常青，才会使得莎士比亚对人类的称赞更具现实存在性。

美国心理学家马斯洛提出了著名的需求层次理论,他将人的基本需求分为五个层次:生理需要、安全需要、归属和爱的需要、尊重的需要以及自我实现的需要。这五种需求是由低到高依次渐进的。从我国改革开放的巨大成就以及社会的长足进步来看,可以说当前人们的生理需求、安全需求以及归属和爱的需求都在一定程度上得到了满足,于是也就需要更高层次的满足感。当代的年轻人出生在物质丰裕的年代,成长于网络信息技术飞速发展、消费主义思潮狂飙突进与后现代主义流行开来的时代,美好前程在其看来都是唾手可得的,因此他(她)们或多或少地会带有一些盲目的自信,有一种急于向他(她)人证明自己的愿望。而当遭遇到现实中的种种挫折与困境之后,才发现所面对的情况与自己的理想差距太远,内心的急切、社会经验的缺乏,再加上客观存在的困难,往往会导致巨大的挫败感。因此,年轻人既要仰望星空,更要脚踏实地,要摆正自己的心态,坚持自己的理想,敢于直面现实中的困难,只有这样才能到达成功的彼岸。

2. 树立远大理想与人生境界提升

什么是境界?这一词语最初出现在一些佛经当中,如《无量寿经》《入楞伽经》等。佛学中的"境界"指的是人心对佛的觉悟程度,它融合了人的情感、态度、意志等心灵世界中的因素。在中国的文学、艺术领域,境界是人的心灵与客观世界融合的产物。如近代国学大师王国维认为:"境非独谓景物也,喜怒哀乐,亦人心中之一境界。故能写真景物、真感情者,谓之有境界。否则谓之无境界。"在《人间词话》中,王国维所标举的意境是他追求的最高境界。朱光潜也认为意境"它可以在无数心灵中继续复现,虽复现而不落于陈腐,因为它能够在每个欣赏者的当时当境的特殊性格与情趣中吸取新鲜生命……在刹那间见终点,在微尘中显大千,在有限中寓无限"。在哲学研究领域,广义的境界指的是人的一种精神状态,人的心灵存在的一种方式。比如冯友兰的"人生境界说",他根据人对宇宙人生的"觉解"程度不同,把人生境界分成自然境界、功利境界、道德境界、天地境界四个层次,并认为人生所处的境界是随着人对宇宙人生觉解程度的提高而不断提升的。狭义而言,境界指的是人的精神和人格修养已经达到的某种理想的状态。从以上分析可以看出境界不是客观存在之物,它与人的心灵有密切关系。人是一种有着自主自觉心灵的精神性存在,凭借这种精神创造一种属于自我的生活境界。"境由心生",人的境界会随着个人经历及道德修养的变化而变化,从较低层次提升到较高层次。境界的高低取决于人的情感、态度、意志等心灵世界因素的投入程度。境界彰显的是人对生命价值和生活意义的追求，是对庸常状态的超越，是对人的理想性样态的设定。

法国哲学家帕斯卡尔说："人只不过是一根苇草，是自然界最脆弱的东西；但他是一根能思想的苇草。"理想信念是衡量一个人精神境界高下的重要标尺。人们理想有别，境界各异：顺世主义者"随其流扬其波"，不问是非，不分善恶，不辨美丑，浑浑噩噩，迷迷糊糊，得过且过；游世主义者玩世不恭，声色犬马，纸醉金迷，挥霍无度，及时行乐；愤世主义者恣意妄为，拒绝传统，不要规则，铤而走险；出世主义者视尘世为苦难，认彼岸为故乡，或断发为僧为尼，或自戕以为解脱；入世主义者直面人生，或为名利经营人生，或为社会而奋力拼搏。

伟大的人生源于伟大的理想，伟大的理想产生伟大的动力，崇高的人生理想为实现人生价值注入了巨大动力。理想的不同，反映了人们对生命价值认识的不同，体现了不同的精神境界。一个人对人生价值认识得越深刻，他（她）的理想越崇高，精神境界和人格就越高尚。

3. 马克思主义的持久生命力

马克思主义的持久生命力首先体现在它是科学的理论，创造性地揭示了人类社会发展规律，揭示了资本主义运行的特殊规律，揭示了人类社会最终走向共产主义的必然趋势。马克思是在继承以往优秀思想成果基础上，立足整个人类发展，对所处的时代和世界进行了深入考察，才得以透视出历史运动的本质和时代发展的方向。马克思主义理论既源于那个时代又超越了那个时代，马克思主义既是那个时代精神的精华又是整个人类精神的精华，马克思主义是用理论的科学性征服世界、用真理的力量指引着人民改造世界的，科学性、真理性是它的生命力的根本所在。

马克思主义的持久生命力还体现在它是人民的理论，第一次创立了人民实现自身解放的思想体系。以往占统治地位的理论，都是为少数人特别是统治阶级服务的。马克思主义是为人类求解放的理论，第一次站在人民的立场探求人类自由解放的道路，以科学的理论为指导，最终建立一个没有压迫、没有剥削、人人平等、人人自由的理想社会。让人民成为自己的主人、社会的主人、人类社会发展的主人，追求和实现人全面自由发展的价值取向，使得马克思主义具有了无可比拟的价值先进性和历史进步性。人民本位的价值先进性，是马克思主义强大生命力的力量源泉。

马克思主义的持久生命力根本上体现在它是实践的理论，指引着人民改造世界的行动。马克思主义不是书斋里的学问，而是强调"问题在于改变世界""实际地反对并改变现存事物"。它本身就是为了改变人民历史命运而创立的，是在人民求解放的实践中形成的，也是在人民求解放的实践中丰富和发展的，为人民认识世界、改造世界提供了强大精神力量。实践的观点、生活的观点是马克思主义认识论的基本观点，实践性是马克思主义理论区别于其他理论的显著特征。理论的生命力在于不断创新，推动马克思主义不断发展是中国共产党的神圣职责。正是在与实际结合、在指导社会发展实践取得成功和进步的过程中，马克思主义获得了强大的适应性和持久生命力。历史证明，正是由于马克思主义的传播、运用和不断发展，共产主义从一个游荡在欧洲上空的"幽灵"，成为一种世界性的思潮。

中国特色社会主义道路的开创和发展及其取得的丰富理论创新成果，是对马克思主义持久生命力的最好诠释。在探索中国革命和建设道路的漫长历程中，中国共产党始终坚持以马克思主义为指导思想，特别是改革开放以来，面对世界社会主义运动一度遭遇重大挫折的严峻考验，中国共产党坚定地将马克思主义基本原理同中国社会主义实践的具体实际紧密结合起来，不断深化对社会主义建设规律的认识，在全面开创并不断完善中国特色社会主义道路的过程中，逐步形成了一整套日益成熟的中国化的马克思主义世界观方法论。中国共产党人始终坚持一切从实际出发，坚持问题导向，聆听时代的声音，回应时代的呼唤，持续破解社会主义建设面临的各种现实难题，不断完善中国发展和国家治理的制度体系；始终坚持人民立场，把以人民为中心的根本立场和为人民服务的宗旨同尊重人民群众的主体地位和首创精神结合起来，不断增强中国特色社会主义共建共享的人民属性；始终坚持"全部社会生活在本质上是实践的"观点，与时俱进地运用中国实践经验丰富和发展马克思主义，赋予马克思主义在当代中国特有的形式和内容。

4. "中国共产党领导是中国特色社会主义最本质特征"这一论断的历史必然性

党的十八大以来，以习近平同志为核心的党中央围绕"新时代坚持和发展什么样的中国特色社会主义、怎样坚持和发展中国特色社会主义"的时代课题，从理论和实践上进行了深入探索，对中国特色社会主义的本质特征做出了准确概括，明确提出了"中国共产党领导是中国特色社会主义最本质特征"的科学论断，丰富了习近平新时代中国特色社会主义思想内容，与时俱进地发展了马克思主义理论。

这一科学论断是历史必然结论，是中国近现代史发展的历史必然，是中国共产党领导中国人民艰苦奋斗的历史必然，是世界社会主义发展的历史必然。

第一，是中国近现代史发展的历史必然。鸦片战争以后的中国近代，中华民族面临内忧外患的历史境地，为了实现民族复兴，无数中国人前仆后继走上了探索实现中华民族伟大复兴的道路。封建地主阶级开明派的洋务运动、农民阶级的起义、资产阶级的民主革命都对国家出路进行了早期探索，但都以失败而告终。以上中华儿女探索民族复兴的曲折道路从根本上说明，在帝国主义时代，在半殖民地半封建的中国，没有选择正确的道路，没有代表劳苦人民大众利益的政党领导的彻底革命，靠改良和走资本主义道路是行不通的，期盼复兴的中国人需要寻找新的发展道路、新的领导力量。中国共产党领导中国人民走社会主义道路也就成为历史的必然。

中国的先进分子在十月革命影响下得出的正确结论就是学习俄国和走俄国人的路。中国共产党的成立标志着中国历史翻开了新的篇章。正如习近平总书记在十九大报告中指出："一百年前，十月革命一声炮响，给中国送来了马克思列宁主义。中国先进分子从马克思列宁主义的科学真理中看到了解决中国问题的出路。在近代以后中国社会的剧烈运动中，在中国人民反抗封建统治和外来侵略的激烈斗争中，在马克思列宁主义同中国工人运动的结合过程中，1921年中国共产党应运而生。从此，中国人民谋求民族独立、人民解放和国家富强、人民幸福的斗争就有了主心骨，中国人民就从精神上由被动转为主动。"中国人民历史地选择了马克思列宁主义，选择了走社会主义道路，选择了中国共产党领导，是中国现代革命发展的历史必然。

第二，是中国共产党领导中国人民艰苦奋斗的历史必然。1921年中国共产党一成立就投入了革命，经过28年的浴血奋战建立了中华人民共和国，实现了中国从几千年的封建专制政治向人民民主政治的伟大飞跃。中华人民共和国成立后，我们党团结带领人民完成社会主义革命，确立社会主义基本制度，推进社会主义建设，完成了中华民族有史以来最为广泛而深刻的社会变革，为当代中国一切发展进步奠定了根本政治前提和制度基础，实现了中华民族由近代不断衰落到根本扭转命运、持续走向繁荣富强的伟大飞跃。社会主义制度在中国的确立，意味着中国从此进入了社会主义社会。此时的中国社会主要矛盾已经转化为人民对于经济文化迅速发展的需要同当前经济文化不能满足人民需要之间的矛盾。尽管这一时期我们的党和国家经历了一些发展中的曲折，但是坚持马克思主义、坚持中国共产党的领导、坚持走社会主义道路的基本方向并没有改变。

党的十一届三中全会以来，以邓小平同志为主要代表的中国共产党人接续推进马克思主义中国化，总结国内外社会主义建设经验，特别是改革开放以来的新鲜经验，回答了"什么是社会主义、怎样建设社会主义"的基本问题，明确提出了社会主义的本质是"解放和发展生产力，消灭剥削，消除两极分化，最终达到共同富裕"，成功开创了中国特色社会主义建设道路。党的十三届四中全会以来，以江泽民同志为主要代表的中国共产党人，在建设中国特色社会主义实践中，加深了对"建设什么样的党、怎样建设党"的认识，提出了"中国共产党必须始终代表中国先进生产力的发展要求，代表中国先进文化的前进方向，代表中国最广大人民的根本利益"。"三个代表"重要思想，把中国特色社会主义成功推向21世纪。党的十六大以来，以胡锦涛同志为主要代表的中国共产党人，高举中国特色社会主义伟大旗帜，回答了"新形势下实现什么样的发展、怎样发展"等重大问题，提出了"以人为本的科学发展观"，发展了中国特色社会主义。

党的十八大以来，以习近平同志为核心的党中央从理论和实践结合上系统回答了"新时代坚持和发展什么样的中国特色社会主义、怎样坚持和发展中国特色社会主义"重大时代课题，形成了习近平新时代中国特色社会主义思想，中国特色社会主义进入新时代。从党的十八大到十九大的五年，以习近平同志为核心的党中央带领全国各族人民取得了改革开放和社会主义现代化建设的历史性成就和历史性变革。中国特色社会主义进入新时代是中国共产党团结带领中国人民取得的伟大成就，也是中国共产党领导中国人民实现中华民族伟大复兴的历史必然。

第三，是世界社会主义运动发展的历史必然。16世纪诞生于欧洲的空想社会主义勾画了未来美好的社会情景，自此，共产主义思潮在欧洲产生。马克思、恩格斯经过艰苦探索，创立了唯物史观，揭示了人类历史发展规律和资本家剥削的秘密，社会主义由空想成为科学，并提出了共产主义原则和实现方式。在马克思主义正确指导下，共产主义运动成为世界潮流。马克思、恩格斯一直强调要实现共产主义社会，无产阶级必须组建自己的政党，共产主义运动须由共产党领导，无产阶级在反对有产阶级联合力量的斗争中，只有把自身组织成为与有产阶级建立的一切旧政党不同的、相对立的政党，才能作为一个阶级来行动，才能保证社会革命获得胜利。

俄国十月革命一声炮响，给中国送来了马克思主义、共产主义、社会主义思想。从此，中华民族探索正确发展道路有了新的方向，在中国共产党的领导下，运用马克思主义、国际共产主义、社会主义理论指导中国革命和建设成为历史的必然。尽管在世界社会主义运动的发展过程中出现了许多挫折，但在中国共产党的领导下，中国特色社会主义取得了巨大成就，中国特色社会主义建设在世界东方绽放出独特的发展魅力。

国家主席习近平在纪念孔子诞辰 2565 周年国际学术研讨会暨国际儒学联合会第五届会员大会开幕会上指出:"中国人自古就推崇'协和万邦''亲仁善邻,国之宝也''四海之内皆兄弟也''远亲不如近邻''亲望亲好,邻望邻好''国虽大,好战必亡'等和平思想。爱好和平的思想深深嵌入了中华民族的精神世界,今天依然是中国处理国际关系的基本理念。"这种基本理念凝集成世界共识:人们需要增进人类命运共同体意识,世界需要构建人类命运共同体。共产主义承载着人类对美好生活向往的共同追求,是人类文明的历史发展逻辑。增进人类命运共同体意识、构建人类命运共同体是人类迈向共产主义大同社会坚实的一步。中国共产党的领导是中国特色社会主义最本质特征,这不仅是中华文明历史发展的逻辑,也是国际共产主义运动的逻辑。

5. 中国共产党的初心使命

在《辞海》中关于"初心"的解释为"本意、本愿",是指做某件事的初衷、最初的原因。实际上,"初心"这一概念的运用最早源于佛教,是指一颗清净、平等、正觉的心,来源于《华严经》"三世一切诸如来,靡不护念初发心"的教义。在佛家禅语中,"初心"始于菩萨修行,终于觉悟成佛,也就是从最初的初发心到成佛,有坚守本心信条,才能德行圆满,即在修行过程中此心永恒不变。尽管"初心"一词为佛家的禅语,但将"初心"定义为"为人民谋幸福"的则是中国共产党。党的十八大以来,以习近平同志为主要代表的中国共产党人创造性地将"初心"引入治国理政中并对其进行唯物主义的转换,赋予"初心"新的内涵,从而将党的政治本色和根本宗旨化为深刻影响中国百姓思想及生活的禅语表述出来,成为新时代中国共产党治国理政的一个极具特色的概念。

党的十八大以来,习近平总书记在多个不同的场合提出"不忘初心、牢记使命"的重要命题,并且在党的十九大报告中开宗明义地提出"中国共产党人的初心和使命,就是为中国人民谋幸福,为中华民族谋复兴",以强烈的责任意识与为民谋幸福的使命担当深刻强调新时代共产党人要继续坚守"全心全意为人民服务"的根本宗旨和实现中华民族伟大复兴的责任担当。"初心"这一概念虽然在中国革命、建设和改革的历史长河中并没有被使用,但纵观历史,一部中国共产党的历史也就是一部造福人民的初心坚持史。当然,中国共产党为中国人民谋幸福的"初心"随着我国社会主要矛盾的变化也被赋予了不同的时代内涵。

新民主主义革命时期,"初心"的时代内涵主要体现为追求民族独立和人民解放。在 1840 年的鸦片战争至中华人民共和国成立前的百余年里，帝国主义列强的入侵和封建主义、官僚资本主义的压迫，使中国沦为半殖民地半封建社会，民生凋敝，社会动荡不安。帝国主义同中华民族的矛盾、封建主义和人民大众的矛盾，成为近代中国社会的主要矛盾。换言之，为人民摆脱苦难和屈辱，彻底结束外侵内腐和落后挨打的现实境遇，实现民族独立和人民解放就是当时中国共产党为中国人民谋幸福的"初心"。以毛泽东为主要代表的中国共产党人以人民的根本利益和需求为导向进行新民主主义革命，为实现国家独立和人民解放而进行艰苦的探索及英勇的斗争，才使得中国人民摆脱了被剥削和压迫的命运，真正体会到了民族独立和人民解放的幸福。

社会主义革命和建设时期，"初心"的时代内涵主要体现为巩固无产阶级政权，建立社会主义制度。1949 年中华人民共和国成立后，长期的战争使国民经济遭到巨大破坏，国民经济亟待解决和恢复，彼时的中国"一穷二白"。因此，这一时期中国社会的主要矛盾为"新中国同帝国主义的矛盾"和"工人阶级和资产阶级的矛盾"。中国共产党所肩负的使命就是巩固无产阶级政权，建立社会主义制度。正如毛泽东所指出的，中国共产党的奋斗目标是建设一个中华民族的新社会和新国家，不但要有新政治、新经济，而且要有新文化。在这样的背景下，让中国百姓过上幸福、安稳的日子就是此时中国共产党为人民谋幸福的"初心"。以毛泽东为代表的中国共产党人带领中国人民着手恢复和发展国民经济，建立社会主义基本经济制度，实行社会主义改造，走工业化发展道路，不断改善广大人民群众的生活状态，为实现中国共产党谋求国富民强的"初心"提供根本制度保障。

改革开放和社会主义现代化建设时期，"初心"的时代内涵主要体现为实现人民富裕，满足人民日益增长的物质文化需要。随着改革开放事业的开启，人们重新认识了经济文化落后国家应该如何建设社会主义，邓小平提出"贫穷不是社会主义"的重要论断，我国社会的主要矛盾转变为"人民日益增长的物质文化需要同落后的社会生产之间的矛盾"，由此决定了中国共产党为中国人民谋幸福的"初心"体现为让普通百姓都过上富裕的生活。因此，以邓小平为主要代表的中国共产党人做出了把全党工作的重心转移到经济建设上来的决策，开启了改革开放的伟大征程，制定了"一个中心、两个基本点"的基本路线，提出了包括"提高人民生活水平"在内的"三个有利于标准"。以江泽民为主要代表和以胡锦涛为主要代表的中国共产党人，继续带领人民在"富起来"的道路上不断探索，怀着"初心"劈浪前行，强调"发展是党执政兴国的第一要务"，坚持科学发展观，承担起推动中国经济快速发展、带领人民过上富裕生活的历史重任,人民的生活发生了从贫困到温饱再到小康的翻天覆地的变化,实现了"富起来"的伟大飞跃。

党的十八大以来,"初心"的时代内涵主要体现为实现人民群众对美好生活的向往。进入新时代,以习近平同志为核心的党中央立于时代潮头,带领中华民族向实现中华民族伟大复兴中国梦奋勇拼搏,我国经济建设取得了举世瞩目的成就,人民的生活水平不断提高,社会的主要矛盾变为"人民日益增长的美好生活需要和不平衡不充分的发展之间的矛盾"。由此,人们不再仅仅满足于物质文化领域的需要和幸福体验,开始呈现出多样化多层次多方面的特点,正如习近平总书记指出:我们的人民热爱生活,期盼有更好的教育、更稳定的工作、更满意的收入、更可靠的社会保障、更高水平的医疗卫生服务、更舒适的居住条件、更优美的环境,期盼孩子们能成长得更好、工作得更好、生活得更好。因此,中国共产党为中国人民谋幸福的"初心"在新时代即为实现人民对美好生活的向往。正是由于对新时代我国社会主要矛盾的精准研判,新时代我们党必须着力解决发展中不平衡不充分的问题,满足人民群众对美好生活、对高品质生活、对幸福生活的向往。

实践证明,办好中国的事情,关键在党。在中国特色社会主义进入新时代的大背景下,广大党员干部牢记宗旨、恪尽职守、无私奉献,整体素质是好的。但是,我们也应该看到,党组织内部存在着部分党员精神懈怠、能力不足、脱离群众、消极腐败、不作为等现象,个别党员干部经受不住种种诱惑、挑战和考验,出现理想信念缺失的现象。这些问题,归根结底都与初心淡漠、初心不再有着密切的联系。这就需要我们有足够的危机意识和忧患意识来对待这个问题,不断改革和完善党的领导方式及执政方式,不断提升党的国家治理能力。因此,新时代提出中国共产党的"初心",体现的是新的历史条件下执政党的高度自觉,是我们党向着更高目标再出发对全党提出的必然要求;对"初心"的拷问,是对我们党领导和执政的状况进行全面、科学、理性的反思。

坚守中国共产党"初心",应继续将为中国人民谋幸福的坚定决心付诸行动,从而使全党克服畏难心理、懈怠心理,保持党在新时代的纯洁性,增强党的凝聚力,提高党的战斗力。不忘初心、牢记使命,中华民族伟大复兴的中国梦定会实现。

6. 正确看待理想与现实的关系

第一,辩证看待理想与现实的矛盾。理想与现实是对立统一的。在日常生活中,人们在处理理想与现实的关系时,往往只看到二者对立的一面,看不到二者统一的一面。理想和现实存在着对立的一面，二者的矛盾与冲突，属于"应然"和"实然"的矛盾。假如理想与现实完全等同，那么理想的存在就没有意义。理想与现实又是统一的。理想受现实的规定和制约，是在对现实认识的基础上发展起来的。一方面，现实中包含着理想的因素，孕育着理想的发展；另一方面，理想中也包含着现实，既包含着现实中必然发展的因素，又包含着由理想转化为现实的条件，在一定的条件下，理想就可以转化为未来的现实。脱离现实而谈理想，理想就会成为空想。

第二，实现理想的长期性、艰巨性和曲折性。"苦心人，天不负，卧薪尝胆，三千越甲可吞吴""千淘万漉虽辛苦，吹尽狂沙始到金""宝剑锋从磨砺出，梅花香自苦寒来"等古诗句都写出了人们在生存发展实现理想的过程中所经历的各种艰难过往，也间接提醒人们实现理想要做好各种准备来迎接实现理想的长期性、艰巨性和曲折性。

由于客观环境的复杂多变以及人们认识能力、实践能力的有限，人生道路绝非平坦、笔直，而是顺境和逆境交替、前进与曲折统一。纵观历史，古今中外一些伟人、名人，他们的成功都有一个特点，即他们都曾身处逆境厄运中，但经过他们的顽强拼搏，凭着超人的努力，最终都走出了逆境，创造了辉煌。

在消费主义、技术主义、犬儒主义与娱乐至死等社会思潮相互交织的中国社会，挣扎、彷徨、呐喊、奋进成为当代青年成长发展道路上的交响旋律。人在慢慢长大追求梦想的不同阶段不可避免地会遇到各种挫折失败，遭受各种不良价值观的影响，这在一定程度上也是人生的某种宿命。当然更重要的是我们应怀着怎样的心态去正确对待实现理想道路上的挫折与曲折。2016年的电影《谁的青春不迷茫》中有这样的台词："成长有一瞬间给我的感觉就是，并不是学会了避开危险，而是学会了不怕疼痛。"这种态度是新时代青年在面对挫折时应有的正确认知。

2020年，在中国全民抗击新冠肺炎疫情的斗争中，新时代青年人尤其是参加抗疫的许多"90后""00后"医务人员在苦难面前表现出的牢记使命、不怕牺牲、勇于斗争、冲锋在前的行为受到了社会舆论的一致好评，充分展现了青春激昂的风采，展现出中华民族的希望，交出了一份富有活力的优秀答卷。

第三，艰苦奋斗是实现理想的重要条件。一个没有艰苦奋斗精神作支撑的民族，是难以自立自强的；一个没有艰苦奋斗精神作支撑的国家，是难以发展进步的；一个没有艰苦奋斗精神作支撑的政党，它的事业是难以兴旺发达的。艰苦奋斗是我们的传家宝。我们的国家，我们的民族，从积贫积弱一步一步走到今天的发展繁荣，靠的就是一代又一代人的顽强拼搏，靠的就是中华民族自强不息的奋斗精神。艰苦奋斗绝不是一时的权宜之计。这一点对于我们个体来说更是如此。理想信念不是拿来说、拿来唱的,更不是用来装点门面的,只有见诸行动才有说服力。

德国哲学家叔本华说"人生就是在痛苦之上起舞",尼采也说"每一个不曾起舞的日子,都是对生命的辜负",大学生要把艰苦奋斗的精神落实到日常的学习、生活和工作中。在学习上,刻苦钻研,不畏艰难,孜孜不倦地学习理论和专业知识,不断提高思想道德和专业知识水平;在生活上,艰苦朴素,勤俭节约,抵制与反对铺张奢华的思想和生活作风;在工作上,奋发图强,不怕困难,不避艰险,努力完成各项任务。

当然在努力向上拼搏的过程中,新时代的青年人既要"有根",扎根浸润于俗世生活的平凡之中,在人间的烟火气中体悟人生;又要有腾飞的翅膀,要在凡俗生活中坚守一种青年人的本真性和理想性,不被资本或权力的逻辑所主宰。

五、案例精选

1. 陈树湘:断肠明志铸忠魂

陈树湘(曾用名陈树春,亦作陈树香),生于1905年初,湖南长沙东乡福临铺(今长沙县福临镇福临铺社区枫树湾)人,中共党员,2009年被评选为"100位为新中国成立做出突出贡献的英雄模范人物和100位新中国成立以来感动中国人物",即"双百人物"之一。

1919年,湖南早期革命运动组织"新民学会"成立,年仅14岁的陈树湘即受到反帝反封建思想熏陶。1921年中国共产党成立,陈树湘受到毛泽东、何叔衡、蔡和森等的影响投身革命。1923年加入中国社会主义青年团,1925年加入中国共产党。

1927年初,陈树湘受党组织委派赴安源工作,同年加入国民革命军第24师叶挺部,并受派至该师新兵营工作。1927年夏,该营受派参加南昌起义,途中受阻,编入国民革命军第4集团军第2方面军指挥部警卫团(又称武昌国民政府警卫团)第3营,陈树湘担任该营第9连第2排排长,参加了毛泽东同志亲自领导的湘赣边界秋收起义和三湾改编。在井冈山斗争时期和创建中央苏区的斗争中先后担任红4军、红12军、福建军区、红19军副连长、大队长、支队长、团长、师长、军区参谋长,是我军早期一位英勇善战的优秀指挥员。

1934年春，接任中国工农红军第5军团34师师长，长征开始后，该师一直担任后卫任务，在突破敌人第四道封锁线的湘江战役中，他率部浴血奋战七天七夜，完成了掩护党中央、中革军委和主力红军强渡湘江的任务，创立了历史功勋。

在遵照中革军委命令东返湘南的战斗中，腹部受伤，仍率部分伤员顽强阻击，掩护师余部近100余人成功转移，直至弹尽粮绝，不幸被俘。在敌人抬至长沙领赏途中，他乘敌不备从腹部伤口拉出肠子，用力绞断，壮烈牺牲，时年29岁，实现了他"为苏维埃新中国流尽最后一滴血"的誓言。

2014年10月31日，习近平总书记在古田全军政治工作会议上也曾动情地讲述，闽西这个地方为革命做出过突出贡献。长征出发时，红军中有两万多闽西儿女。担任中央红军总后卫的红34师，6000多人主要是闽西子弟，湘江一战几乎全师牺牲。师长陈树湘不幸被俘，他撕开腹部伤口，绞断肠子，壮烈牺牲，实现了"为苏维埃流尽最后一滴血"的誓言。在长期革命斗争中，我军数以万计的将士献出了生命，涌现了无数英模人物和英雄群体。"革命不怕死，怕死不革命"，只要还有一个人，就要同敌人血战到底，这是人民军队的信条。①

【教学建议】此案例适用于思想道德修养与法律基础课程第二章第一节"理想是精神之钙"部分的讲解。

2. "两弹一星"研制者把个人理想与祖国命运相连

20世纪50年代，面对帝国主义核威胁、核讹诈，党的第一代领导集体审时度势，高瞻远瞩，果断决定研制原子弹、导弹、人造地球卫星。在为"两弹一星"事业进行的奋斗中，广大研制工作者培育和发扬了一种崇高的精神，这就是热爱祖国、无私奉献，自力更生、艰苦奋斗，大力协同、勇于登攀的"两弹一星"精神。它是爱国主义、集体主义、社会主义精神和科学精神的体现，是中国人民在20世纪为中华民族创造的新的宝贵精神财富。

习近平总书记2011年1月26日在看望航天科技专家孙家栋院士时指出："'两弹一星'精神激励和鼓舞了几代人，是中华民族的宝贵精神财富。"

研制者们心有大我、至诚报国，淡泊名利、无私奉献，自觉把个人理想与祖国命运、个人志向与民族复兴紧紧联系起来，把爱国之情、报国之志融入建设祖国的伟大事业中，融入人民创造历史伟业的伟大奋斗中。

1951年，于敏从北大调到中国科学院近代物理研究所（现原子能科学研究

---

① 资料来源：红网。

院)。此后的10年,他从头学起,孜孜不倦。功夫不负有心人,没有出国留学经验的他,成为国际一流的理论物理学家。1961年1月,于敏应邀来到钱三强的办公室,接受了热核武器原理预先研究的任务,从此隐姓埋名30年,投入到新的神秘研究领域,从一个基础理论研究领域,一下转移到多学科、应用性强的大科学领域。这是于敏职业生涯的又一次重大转折。

  为了尽快研制出我国自己的氢弹,他和同事们废寝忘食、昼夜奋战。氢弹原理非常复杂,研究中常常"山重水复疑无路",但每个人的心头都像燃着一把火,决心赶在法国前头研制出氢弹,为祖国争光。那是理论部的黄金时代,科研大楼的夜晚常如白昼。1965年9月,一场创造历史的上海"百日会战"最终打破僵局。于敏带领的团队终于形成了一套从原理、材料到构型的基本完整的物理设计方案。不久,氢弹原理试验获得成功。1967年6月17日,我国第一颗氢弹试验圆满成功。于敏说,一个人的名字,早晚是要消失的,留取丹心照汗青,能把自己微薄的力量融进祖国的事业之中,也就足可以欣慰了。

  1958年,邓稼先在钱三强的竭力推荐下,义无反顾地投身于核武器研制事业中。在接受研制核弹历史重任的那天夜晚,他对妻子许鹿希说,以后家里的事我就不能管了,我的生命就献给未来的工作了。做好了这件事,我这一生就过得很有意义,就是为了它死了也值得!从此,在公开场合,邓稼先的名字连同他的身影都销声匿迹。他成为中国第一颗原子弹的理论设计负责人,在京郊高粱地里兴建研究所,在去罗布泊国家试验场的路上颠簸,在云雾缭绕的山区指挥核弹研制……他对年轻大学生动员说,干我们这个工作,就要甘心当无名英雄,一没有名,二没有利,还要吃苦;做出的科学成果又不许发表论文。

  1963年,中国第一颗原子弹理论设计方案按预定计划诞生。为争取时间,根据上级指示,邓稼先和他领导的理论部班子原封不动地转移到氢弹的研制上去。他克服重重困难,将自己的命运和氢弹紧紧联系在一起,为一举突破氢弹技术难关,成功试验第一颗氢弹建立卓越功勋。

  他长期甘当无名英雄,为我国核武器研制事业兢兢业业、呕心沥血、孜孜不倦奋斗了28年。1986年,积劳成疾的邓稼先被癌症夺去生命。在生命最后一个月里,他28年的秘密经历才得以披露。临终前,他所关心的仍然是如何发展我国的尖端武器,并语重心长地说:"不要让人家把我们落得太远……"

  在我国导弹和核武器两个试验基地,有数千名职工,他们不仅自己在戈壁沙漠工作了一辈子,许多人的第二代、第三代至今仍然留在那里。核武器研制事业辉煌而又神秘。它的神秘,需要用无私的精神支撑,用严酷的纪律维护。有一位工程师接到秘密调令,按规定她瞒着丈夫,借口出差,神秘地从家庭中消失,来到遥远的罗布泊,承担测试技术研究工作。半年多后,在孔雀河边的一棵树下,她与自己的丈夫意外相逢。原来,她丈夫也与她一样,接到秘密调令,并且与她在同一支特种部队里。由于沙漠无垠,他们比邻若天涯。

这样可歌可泣的故事在罗布泊不知道上演过多少幕!核武器事业是千百万人的事业,他们建立的功勋永载史册,他们热爱祖国、无私奉献的高贵品质,不断激励后人接续奋斗。①

【教学建议】此案例适用于思想道德修养与法律基础课程第二章第一节"理想是精神之钙"部分和第三节"个人理想与社会理想的统一"部分的讲解。

3. 抗击疫情彰显中国共产党的初心与使命

2020年伊始,突如其来的新冠肺炎疫情,给我国人民的生命及身体健康带来重大威胁。这场来势凶猛的新型病毒,传播速度快,涉及范围广,在我们国家历史上极为罕见。面对如此严峻的疫情考验,一场没有硝烟的捍卫生命之战由此打响。在中国共产党的领导下,全国人民团结一心、众志成城,迅速将疫情控制下来。打赢这场防疫攻坚战,彰显了中国共产党为中国人民谋幸福、为中华民族谋复兴的初心与使命。

党的领导,必胜保证

中国共产党的正确领导,是打赢疫情防控攻坚战的根本保证。习近平总书记指出,在疫情防控斗争中,我们坚持中国共产党的集中统一领导,党政军民学、东西南北中一体行动,各地区各部门立即响应,打响了疫情防控的人民战争、总体战、阻击战。在中国共产党的坚强领导下,曾经,在风雨如晦的年代,中国人民推翻了三座大山,实现了中华民族的独立,改变了旧中国积贫积弱、任人宰割的面貌;如今,在实现中国梦的征途上,中国前所未有地靠近世界舞台中心,中国人民安居乐业、生活幸福。然而前进的路上仍会有艰难险阻,这次新冠肺炎疫情是对中国人民的考验。面对突如其来的疫情,在中国共产党的坚强领导下,全国各界迅速集中力量、资源和技术,统一部署、统一安排,与疫情争分夺秒;各级政府组织、各行各业、各地群众迅速投入到防控疫情的战斗中来,服从安排、统一行动,坚定不移地把中央决策部署落到实处,一直坚守在抗击疫情的第一线,保护了人民的生命健康,这是坚持了党的集中统一领导的优势体现,也是打赢这场防疫攻坚战的关键之匙,更是中国共产党领导与我国社会主义制度、我国国家治理体系具有强大生命力和显著优越性的重大体现。

---

① 李斌."两弹一星"精神的内涵与体现[N].人民政协报,2018-01-25.

为民而生，因民而兴

中国共产党始终与人民血肉相连，是打赢疫情防控攻坚战的基础。习近平总书记指出，我们坚持以人民为中心，调集全国最优秀的医生、最先进的设备、最急需的资源，全力以赴投入疫病救治，救治费用全部由国家承担，最大程度提高了检测率、治愈率，最大程度降低了感染率、病亡率。中国共产党从成立之初就一直把人民群众的利益放在第一位。满目疮痍的旧中国，共产党人为了全中国人民抛头颅、洒热血，用生命铸造了新中国；中华人民共和国成立以来，中国共产党始终把为中国人民谋幸福、为中华民族谋复兴放在第一位，带领人民实现了从站起来、富起来到强起来，这一切源于中国共产党始终坚持一切为了人民、一切依靠人民，坚持以人民为中心。面对新冠肺炎疫情的肆虐，疫情防控成了没有硝烟的攻坚战，但共产党人没有退缩，成了新时代的战士。许多医生、护士不顾自身安危去救治危重的病人，他们既是党员，同时也是子女、是父母，更是普通的血肉之躯；许多一线的防控人员不分日夜地工作在防控疫情的第一线，保卫着人民生命的安全；还有无数的普通党员，义务参与到基层疫情防控工作中，为这场防疫攻坚战贡献着自己的力量……他们把人民的利益放在了第一位，始终践行着自己当时的初心和誓言，这一切都体现了中国共产党为人民而生、因人民而兴。

众志成城，共克时艰

中国共产党强大的凝聚力、向心力，是打赢疫情防控攻坚战的强大动力。习近平总书记指出，我们紧紧依靠人民群众，全国动员、全民参与、联防联控、群防群治，构筑起最严密的防控体系，全国各族人民都以不同方式积极参与了这场疫情防控斗争，凝聚起坚不可摧的强大力量。面对这场疫情，没有人能够独善其身，抗击新冠肺炎疫情的胜利，需要全国人民一起努力。世界卫生组织总干事谭德塞对中国防疫工作给予高度评价，他指出，中方行动速度之快、规模之大，世所罕见，这是中国的制度优势，有关经验值得其他国家借鉴，相信中国采取的措施将有效控制并最终战胜疫情。在这场全民族的抗疫战争中，疫情就是号令，有疫情的地区，统筹综合国力迅速支援；全国最优秀的医生、最先进的设备、最急需的资源，全力以赴投入疫病救治，救治费用全部由国家承担；防控物资相关生产企业及时复工复产，科研人员争分夺秒、强化攻关，为防控工作做好物质上的保障，这一切都展现了中国力量、中国精神、中国效率。这些离不开中华儿女齐心协力、众志成城，离不开中国共产党强大的凝聚力、向心力，引领中华儿女勠力同心、共克时艰。

初心如磐，使命在肩

中国共产党的初心与使命，贯穿于疫情防控攻坚战的始终。习近平总书记指出，在中国共产党的坚强领导下，充分发挥中国特色社会主义制度优势，紧紧依靠人民群众，坚定信心、同舟共济、科学防治、精准施策，我们完全有信心、有能力打赢这场疫情防控阻击战。99 年前中国共产党的成立是中华民族开天辟地的大事变，99 年中中国共产党带领中国人民经历了如凤凰涅槃般的变化，99 年风风雨雨历历在目，而随着时间推移没有改变的就是中国共产党成立之初的那份初心与使命。在抗击疫情的战争中，中国共产党始终坚持着为中国人民谋幸福、为中华民族谋复兴的使命，始终把人民生命安全和身体健康放在第一位。面对疫情防治出现的短板，习近平总书记强调，要改革完善疾病预防控制体系，建设平战结合的重大疫情防控救治体系，健全应急物资保障体系，加快构建关键核心技术攻关新型举国体制，深入开展爱国卫生运动，不断完善我国公共卫生体系，切实提高应对突发重大公共卫生事件的能力和水平。对抗疫情的经验总结，这也是中国共产党初心如磐、使命在肩的坚守与体现。①

【教学建议】此案例适用于思想道德修养与法律基础课程第二章第二节"中国特色社会主义是我们的共同理想"部分的讲解。

4. 感悟青年习近平的成长密码

青年者，人生之王，人生之春，人生之华也。青年时期是要做一点什么事情及变成一个什么样人的一种时机。《习近平的七年知青岁月》向我们展示了青年习近平在苦难磨砺中成长、成人、成才的故事，深刻揭示了青年习近平的成长密码。

爱国爱党爱民的大情怀塑造了青年习近平的精神基因

家国情怀是中华民族最为宝贵的精神财富，也是社会主义核心价值观最为重要的组成部分。在追求"六合同风，九州共贯"大一统梦想的历史长河中，中华儿女形成了"天下兴亡，匹夫有责""苟利国家生死以，岂因祸福避趋之"等具有强烈家国情怀的价值认同。在历史沉淀中，这种家国情怀已经深深嵌进中华儿女的精神基因，鲜明刻入中华文明的思想宝库，为中华民族自强不息、发展壮大提供了源源不竭的精神力量。中国共产党人传承了这种深厚的家国情怀。在 96 年的接力奋斗中，一代又一代中国共产党人前仆后继，用鲜血和汗水书写了开天辟地的革命史、奋发图强的建设史、波澜壮阔的改革史，就是这种

---

① 资料来源：人民论坛网，2020 年 5 月 18 日。

对祖国忠诚、对人民大爱的集中体现。从小沐浴红色家风的习近平，在父母和亲人的言传身教下，对祖国、对党、对人民有着天然的情感。爱国是他一直坚守的信念——当他从繁华的大城市来到贫穷落后的黄土高原，看到中华人民共和国成立多年，中国的农村竟还这么穷，农民竟还这么苦，心中不免涌起忧国忧民的伤怀，也激励他立下了为国家和人民做点实事的最初志向。爱党是他毫不动摇的信仰——青年习近平带着"黑帮子女"的身份来到梁家河，面对冷遇，他没有哀怨，没有气馁，没有放弃，反反复复写入团申请书、写入党申请书，才在1972年秋天入了团、在1974年春天入了党。他刻苦钻研马克思主义经典著作，围绕《资本论》就写了18本笔记。这种锲而不舍、坚定不移、深钻细研的态度，传递着他对党的无限热爱，塑造着他不可动摇的精神支柱。爱民是他矢志不渝的追求——七年知青生活，是青年习近平真正深入实际、深入基层、深入群众，与老百姓同甘共苦、水乳交融的七年。贯穿全书的主线就是青年习近平爱民亲民为民的故事。村民们评价习近平："他的心总是和我们老百姓在一起。"他自己也说："作为一个人民公仆，陕北高原是我的根，因为这里培养出了我不变的信念：要为人民做实事！"正是因为心中有国、心中有党、心中有民，青年习近平才能积极面对人生际遇和机缘，在苦难历程中完成人生嬗变。也正是这种凝结了中华儿女共同情感寄托和价值追求，彰显了信仰之美、崇高之美的伟大情怀，丰富滋养了青年习近平的精神世界，成为融入血液，渗透进骨子里的精神基因。

立身立志立行的大境界构筑了青年习近平的思想格局

在中华文明的历史长河中，"格物、致知、诚意、正心、修身、齐家、治国、平天下"一直是千百年来有志之士所追求的人生最高境界。15岁来到陕北高原的习近平，正是从少年到青年成长、确立世界观人生观价值观的关键时期，7年的苦难磨砺，让他从不谙世事的少年成长为成熟稳重、富有韬略、勇于担当的百姓领头人。他在艰苦奋斗中历练修身，培养了坚韧不拔、坚毅刚强的性格，铸就了自强不息、志存高远的情怀；他在与底层农民一块苦、一块干、一块过的成长经历中明心立志，建立了与人民群众的深情厚谊，立下了为群众做实事的青云之志；他在挑起支部书记大梁，改变梁家河贫穷落后面貌的奋斗拼搏中建功立业，积累了干事创业的第一笔宝贵经验，收获了一方人民的信任与爱戴；他在博览群书、通读古今中博观约取、厚积薄发，实现了思想和精神升华。艰难困苦，玉汝于成。生活总是给勇敢者丰厚的回报。这七年的苦难经历，为他积累了一生取之不竭的精神财富。后来他说："七年上山下乡的艰苦生活对我的锻炼很大，后来遇到什么困难，就会感到没有解决不了的问题。那个时候在那样的困难条件下还可以干事,现在干吗不干?你再难都没有难到那个程度。"志不强者智不达。凡立大事者,不唯有超世之才,亦必有坚忍不拔之志。很多读者表示学习了《习近平的七年知青岁月》后,深刻感受到习近平总书记是在艰难环境和曲折经历中成长起来的党的领袖,是在长期实践中成长起来的党的领袖,是在人民群众中成长起来的党的领袖。青年习近平扎根陕北,修身、明志、砺行的故事,书写了青年人成长、成人、成才的精彩画卷,彰显了人生天地间,志当存高远的伟大境界,也构筑了他思考人生、思考社会、思考国家乃至世界历史发展的宽阔思想格局。

做人做事做官的大智慧指引了青年习近平的成长之路

陕北七年是青年习近平探寻人生意义的第一步,也是他干事创业的第一程,还是他走入政界的第一站。从青葱少年到坚毅青年,从城市知青到"地道老陕",从吃苦后生到大队支书,青年习近平在黄土高原上度过了人生中最宝贵的青春年华。岁月艰辛,却不负有心之人。陕北七年"苦其心志,劳其筋骨,饿其体肤,空乏其身"的人生历练,让青年习近平读懂了生活、读懂了国情、读懂了民心,收获了一部不著一字却可以受用终身的人生宝典。他做人有品格——在人生最为艰难、晦暗的时期,陕北的父老乡亲以温暖的臂弯接纳了他,以微薄的口粮养育了他,以淳厚朴实的品质影响了他,让他感受到了善良、包容、正直、无私的人性之美,为年少的他培养塑造高尚人格提供了良好土壤。在与他有过接触的人眼里,青年习近平对待朋友很真诚,推心置腹。他曾把一个笔记本、一本《毛主席诗词》、一个极为珍视的针线包、30斤粮票、一件大衣等送给与他交好的朋友做留念;他对待乡里很仁义,从不耍娇气、摆架子,再穷的人也看得起。他教农民识字,帮老汉推车,帮群众找猪,帮邻里调解纠纷,捧出一颗真心对待群众。即便后来离开了陕北,习近平也常怀感恩之心,他帮老乡治腿,接济困难户,为村里协调解决通电问题,他的心一直牵挂着陕北。他做事有本领——梁家河村民评价习近平有学问、点子多,说话办事很稳妥,考虑问题很周全,既一心为民办事,又善于为民办事。还说他做事有决心、有毅力,只要认定了的事,他就坚持到底。丁是丁,卯是卯,从来不说过头话。正是因为他善于观察和思考,敢于实践、敢想敢干,也因为他办事公道正派,一碗水端平,在群众中建立了很高的威信,群众遇到什么麻烦事都想着找习近平。他做官有担当——为官避事平生耻,做官就要有担当。20世纪70年代初的陕北高原,人民生活极为贫困,当地流行着一句话:陕北很苦,延安更苦,梁家河最苦。对于这种苦,青年习近平看在眼里,急在心里。当选为支部书记后,他立志改变梁家河贫穷落后的面貌。他带领村民成立铁业社,筹办代销店、缝纫社、磨坊、打深水井、建淤地坝、修建沼气池，让梁家河人的生产生活发生了巨大变化，思想观念也得到了很大解放。梁家河村民张卫庞说："过去，近平当我们村支书，我们有干劲、有奔头；现在近平当全国人民的主席，当全党的总书记，我们更有拼劲、更敢闯了。"做人做事做官有很多道道，需要经常去悟、不断去悟，直至悟深悟透、悟出真谛。《习近平的七年知青岁月》传递的正是做人做事做官的大道、正道，涵养的正是俯仰天地的浩然正气。

"高山仰止，景行行止。虽不能至，心向往之"。一个伟大人物、一段燃情岁月、一部成长故事，在春风化雨、润物无声中走进了我们心里，激励着我们见贤思齐、崇德向善，指引着我们追寻大道、砥砺奋进。①

【教学建议】此案例适用于思想道德修养与法律基础课程第二章第一节"理想是精神之钙"与第三节全部内容的讲解。

5. 江梦南：绽放在无声世界

26岁失聪女孩江梦南即将开始一段新的求学生活——到清华大学生命科学学院攻读药学博士。幼时就双耳失聪的她，靠读唇语学会了说话。对江梦南来说，正是这一宝贵技能弥补了她身体的缺陷，也为她的人生赢得了更多机会与可能。

江梦南出生在湖南省郴州市宜章县的一个瑶族教师家庭。半岁时，她因为肺炎服用耳毒性药物，导致极重度神经性耳聋，左耳损失大于105分贝，右耳听力完全丧失。母亲江文革和父亲赵长军带着她四处求医，最终还是被确诊无法再听到声音。父母不甘心让她上聋哑学校，也拒绝再要一个孩子，决定全心全意培养江梦南，教她靠读唇语学习发声和说话。

听障儿童的言语康复是一个艰难而漫长的过程。江梦南说，明白喉咙振动与口型变化的关系是言语康复的突破口，也是最难的一关。通过这一关，江梦南用了一年。接下来是正音。听障人要读准一个字的音，要重复练习千百次。

江梦南说出的第一个词是"妈妈"。在去北京看病回程的火车上，玩具掉了，江梦南发出求救声。江文革很惊讶，突然意识到这是进行言语训练的结果。她趁机引导女儿一遍遍叫"妈妈"，让女儿摸着她的喉咙，感受声音的振动。

为了准确掌握康复训练的方法，江文革带着女儿到湖南省聋儿言语康复中心，自费参加特教老师的培训。除此之外，她和丈夫还找到儿童心理学、家庭教育和聋儿康复方面的书来学习。为训练江梦南能熟练识别他人的口唇变化，

---

① 吴小雪. 感悟青年习近平的成长密码[N]. 学习时报，2017-10-23.

江文革每天让她看带字幕的电视节目。

每天坚持训练，两岁时江梦南的言语能力赶上了同龄人。她不仅会说普通话，还能讲当地方言，3 岁时就上了幼儿园。不过真正的考验是上小学。考虑到她的听力障碍，学校建议 6 岁的江梦南推迟一年入学。一年后，学校接收她为旁听生，不把她的成绩列入对老师的考核范围。

令人欣喜的是江梦南的学习能力很强。小学四年级之前，江梦南的成绩一直是班级前 3 名。四年级结束时，小姑娘提出要直接跳到六年级。经校方同意，父母帮助她利用暑假自学完成了五年级课程，顺利跳级升入六年级。小学毕业，江梦南又做了一个决定，想和当地学习优秀的孩子一样，到离家 100 多公里的郴州市上重点中学。

2004 年，江梦南参加了郴州市六中的入学考试，以第二名的优异成绩被录取。

2010 年，江梦南参加高考，考了 573 分，超过一本分数线两分。这对于很多高考生来说，是相当不错的成绩，可江梦南并不满意，主动提出要复读一年。第二年，她以 615 分考入了吉林大学。

选择吉林大学，是想体验北方的生活，还有个原因是她的偶像张海迪也毕业于这所大学。自身的特殊经历，让江梦南从小就有个治病救人、祛除病痛的"英雄梦"，因为失聪不能学医，于是她选择了药学专业。

良好的自学和思考的习惯让江梦南在学习上一路过关斩将。"我主要通过看黑板、PPT 和书本自学。"江梦南说，父母在她小时候便有意培养她独立思考的能力。遇到不懂的问题，父母从不直接告诉她答案，而是建议她去查找一些资料，在这个过程中，问题也就迎刃而解。

从本科到硕士的 7 年间，江梦南一直学习和生活在吉林大学。大学参加英语四、六级考试，因为听不见英语听力的广播，江梦南放弃了听力题。在听力占总分 35%的情况下，她还是凭着笔试题取得了四级 430 分和六级 505 分的好成绩。

"无声的世界，让我有更多的时间思考和研究问题。"江梦南说她是一个外向和开朗的人，曾经还想做一名记者。但因为听力原因，她不得不放弃，选择进行学术研究。

在吉林大学攻读硕士学位期间，江梦南用英文发表的论文被收录进国际权威数据库"科学引文索引"（即 SCI）。在实验室，研究人员必须戴口罩进行实验，江梦南就只能靠"猜"去尽量理解对方的操作，事后再去消化和总结。每当解决了研究中的问题时，江梦南会很有成就感，也更深刻地感受到思考的力量。

  硕士导师杨晓虹给了江梦南很多学习上的帮助。一开始，有些专业名词江梦南单靠读唇语理解不了，杨晓虹就用纸笔与她交流。让杨晓虹欣慰的是，在硕士论文答辩时，江梦南能用熟练的口语与老师交流。因为双耳失聪，江梦南不能做药物化学实验，杨晓虹建议她攻读博士学位时选择计算机辅助药物设计方向。

  6月22日，在吉林大学2018届毕业生学位颁发仪式上，江梦南正式获得硕士学位，同时获吉林大学2018年度自强自立研究生称号。

  自强上进的江梦南让吉林大学党委书记杨振斌很感动。杨振斌说，江梦南为身体有障碍的人树立了榜样，她的事迹充分说明听障者可以在家人和学校的帮助下很好地融入社会。

  "唇语是需要学习一辈子的事，100个人就有100种不同的唇语方式。"江梦南通常要和他人接触一周，才能达到迅速读懂对方唇语的程度。在大学期间，她经常回到家乡在特殊教育学校做义工，鼓励那些听障孩子一起学唇语，让人生增加更多机会和可能。

  江梦南始终在自己规划的路上踏实地走。今后从学校进入社会，双耳失聪会带来诸多不便，这是她必须考虑的现实。她希望通过自己的努力，留在大学工作，继续做学术研究。[①]

  【教学建议】此案例适用于思想道德修养与法律基础课程第二章第三节"理想与现实的关系"部分的讲解。

六、教学活动建议

1. 课堂讨论

  教师可通过课堂通知或课外线上通知方式提前布置课堂讨论题，通过线上或线下方式提供与课堂讨论相关的阅读材料，并对课堂讨论完全自由发言还是提前安排重点发言、是否分组、如何记分等做出设计和安排。教师要注意做好课堂讨论的主持和引导，并做好讨论情况的总结和点评，最终达到对本章教学重难点的正确理解以及育人目标的实现。

[①] 资料来源：《中国青年报》，2018年8月31日。

讨论话题参考：
① 理想理想，就是"有利才想"，只关注眼前利益就对了；
② 河北易县奶奶庙的"造神现象"；
③ 马克思主义在全球的影响力与传播力；
④ 中国共产党的初心与使命；
⑤ 理想是丰满的，现实是骨感的；
⑥ 个人理想与社会理想的统一与兼容；
⑦ 艰苦奋斗在物质丰裕的今天是否已经过时；
⑧ 当代大学生如何走好新时代长征路。

2. 观看影片

优秀的电影不仅仅是单纯的艺术形态，它所具有的审美与教化功能在教学中应该得到应有的重视。教师应提前为学生提供片源，并对是否写作观后感或影评以及写作要求、提交时间、提交方式、展示方式、奖评方式、记录方式等做出规定和说明。

推荐影片如下：
① 《建党大业》；
② 《建军大业》；
③ 《开国大典》；
④ 《大浪淘沙》；
⑤ 《党的女儿》；
⑥ 《赵一曼》；
⑦ 《大决战》；
⑧ 《上甘岭》。

3. 拍摄制作反映理想信念主题的"青春正能量"短视频

短视频作为目前流行的新型视听媒介，是社会事件和日常生活较具传播力的视觉呈现工具，受到了众多青年大学生的青睐与认同。教师应组织学生积极学习与掌握相关的视频拍摄与制作技术，并对短视频的展映和评审方式等做出规定和说明，引导学生选取反映理想信念主题的先进人物与故事，使广大学生在读书学习与深入生活的基础上去创作、去体悟，激励广大青年坚定理想信念，练就过硬本领，勇于创新创造，矢志艰苦奋斗，锤炼高尚品格，在实现中国梦的生动实践中放飞青春梦想，汇聚实现中国梦的青春正能量。

4. 课外阅读

可组织学生课下阅读本章教学内容相关书目和文献资料，以拓展本章教学内容，加深学生对理想信念问题的认识和理解。为引导和督促学生的课下阅读，可布置读后感作业，并对读后感的写作要求、提交时间、提交方式、展示方式、奖评方式、成绩记录方式等做出规定和说明。

推荐阅读书目如下：
① 《共产党宣言》；
② 《习近平的七年知青岁月》；
③ 《论共产党员的修养》；
④ 《苦难辉煌》；
⑤ 《平凡的世界》；
⑥ 《假如给我三天光明》；
⑦ 《人类群星闪耀时》；
⑧ 《一个人的朝圣》。

5. 参观天津红色革命文化场所

红色革命文化场所是认同革命意识形态、加强理想信念教育的重要物质载体与传播符号。教师可引导大学生采取灵活多样的形式参观天津红色革命文化场所，深刻理解革命前辈凭借坚定的理想信念在艰苦的斗争环境中为中国革命抛头颅、洒热血，同时也进一步认识红色天津在中国革命中拥有的重要地位与扮演的重要角色，促进天津高校大学生增强"四个意识"、坚定"四个自信"、做到"两个维护"，为"五个现代化天津"建设、为实现中华民族伟大复兴贡献力量。

天津红色革命文化场所推荐：
① 周恩来邓颖超纪念馆；
② 平津战役纪念馆；
③ 中共天津历史博物馆；
④ 解放天津会师纪念地（金汤桥）；
⑤ 天津市烈士陵园；
⑥ 天津市南开大学爱国主义教育基地；
⑦ 塘沽烈士陵园；
⑧ 天津大沽口炮台遗址。

6. 采访各行各业的优秀追梦人

教师应积极引导学生采取灵活多样的形式走入机关、企业、学校等，采访优秀人物如知名校友等，了解他们在职业发展过程中树立与坚定远大理想的先进事迹，从而激励在校大学生根据自身条件、专业实际与社会发展，制定立足现实又具有情怀的人生理想，使青年大学生能够把个人眼前利益与国家长远利益有机结合。

第三章　弘扬中国精神

一、教学目标

1. **知识目标**：使学生了解重精神是中华民族优秀传统，认识作为中国精神基本内容的民族精神和时代精神的基本内涵，把握以爱国主义为核心的民族精神和以改革创新为核心的时代精神的主要内容，理解民族精神和时代精神的辩证统一关系，认识弘扬中国精神的时代意义；理解爱国主义的基本内涵，把握新时代爱国主义和忠诚爱国者的基本要求；了解创新创造的深沉民族禀赋，理解改革创新的时代要求，把握改革创新的意识和能力要求。

2. **价值目标**：引导学生确立中国精神是民族精神和时代精神的统一、爱国主义是民族精神的核心、改革创新是时代精神的核心的观念，确立实现中国梦必须弘扬中国精神的观念；确立新时代必须坚持爱国主义与社会主义相统一、必须维护祖国统一和民族团结、必须尊重和传承中华民族历史和文化、必须坚持立足民族又面向世界的观念；确立改革创新是社会发展重要动力，是实现中华民族伟大复兴中国梦时代要求的观念。

3. **能力目标**：增进学生热爱祖国的意识和情感，增强学生辨别忠诚爱国、理性爱国与狭隘民族主义的能力和自觉；提升学生创新创造的精神和本领。

4. **素养目标**：增强学生的民族自信心和自豪感，坚定学生的爱国报国之志，激发学生的创新创造积极性、主动性，提高学生做中国精神实践者的自觉性，坚定学生自觉为实现中华民族伟大复兴中国梦接续奋斗的意志和决心。

二、内容提要

重精神是中华民族的优秀传统。中华民族崇尚精神的优秀传统，表现在对物质生活与精神生活相互关系的独到理解上，表现在中国古人对理想的不懈追求上，表现在对道德修养和道德教化的重视上，表现在对理想人格的推崇上。

中国共产党是中华民族重精神优秀传统的忠实继承者和坚定弘扬者，中国精神是民族精神和时代精神的统一。民族精神是一个民族在长期共同生活和社会实践中形成的，为本民族大多数成员所认同的价值取向、思维方式、道德规范、精神气质的总和，是一个民族赖以生存和发展的精神支柱。在5000多年的历史发展中，中华民族形成了以爱国主义为核心的伟大民族精神。它集中表现为伟大创造精神、伟大奋斗精神、伟大团结精神和伟大梦想精神。时代精神是一个国家和民族在新的历史条件下形成和发展的，体现民族特质并顺应时代潮流的思想观念、价值取向、精神风貌和社会风尚的总和，是一种对社会发展具有积极影响和推动作用的集体意识。改革开放以来，党带领人民在继承和弘扬伟大民族精神的基础上，立足新的时代条件，赋予中华民族精神以新的时代内涵，形成了以改革创新为核心的时代精神。改革开放进程中涌现的一系列时代楷模和榜样群体，都生动地展示着当代中国的时代精神。改革创新精神贯穿于改革开放的全部实践，体现在时代精神的各个方面。改革创新精神体现为突破陈规、大胆探索、敢于创造的思想观念，体现为不甘落后、奋勇争先、追求进步的责任感和使命感，体现为坚忍不拔、自强不息、锐意进取的精神状态。民族精神和时代精神共同构成了我们当今时代的中国精神。民族精神赋予中国精神以民族特征，是中华民族的精神独立性得以保持的重要保证；时代精神赋予中国精神以时代内涵，是中国精神引领时代前行、拥有鲜明时代性和强大生命力的重要根源；中国精神是兴国强国之魂，实现中国梦必须弘扬中国精神。中国精神是凝聚中国力量的精神纽带，是激发创新创造的精神动力，是推进复兴伟业的精神定力。

爱国主义体现了人们对自己祖国的深厚感情，揭示了个人对祖国的依存关系，是人们对自己家园以及民族和文化的归属感、认同感、尊严感与荣誉感的统一。爱国主义的基本内涵是爱祖国的大好河山，爱自己的骨肉同胞，爱祖国的灿烂文化和爱自己的国家。爱国主义是调节个人与祖国之间关系的道德要求、政治原则和法律规范，也是中华民族精神的核心。爱国主义是历史的、具体的，不同的历史条件和文化背景下所形成的爱国主义总是具有不同的内涵和特点。爱国主义的丰富性和生命力，正是通过它的历史性和具体性来表现的；新时代的爱国主义，既承接了中华民族的爱国主义优良传统，又体现了鲜明的时代特征，内涵更加丰富。新时代爱国主义的基本要求是：坚持爱国主义和社会主义相统一，维护祖国统一和民族团结，尊重和传承中华民族历史与文化，坚持立足民族又面向世界；做忠诚的爱国者，必须维护和推进祖国统一，促进民族团结，增强国家安全意识。新时代的大学生应当高扬爱国主义旗帜，把爱国之情、强国之志、报国之行统一起来,为国家和民族做出应有的贡献。

创新创造是中华民族最深沉的民族禀赋。勇于创新创造的民族禀赋成就了辉煌灿烂的中华文明;在当代中国,社会发展离不开改革创新,坚持改革创新是新时代的迫切要求。这是因为,创新始终是推动人类社会发展的第一动力,创新能力是当今国际竞争新优势的集中体现,改革创新是我国赢得未来的必然要求;新时代的大学生要树立改革创新自觉意识,增强改革创新责任感,增强改革创新能力本领,积极投身创新实践,做改革创新生力军。

三、教学重点

1. 中国精神是民族精神和时代精神的统一。
2. 爱国主义的基本内涵和新时代爱国主义的主要内容。
3. 改革创新是中华民族禀赋和时代要求。
4. 做忠诚的爱国者和改革创新生力军。

四、思想理论要点阐释

1. 新时代弘扬爱国主义的基本向度

"人无精神则不立,国无精神则不强。精神是一个民族赖以长久生存的灵魂。"[①]伟大的中国精神孕育于中华民族五千多年悠久辉煌历史文化之中,是我国的兴国强国之魂,是实现中华民族伟大复兴不可或缺的精神支撑和精神动力。以爱国主义为核心的民族精神构成了中国精神的基本内容之一。近代以来,中国人民为争取民族独立和解放进行的一系列抗争,就是中华民族觉醒的历史进程,就是中华民族精神升华的历史进程。[②]以爱国主义为核心的伟大民族精神,是坚定中国特色社会主义道路自信、理论自信、制度自信、文化自信的底气,是中华民族团结奋斗、自强不息的精神纽带,是中华民族风雨无阻、高歌行进

---

① 习近平谈治国理政:第二卷[M]. 北京:外文出版社,2017:47.
② 习近平在纪念中国人民抗日战争暨世界反法西斯战争胜利69周年座谈会上的讲话[N]. 人民日报,2014-09-04(2).

的根本力量。为此，我们应大力弘扬爱国主义，做忠诚的爱国者。

爱国主义是历史的、具体的，在不同的历史条件和文化背景下所形成的爱国主义，总是具有不同的内涵和特点。因而，爱国主义是具有丰富内涵和强大生命力的。在中国特色社会主义进入新时代的现阶段，爱国主义的基本要求是：坚持爱国主义和社会主义相统一，维护祖国统一和民族团结，尊重和传承中华民族历史和文化，坚持立足民族又面向世界。坚持爱国和爱党、爱社会主义相统一，是当代中国爱国主义精神最重要的体现；维护祖国统一和民族团结，是在新的时代条件下弘扬爱国主义精神的重要着力点和落脚点；对祖国悠久历史、深厚文化的理解和接受，是爱国主义情感培育和发展的重要条件。处理好立足民族与面向世界的辩证统一关系，是爱国主义在新时代的重要课题和必然要求。

新时代弘扬爱国主义需要激发爱国主义情感。爱国主义是千百年来人们在社会实践中形成的对自己的祖国极其忠诚和热爱的深厚情感，揭示了个人对祖国的依存关系，是人们对自己家园以及民族和文化的归属感、认同感、尊严感与荣誉感的统一。爱国主义是中华民族的民族心、民族魂，是中华民族最重要的精神财富，是中国人民和中华民族维护民族独立和民族尊严的强大精神动力。①爱国主义自古以来就流淌在中华民族血脉之中，去不掉，打不破，灭不了。爱国既是每个人的本能需求也是每个人都应自觉履行的责任和义务。因此，爱国，是人世间最深层、最持久的情感，是一个人立德之源、立功之本。②爱国主义是中华儿女最自然、最朴素的情感。新时代弘扬爱国主义就是要激发每个中华儿女对祖国领土主权的情感，把维护祖国的完整和统一作为自己的神圣使命和义不容辞的责任，捍卫国家的利益；就是要培养对人民群众的深厚感情，坚持以人民为中心的立场，始终紧紧地同人民群众站在一起；就是培养对祖国历史、文化的情感，认真学习和真正了解祖国的历史，在充分理解和尊重的基础上，积极推动祖国优秀历史文化传统的传承和发展；就是要激发对国家制度体制的认同，拥护国家的基本制度，遵守国家的宪法法律，为国家繁荣发展贡献自己的力量。

新时代弘扬爱国主义应加强爱国主义精神建设。首先，要坚持以马克思列宁主义、毛泽东思想、邓小平理论、"三个代表"重要思想、科学发展观、习近平新时代中国特色社会主义思想为指导，增强"四个意识"，坚定"四个自信"，做到"两个维护"，始终高扬爱国主义旗帜，着力培养爱国之情、砥砺强国之志、

---

① 《新时代爱国主义教育实施纲要》，2019年11月12日。
② 习近平在北京大学师生座谈会上的讲话[N]. 人民日报，2018-05-03（2）.

实践报国之行，使爱国主义成为全体中国人民的坚定信念、精神力量和自觉行动。其次，要坚持以立为本、重在建设。坚持从娃娃抓起，着眼固本培元、凝心铸魂，突出思想内涵，强化思想引领，做到润物无声，把基本要求和具体实际结合起来，把全面覆盖和突出重点结合起来，遵循规律、创新发展，注重落细落小落实、日常经常平常，强化教育引导、实践养成、制度保障，推动爱国主义教育融入贯穿国民教育和精神文明建设全过程。再次，坚持用习近平新时代中国特色社会主义思想武装全党、教育人民，深入开展国情教育和形势政策教育以及中国特色社会主义和中国梦教育。引导人们深刻认识我国仍处于并将长期处于社会主义初级阶段的基本国情没有变，我国是世界上最大发展中国家的国际地位没有变，中华民族伟大复兴绝不是轻轻松松、敲锣打鼓就能实现的，要付出更为艰巨、更为艰苦的努力，争做新时代的奋斗者、追梦人。引导人们充分认识伟大斗争的长期性、复杂性、艰巨性，发扬斗争精神，增强斗争本领，敢于直面风险挑战，以坚忍不拔的意志和无私无畏的勇气战胜前进道路上的一切艰难险阻，在进行伟大斗争中更好弘扬爱国主义精神。最后，聚焦培养担当民族复兴大任的时代新人。引导人们了解中华民族的悠久历史和灿烂文化，增强民族自尊心、自信心和自豪感；培育和践行社会主义核心价值观，广泛开展爱国主义、集体主义、社会主义教育，提高人们的思想觉悟、道德水准和文明素养；引导全体中华儿女为实现中华民族伟大复兴、推进祖国和平统一而共同奋斗。

新时代弘扬爱国主义必须坚持中国共产党的领导。中国共产党是爱国主义精神最坚定的弘扬者和实践者，始终把实现中华民族伟大复兴作为自己的历史使命。100年来，中国共产党团结带领全国各族人民进行的革命、建设、改革实践是爱国主义的伟大实践，写下了中华民族爱国主义精神的辉煌篇章。党的十八大以来，以习近平同志为核心的党中央高度重视爱国主义教育，固本培元、凝心铸魂，做出一系列重要部署，推动爱国主义教育取得显著成效。当前，中国特色社会主义进入新时代，中华民族伟大复兴正处于关键时期。"实现中华民族伟大复兴的中国梦，是当代中国爱国主义的鲜明主题。"新时代加强爱国主义教育，对于振奋民族精神、凝聚全民族力量，决胜全面建成小康社会，夺取新时代中国特色社会主义伟大胜利，实现中华民族伟大复兴的中国梦，具有重大而深远的意义。中国的历史和现实充分证明，中国共产党是高举爱国主义旗帜并躬身实践的光辉典范，是中国特色社会主义事业的坚强领导核心。党的领导是中国特色社会主义最本质特征和最大制度优势，坚持党的领导、坚持走中国特色社会主义道路是实现国家富强的根本保障和必由之路。坚定拥护中国共产党的领导，是中华民族走向复兴、中国特色社会主义事业走向成功的必然要求，也是新时代爱国主义的必然要求。弘扬新时代的爱国主义，必须团结全体社会主义劳动者、社会主义事业的建设者、拥护社会主义的爱国者、拥护祖国统一和致力于中华民族伟大复兴的爱国者，汇集起实现中国梦的磅礴力量。

弘扬爱国主义精神，开展爱国主义教育是思想的洗礼、精神的熏陶，要坚持目标导向、问题导向、效果导向，坚持虚功实做、久久为功，在深化、转化上下功夫，在具象化、细微处下功夫，更好地体现时代性、把握规律性、富于创造性。[①]爱国，不能停留在口号上，而是要把自己的理想同祖国的前途、把自己的人生同民族的命运紧密联系在一起，扎根人民，奉献国家。[②]把爱国情、强国志、报国行自觉融入坚持和发展中国特色社会主义事业、建设社会主义现代化强国、实现中华民族伟大复兴的奋斗之中。

2. 以改革创新为核心的时代精神的深刻内涵

在五千多年历史进程中，中华民族塑造出独特的精神气质和精神品格，形成了崇尚精神的优秀传统。这一传统贯穿在中华民族筚路蓝缕的奋斗历程中，推动着中华民族一路向前、发展壮大，是中华民族重要的精神标识。时代精神是一个国家和民族在新的历史条件下形成和发展的，体现民族特质并顺应时代潮流的思想观念、价值取向、精神风貌和社会风尚的总和，是一种对社会发展具有积极影响和推动作用的集体意识。时代精神反映社会进步的发展方向，引领时代的进步潮流，是社会的主旋律和时代的最强音。改革开放以来，党带领人民在继承和弘扬伟大民族精神的基础上，立足新的时代条件，赋予中华民族精神以新的时代内涵，形成了以改革创新为核心的时代精神。因此，以改革创新为核心的时代精神同样具有民族精神所体现出的伟大创造精神、伟大奋斗精神、伟大团结精神和伟大梦想精神，是中国精神的另一基本内容。

改革创新精神是时代精神的核心，是鞭策我们在改革开放中与时俱进的精神力量。它贯穿于改革开放的全部实践，体现在时代精神的各个方面。具体来说，改革是破除社会发展障碍、激发社会发展活力的引擎，创新则是民族进步的灵魂、国家兴旺发达的动力。改革创新精神既是对中华民族革故鼎新优良传统的继承弘扬，也是当代中国改革开放伟大实践中体现出来的精神品格和精神特征。以改革创新为核心的时代精神，是当代中国人民精神风貌的集中写照，

---

① 《新时代爱国主义教育实施纲要》，2019年11月12日。
② 习近平在北京大学师生座谈会上的讲话[N]. 人民日报，2018-05-03（2）.

是激发社会创造活力的强大力量。

（1）伟大创新精神。在五千多年的历史长河中，尤其是改革开放以来，中国人民始终坚持解放思想、与时俱进，在不断改革中实现创新。创新精神体现为突破陈规、大胆探索、敢于创造的思想观念，勇于打破与社会和历史发展规律不相吻合的思维方式、行为规范的束缚，从不合实际、不合规律的观念和体制的束缚中解放出来，从错误和教条式的思想观念中解放出来。纵观人类发展史，创新始终是一个国家、一个民族发展的重要力量，也始终是推动人类社会进步的重要力量。无论是古代的万里长城、都江堰，还是现在的万里高铁、天宫空间站；无论是古代的阴阳合历、四大发明，还是现在的超级计算机、量子卫星；无论是古代的曾侯乙编钟，还是现在的超级水稻等，我国自古以来就不断解放思想、勇于探索和突破，在革故鼎新中发扬创新精神，适应甚至引领时代的发展。我国在历史上长期处于世界领先地位，在思想文化、社会制度、科学技术、器物制造等诸多方面改变和推动着世界事物的面貌和状态，对世界文明进步做出了巨大贡献。今天，在中国共产党的领导下，勤劳勇敢的中国人民改革创新不适应生产力发展的生产关系，改革创新生产力发展的新形式新途径新内容，在伟大实践中迸发出创新创造的生机活力，发展了门类齐全的产业，形成了多姿多彩的生活。进入21世纪以来，全球科技创新进入空前密集活跃的时期，新一轮科技革命和产业变革正在重构全球创新版图、重塑全球经济结构。中国人民的创新精神得到进一步的迸发，科技创新、制造创新、体制创新、理念创新等不断涌现出万众创新的局面，使我国在新一轮科技革命中实现了弯道超车。创新精神已经成为我国实现快速发展、实现中华民族伟大复兴的强大动力。21世纪的中国必将继往开来，在世界创新领域开启新的华章。

（2）伟大改革精神。在五千多年的历史长河中，尤其是改革开放以来，中国人民始终坚持励精更始、矫国革俗，在不断改革中发展前进。改革精神体现为不甘落后、奋勇争先、追求进步的责任感和使命感，不自甘落后、故步自封，也不满足于取得的成就，躺在历史的功劳簿上自满自足，裹足不前，而是以"落后就会挨打"的危机感和忧患意识自我警醒，以"一万年太久，只争朝夕"的奋发精神和竞争意识自我激励。无论是古代的郡县制改革、税法改制、科举制诞生，还是近代以来一系列救亡图存运动，改革始终是破解发展难题的治本之策，更是推动中华民族走向富强的强大动力。1978年以来，中国共产党带领全国人民以勇于自我革命的气魄、坚忍不拔的毅力推进改革。从包产到户的"星星之火"，到全面深化改革的风生水起，从兴办经济特区"杀出一条血路来"，到建立社会主义市场经济体制，闯出一条发展新路……^①我国的改革走过了风云激荡、波澜壮阔的历程，一系列制度、体制、机制创新创造出一个又一个奇迹，为古老的中华民族注入了蓬勃的生机活力，中国人民实现了从站起来到富起来、强起来的伟大飞跃。在改革开放中，我们党对社会主义本质的认识愈益清晰，开创了中国特色社会主义道路，形成了中国特色社会主义理论体系，完善了中国特色社会主义制度，发展了中国特色社会主义文化。正是一个个具体事件、具体精神的升华凝聚才形成了我国伟大的改革精神。它包含着勇于开拓的首创精神、革故鼎新的突破精神、迎难而上的担当精神、不知疲倦的奋斗精神、善于借鉴的学习精神……^②它既与中华民族的变革精神一脉相承又是对改革开放实施多年伟大奋斗的淬炼升华，是时代精神的宝贵精神财富。中国人民从来不畏苦、不惧难，不甘落后、奋勇争先，保持自强不息的精神状态，即使遇到一时的困难仍然昂扬向上、锐意进取，持久用力、久久为功。虽然我们已走过千山万水，但仍需要不断跋山涉水。当前，我国改革踏上了"新征程"，愈进愈难、愈进愈险而又不进则退、非进不可。^③我们要以壮士断腕、刀刃向内的勇气和敢闯敢试、敢为人先的精神^④，大力弘扬伟大的改革精神，革除体制机制痼疾，冲破思想观念藩篱，早日实现中华民族伟大复兴的中国梦。

（3）伟大实践精神。实践构成了人们社会生活的基本内容，推进了人类历史的不断发展。实践精神体现为坚忍不拔、自强不息、锐意进取的精神状态，有"敢啃硬骨头，敢涉险滩"的闯劲，有"咬定青山不放松"的韧劲，有"生命不息，奋斗不止"的拼劲。中华民族自古就有朴素的实践精神，马克思主义传入中国后，中华民族朴素的实践精神与马克思主义的实践精神相结合迸发出新的生机。马克思主义作为一种"新唯物主义"尤其强调改造世界的实践精神。"实践支配着人们思维活动的指向，引导思维面向现实、面向实际、面向生活；实践又是认识的基础和标准，客观世界首先是人们实践的对象，而后才是认识的对象。"^⑤在建设中国特色社会主义的伟大实践中，我国始终坚持马克思主义，坚持实事求是、一切从实际出发、从中国国情出发。革命战争年代，毛泽东同

---

① 大力弘扬改革开放精神[EB/OL]. 新华网，[2018-12-24]. http://www.xinhuanet.com/politics/2018-12/24/c_1123898408.htm.
② 让改革开放精神照亮前行的路[EB/OL]. 新华网，[2018-12-23]. http://theory.people.com.cn/n1/2018/1223/c40531-30482683.html.
③ 让改革开放精神标识更鲜明[N]. 人民日报，2018-12-24（4）.
④ 弘扬敢闯敢试、敢为人先的改革精神[N]. 人民日报，2018-11-01（4）.
⑤ 任瞠."新唯物主义"的实践精神及其当代意义[J]. 马克思主义研究，2007（6）：43-48.

志反对教条主义，强调一切从中国的实际情况出发，由此开辟出中国革命新道路；改革开放之初，邓小平同志反对照抄照搬、思想僵化，强调从实际出发研究新情况、解决新问题，由此开辟出中国建设新道路；党的十八大以来，面对国际国内形势发生的深刻变化，以习近平同志为核心的党中央坚持实践观点，逢山开路、遇河架桥，谱写了中国特色社会主义新篇章，推动中国特色社会主义进入新时代。①在实践中我们逐步加深了对自然界、社会和人类思维发展规律的认识，逐步形成对社会发展规律的科学理论。中国特色社会主义理论就是在当代中国改革开放和社会主义现代化建设伟大实践基础上形成和发展起来的，是植根于当代中国实践基础上的中国化的马克思主义理论。②从确立"两个一百年"奋斗目标到提出"中国梦"，从统筹推进"五位一体"总体布局到协调推进"四个全面"战略布局，从把握中国经济发展新常态到树立五大发展理念，从全面从严治党到强军兴军，从脱贫攻坚到决胜全面小康，从"四个自信"到"一带一路"，从推进"四个伟大"到构建"人类命运共同体"……③正是在将马克思主义同中国实际相结合的伟大实践中书写了中华民族伟大复兴的时代画卷。当今世界处于百年未有之大变局，国内外局势复杂多变，中国正经历史上最为广泛而深刻的社会变革。今天，我们比以往任何时候都更接近中华民族伟大复兴中国梦的实现，我们也面临着比以往明显增多的国内外风险挑战，推进新时代的伟大事业，我们需要继续坚持马克思主义，发扬伟大的实践精神，开创史上最宏大又独特的实践创新。

（4）伟大奉献精神。在五千多年的历史长河中，尤其是改革开放以来，中国人民始终坚持集体主义、人民至上，在无私奉献中成就伟大。从古至今，中国人民始终团结一心、同舟共济。中国人特有的集体意识、家国情怀孕育了中华民族的宝贵精神品格，培养了中国人民崇高的价值追求，将整个中华儿女紧紧地凝聚在一起。中华民族历史上无数仁人志士对此表达着、践行着，如屈原的"亦余心之所善兮，虽九死其犹未悔"，王翰的"醉卧沙场君莫笑，古来征战几人回"，文天祥的"人生自古谁无死，留取丹心照汗青"，林则徐的"苟利国家生死以，岂因祸福避趋之"等。特别是近代以来，在外国列强的侵略下，我

---

① 戚义明. 坚持理论和实践的辩证统一[EB/OL]. 人民网，[2019-02-26]. http://theory.people.com.cn/n1/2019/0226/c40531-30902140.html.

② 韩振峰. 习近平总书记对理论创新和实践创新的新表述[EB/OL]. 人民网，[2017-08-18]. http://theory.people.com.cn/n1/2017/0818/c83859-29478814.html.

③ 丁晓平. 学习《治国理政新实践：习近平总书记重要活动通讯选》感悟[EB/OL]. 新华网，[2019-10-08]. http://www.xinhuanet.com/publish/2019-10/08/c_1210304148.htm.

国积贫积弱、民不聊生，无数中华儿女牺牲小我为国家抛头颅洒热血，救中国于水深火热之中。在中国共产党的带领下，中华人民共和国终于成立了，开辟了中国历史的新纪元。无数中华儿女投入中国的社会主义建设之中，他们或承载人民至上、以人为本、公平正义、诚信友爱的价值追求，或体现廉洁奉公、爱岗敬业、淡泊名利、甘于奉献的职业品格，或展现解放思想、求真务实、积极探索、勇于创新的科学精神，或彰显自强不息、艰苦奋斗、顽强拼搏、敢于胜利的英雄情怀。人民是历史的创造者。他们在自己的工作岗位上播洒汗水、心怀大我、无私奉献、至诚报国，书写了当代中国最美的时代诗篇。在实现中华民族伟大复兴中国梦的关键时期，奉献精神既是我们取得成功的优良传统，又是我们开拓创新的有力保障。面对世界未有之大变局和中华民族伟大复兴的战略全局的"两个大局"，我们必须继续弘扬伟大的奉献精神。

中华民族是富有创新精神的民族。在漫长的历史长河中，变通求新、因革损益、革故鼎新、与时俱进、与日俱新等思想观念逐渐积淀为中华民族最深沉的民族禀赋。正是基于此，中华民族才成就了辉煌灿烂的中华文明。改革开放40多年来，党带领人民破除阻碍发展的思想观念、体制机制，取得世人瞩目的巨大成就，开启了全力追赶时代、勇于引领时代的改革创新大潮。当前，我们正在从事的中国特色社会主义事业是一项前无古人的创造性事业，中国精神作为兴国强国之魂的价值和意义更为凸显。只有坚持弘扬以改革创新为核心的时代精神，才能使全体人民始终保持昂扬向上的精神状态，不断推进中国特色社会主义伟大事业。

3. 民族精神与时代精神的内在统一关系

中国精神是兴国强国之魂。实现中国梦，必须弘扬中国精神，以高扬的精神旗帜为指引，以强大的精神支柱为支撑，团结凝聚全体人民的智慧和力量。民族精神和时代精神共同构成了我们当今时代的中国精神。民族精神与时代精神二者即相互区别又内在统一。区别在于，民族精神赋予中国精神以民族特征，是中华民族的精神独立性得以保持的重要保证；时代精神赋予中国精神以时代内涵，是中国精神引领时代前行、拥有鲜明时代性和强大生命力的重要根源。尽管如此，民族精神和时代精神二者的内在统一关系是其主要特点。

民族精神与时代精神统一于中国精神。民族精神和时代精神的交融汇通，使得中国精神既具有鲜明的民族性，又洋溢着强烈的时代性，成为中华民族共有的精神家园，成为奋力实现中华民族伟大复兴的强大精神力量。在绵延发展五千多年的历史长河中，中华民族积淀了伟大的民族精神，这种精神凝聚为伟大创造精神、伟大奋斗精神、伟大团结精神和伟大梦想精神。这些精神为时代的发展和中国人民的长期奋斗提供了强大的精神动力，使我们不断适应新的局面、解决新的问题、实现新的跨越。改革开放是我们在发展道路上做出的关键决定，"改革开放是当代中国发展进步的必由之路，是实现中国梦的必由之路"。①这是中华民族伟大的民族精神的集中展现，更是中华民族时代精神的重大飞跃。"改革开放铸就的伟大改革开放精神，极大丰富了民族精神内涵，成为当代中国人民最鲜明的精神标识！"②伟大的改革开放精神既继承和丰富了民族精神，同时又赋予民族精神以时代特色。改革开放在极大促进生产力发展的同时，也在深度塑造着中国人的精神世界、改变着中国人的精神面貌、淬炼着中国人的价值观念，改革开放精神成为中华民族精神的精彩华章。③广大人民群众在书写中华民族波澜壮阔的发展过程中，继承和弘扬中华民族伟大的民族精神，实现了中华民族从站起来、富起来再到强起来的伟大飞跃，民族精神获得新的丰富内涵，并酝酿和产生出新的时代特色、时代精神。"载人航天精神""奥运精神""女排精神""伟大抗震救灾精神"等无一不是我国时代精神的重要代表，这些精神必将随着岁月慢慢沉淀为我们中华民族的精神财富，进一步丰富和发展民族精神的精神内核。民族精神与时代精神紧密关联，都是一个民族赖以生存和发展的精神支撑。一切民族精神都曾经是一定历史阶段中带动潮流、引领风尚、推动社会发展的时代精神。同时，一切时代精神都将随着历史的变迁逐步融入民族精神的长河之中，不断丰富和发展民族精神的时代内涵。

民族精神与时代精神统一于中国共产党领导的全国人民的伟大实践。弘扬和培育民族精神，必须自觉回应时代的要求，推动民族精神的不断革新，推动民族精神的创新性发展，从而为当下的实践提供精神力量。中国共产党自其成立之初，就把国家富强、民族复兴、人民幸福作为不懈追求，就"把实现共产主义作为党的最高理想和最终目标，义无反顾肩负起实现中华民族伟大复兴的历史使命，团结带领人民进行了艰苦卓绝的斗争，谱写了气吞山河的壮丽史诗"。④弘扬和培育时代精神，必须立足民族精神的根基，接续民族精神的血脉，

---

① 国家主席习近平发表二〇一八年新年贺词[EB/OL]. 新华网，[2017-12-31]. http://www.xinhuanet.com/politics/2017-12/31/c_1122192418.htm.

② 习近平在庆祝改革开放 40 周年大会上的讲话[EB/OL]. 新华网，[2018-10-18]. http://www.xinhuanet.com/2018-12/18/c_1123872025.htm.

③ 北京市习近平新时代中国特色社会主义思想研究中心. 改革开放精神是民族精神的鲜明标识[N]. 光明日报，2019-02-27（6）.

④ 习近平：决胜全面建成小康社会 夺取新时代中国特色社会主义伟大胜利——在中国共产党第十九次全国代表大会上的报告[EB/OL]. 新华网，[2017-10-27]. http://www.xinhuanet.com/2017-10/27/c_1121867529.htm.

承接民族精神的基因，使得时代精神既面向未来，又不忘本来，始终具有引领民族前行的强大吸引力和感召力。中国共产党将爱国主义精神融入自身的使命担当之中，以巨大的政治勇气和强烈的责任担当，坚持继承传统、解放思想、与时俱进、实事求是、开拓创新，在合乎时代的发展和顺应民意的过程中提出一系列新理念新思想新战略，出台一系列重大方针政策，推出一系列重大举措，推进一系列重大工作，解决了许多长期想解决而没有解决的难题，办成了许多过去想办而没有办成的大事，推动党和国家事业发生历史性变革，使我国以更加自信的姿态屹立于世界之林。100年来，我们党团结带领全国各族人民进行的革命、建设、改革实践，是爱国主义的伟大实践，写下了中华民族爱国主义精神的辉煌篇章。当今，中华民族到了实现中华民族伟大复兴的关键时期，也到了改革的深水区，我们面临着国内外更加复杂多变的风险挑战。我们必须继续牢固坚持中国共产党的领导，在党的领导下勇于创新、永不停滞，充分发挥党总揽全局、协调各方的重要作用，增强自身面对波云诡谲局势的定力。同时，充分发挥全体中华儿女的创新创造作用，增强我们面对风云变幻形势的能力。勤劳勇敢的中国人民历来逢山开路、遇水架桥，从不畏惧困难，更不会在困难面前退缩。爱国主义始终是把中华民族坚固团结在一起的精神纽带，改革创新始终是鞭策我们在改革开放中与时俱进的精神力量。没有民族精神，我们的时代精神就难免失去根基和方向，出现偏差甚至误入歧途；没有时代精神，我们的民族精神又难免陷入停滞与陈旧，失去生命力甚至被时代所淘汰。民族精神与时代精神的内在统一，是中国共产党领导下的全体中国人民实现中华民族伟大复兴中国梦不可或缺的精神支撑和精神动力。

　　社会主义核心价值观是当代中国精神的集中体现。党的十九大报告指出，社会主义核心价值观是当代中国精神的集中体现。这一论断精辟论述了社会主义核心价值观与当代中国精神之间的关系，标志着中国共产党对社会主义核心价值观精神实质的认识提升到了一个新的高度。马克思有一句格言："任何真正的哲学都是自己时代精神的精华。"这一重要论断，同样来自时代的声音，来自人民的实践创造。社会主义核心价值观融入精神文明建设、国民教育和党的建设全过程，融入社会生活的方方面面，日益被广大人民群众在日常生活实践中认知、认同，并自觉转化为内在的信念和外在的行为。这提升了为实现中国梦而努力奋斗的当代中国人的精神境界，激发了中华民族自尊自信、走向美好未来的精气神，凝聚了兴国、强国之魂。概括地说，培育和践行社会主义核心价值观的重大成就聚焦在当代中国精神这面旗帜上，表征着全体人民的共同价值信仰，彰显着社会主义意识形态的强大凝聚力和引领力。社会主义核心价值观弘扬了当代中国精神，当代中国精神集中表达着社会主义核心价值观的话语，越来越成为人们的体验和共识。当代中国精神作为新时代中国人独特的精神境界，引导人们树立正确的人生观、价值观，激励人们向上向善、讲道德、守规则，意味着新时代中国人践行社会主义荣辱观、弘扬中华优秀传统美德的思想道德风貌。这一重要论断，为新时代培育和践行社会主义核心价值观提供了纲领性指导，同时也为弘扬当代中国精神、建设社会主义核心价值体系提供了基本遵循。首先，培育和践行社会主义核心价值观，必须以当代中国精神为指引，只有这样，"三个倡导"的"二十四字"基本价值理念，才能彰显中国特色社会主义的根本价值诉求，才能保障社会主义核心价值观建设的前进方向。培育和践行社会主义核心价值观，还必须以弘扬当代中国精神为依托或载体，只有这样，才能增强人们对社会主义核心价值观的理论认知和情感认同，自觉地把社会主义核心价值观转化为内在信念、外化为行为习惯。其次，弘扬当代中国精神，要始终把培育和践行社会主义核心价值观作为出发点和归宿点。通过弘扬当代中国精神的生动实践，使人们深刻理解社会主义核心价值观的科学内涵，认同新时代中国人民的共同价值追求，并不断地丰富和完善社会主义核心价值观。只有这样，当代中国精神才能不断发扬光大，才能成为党团结全国人民共同奋斗的磅礴力量。①

4. 弘扬新时代的爱国主义，必须坚持立足民族又面向世界

随着经济全球化的飞速发展，世界各国之间的联系日益密切。无论是经济贸易、人才科技，还是环境气候、政策制定等，几乎在所有方面，世界各国成了一个命运紧密相连的共同体。这也是习近平总书记提出构建人类命运共同体的背景。因此，新时代的爱国主义需要面向世界，积极参与和引领世界的相关活动。但同时需要注意的是，像马克思主义经典作家所指出的，主权国家在未来很长时间内仍然是主要行为体，并不会很快消亡。在经济全球化的条件下，国家仍然是民族存在的最高组织形式，是国际社会活动中的独立主体。新时代的爱国主义需要立足民族，否则国家将陷入"世界主义"的危险境地。需要指出的是，立足民族不是提倡去做一个"狭隘的民族主义者"或"民粹主义者"，也不是让大家做世界主义者，成为世界公民。只要国家继续存在，爱国主义就有其坚持的基础和必要性。爱国主义是中华民族精神的核心。爱国主义精神深

---

① 本段的论述摘选自吴潜涛. 社会主义核心价值观是当代中国精神的集中体现[N]. 光明日报，2018-03-26（11）.

深植根于中华儿女心中，是中华民族的精神基因，维系着华夏大地上各个民族的团结统一，激励着一代又一代中华儿女为祖国发展繁荣而不懈奋斗。

新时代爱国主义要求我们必须立足民族。当今世界，仍有国家奉行单边主义、孤立主义，对世界贸易的自由发展产生了负面影响；甚至借经济全球化之机向他国强推自己的政治制度和价值观念，损害他国的主权和尊严。某些发达国家在享尽经济全球化"红利"的同时，总想利用自己在经济、科技、军事、文化等方面的优势，搞社会制度、意识形态、价值观念的输出和渗透，妄图把其他国家纳入其发展模式和道路，服务其国家利益。发展中国家在参与经济全球化的过程中必然使自身在经济、政治、文化等发展中面临更大风险。五千多年来，中华民族之所以能够经受住无数难以想象的风险和考验，始终保持旺盛生命力，生生不息，薪火相传，同中华民族有深厚持久的爱国主义传统是密不可分的。①因此，我们必须坚持立足本民族，做好自己的事情，站稳自己的立场。继承和弘扬中华民族的优秀传统，坚决维护我们国家的主权、尊严和利益，按照本国国情坚持、发展自己的政治制度和民族文化。新时代爱国主义要求我们又必须面向世界。当今世界无论是发展中遇到的问题还是挑战都不再是一个国家可以独自应对的。经济全球化趋势下，世界各国的信息、技术、资本、知识、人才等生产要素在全球范围内自由流动和优化配置，各国公民经常性跨国界流动，每个国家的命运都与世界的命运紧密相连。没有任何国家可以关起门来独自搞建设。坚持面向世界即是共享世界发展要素，同时也是让世界共享经济发展成果。此外，当今人类共同面对的全球环境问题、难民问题、重大灾害和疫情等问题不是一个国家能够独自解决的。这就要求世界各国共同参与、共同应对，没有任何国家可以置身事外、独善其身。最后，我国提出构建人类命运共同体的伟大倡议，旨在世界各国积极有序参与下可以推动建设一个持久和平、普遍安全、共同繁荣、开放包容和清洁美丽的世界，这是全人类的共同利益和共同价值追求。我们生活的世界充满希望，也充满挑战。中国人民历来富有正义感和同情心，历来把自己的前途命运同各国人民的前途命运紧密联系在一起，始终密切关注和无私帮助仍然生活在战火、动荡、饥饿、贫困中的有关国家的人民，始终愿意尽最大努力为人类和平与发展做出贡献。中国人民这个愿望是真诚的，中国决不会以牺牲别国利益为代价来发展自己，中国发展不对

---

① 习近平主持中共中央政治局第二十九次集体学习时的讲话[EB/OL]. 新华网, [2015-12-30]. http://www.xinhuanet.com/politics/2015-12/30/c_1117631083.htm.

任何国家构成威胁，中国永远不称霸、永远不搞扩张。①

我国新时代的爱国主义要求把弘扬爱国主义精神与扩大对外开放结合起来。为此，首先，要传承和弘扬中华优秀传统文化。对祖国悠久历史、深厚文化的理解和接受，是爱国主义情感培育和发展的重要条件。要引导人们了解中华民族的悠久历史和灿烂文化，从历史中汲取营养和智慧，自觉延续文化基因，增强民族自尊心、自信心和自豪感。要坚持古为今用、推陈出新，不忘本来、辩证取舍，深入实施中华优秀传统文化传承发展工程，推动中华文化创造性转化、创新性发展。要坚守正道、弘扬大道，反对文化虚无主义，引导人们树立和坚持正确的历史观、民族观、国家观、文化观，不断增强中华民族的归属感、认同感、尊严感、荣誉感。②其次，要深入开展国情教育和形势政策教育。通过深入开展国情教育，帮助人们了解我国发展新的历史方位、社会主要矛盾的变化，引导人们深刻认识到，我国仍处于并将长期处于社会主义初级阶段的基本国情没有变，我国是世界上最大发展中国家的国际地位没有变，始终准确把握基本国情，既不落后于时代，也不脱离实际、超越阶段。通过深入开展形势政策教育，帮助人们树立正确的历史观、大局观、角色观，了解世界正经历百年未有之大变局，我国仍处于发展的重要战略机遇期，引导人们清醒认识国际国内形势发展变化，做好我们自己的事情。要发扬斗争精神，增强斗争本领，引导人们充分认识伟大斗争的长期性、复杂性、艰巨性，敢于直面风险挑战，以坚忍不拔的意志和无私无畏的勇气战胜前进道路上的一切艰难险阻，在进行伟大斗争中更好弘扬爱国主义精神。最后，要涵养积极进取开放包容理性平和的国民心态。加强宣传教育，引导人们正确把握中国与世界的发展大势，正确认识中国与世界的关系，既不妄自尊大也不妄自菲薄，做到自尊自信、理性平和。爱国主义是世界各国人民共有的情感，实现世界和平与发展是各国人民共同的愿望。一方面要弘扬爱国主义精神，另一方面要培养海纳百川、开放包容的胸襟，大力宣传坚持和平发展合作共赢、构建人类命运共同体、共建"一带一路"等重要理念和倡议，激励广大人民同各国人民一道共同创造美好未来。对每一个中国人来说，爱国是本分，也是职责，是心之所系、情之所归。倡导知行合一，推动爱国之情转化为实际行动，使人们理性表达爱国情感，反对极端行为。

弘扬爱国主义精神，必须坚持立足民族又面向世界。中国的命运与世界的

---

① 习近平在第十三届全国人民代表大会第一次会议上的讲话[EB/OL]. 新华社，[2018-03-20]. http://www.xinhuanet.com/politics/leaders/2020-05/15/c_1125989644.htm.

② 《新时代爱国主义教育实施纲要》，2019 年 11 月 12 日。

命运紧密相关。我们要把弘扬爱国主义精神与扩大对外开放结合进来，尊重各国的历史特点、文化传统，尊重各国人民选择的发展道路，善于从不同文明中寻求智慧、汲取营养，增强中华文明生机活力。我们要积极倡导求同存异、交流互鉴，促进不同国度、不同文明相互借鉴、共同进步，共同推动人类文明发展进步。①新时代弘扬爱国主义精神，意味着我们要有更加宽广的世界胸怀和全球视野，为维护人类共同利益、推动人类文明发展进步提供中国智慧，始终做世界和平的建设者、全球发展的贡献者、国际秩序的维护者。

5. 倡导理性爱国

当代中国爱国主义的鲜明主题是实现中华民族伟大复兴的中国梦。因此，我们需要大力弘扬伟大的爱国主义精神，为实现中国梦提供共同的精神支柱和强大的精神动力。在世界多极化、经济全球化、文化多元化、社会信息化的时代，爱国主义提出了新的要求，增添了新的内涵。新时代的爱国主义要求我们坚持爱国主义和社会主义相统一、维护祖国统一和民族团结、尊重和传承中华民族历史与文化、坚持立足民族又面向世界。要达到这些要求，对每一个体而言，首先要做到的就是理性。理性既可以指智力水平，更是指一种态度、一种思维方式。爱国主义是理性的而非盲目的。爱国，是一种普遍而高尚的情感，但我们的爱国情感要有一个清醒的认识和准确的定位，要冷静爱国，更要理性爱国。因为，热情与冷静并不矛盾，感性与理性并不冲突，冷静不代表懦弱，激情或盲目却可能犯错。理性或盲目与其动机的善良与否没有直接关系。很多看似有利于国家安全、荣誉、利益的行为在结果上往往背道而驰。比如狭隘爱国主义，其初衷是爱国，结果却是误国；出发点是推动国家发展，结果却是限制国家进步。

理性爱国，要求我们坚持马克思主义的基本原理和方法。世界各国作为一个命运共同体，谁也无法孤立自己、置身事外，气候、经济发展等很多方面需要世界各国共同面对，国家投资、贸易、文化、主权冲突是在所难免的。同样，国内特定时空条件下也难免有这样那样的不足。我们必须用历史的眼光来看待种种分歧与不足，既要看到差异的必然性，也要正确看待差异、处理差异。爱国既有抽象情感又有现实对象。爱国是爱我国的山川湖海、骨肉同胞、文化传统、制度习俗等，是爱中国共产党领导的中国特色社会主义，而不只是一句口

---

① 习近平主持中共中央政治局第二十九次集体学习时的讲话[EB/OL]. 新华网，[2015-12-30]. http://www.xinhuanet.com/politics/2015-12/30/c_1117631083.htm.

号或一种抽象情感。爱国既可以是轰轰烈烈的伟业，也可以是个人日常的言谈举止。

理性爱国，要求我们理性看待目前我国所取得的巨大成就。一方面，我们经过几十年的发展，尤其是自改革开放以来，我国的经济水平和综合国力取得了飞速发展，已经稳居世界第二的位置，实现了从站起来、富起来到强起来的转变。这些成绩来之不易，我们应该看到这些成绩并为此感到自豪。另一方面，我们也要看到我国目前仍然处于社会主义初级阶段的基本国情没有变，我国仍然是世界上最大的发展中国家的地位没有变。我国当前社会的主要矛盾是人民日益增长的美好生活需要和不平衡不充分的发展之间的矛盾。我们还有很多问题要解决，还有很多不足需要进一步改善。因此，面对世界百年未有之大变局和中华民族伟大复兴的战略布局，我们必须正确看待我国目前所取得的成绩，戒骄戒躁、久久为功。

理性爱国，要求我们理性看待我国不同区域间的差别。我国领土面积较大，东西横跨从东五区到东九区五个时区，南北跨越从热带到寒温带五个温度带，全国各地的地形地貌特征、气候环境、历史人文等各不相同。因此，我们不能以单一固化的标准去看待全国不同区域，要看到我国的多样性和差异性，要允许各地方结合自身特点找到适合自身的产业类型和发展速度。尽管目前我国东部沿海较为发达，西部山区相对落后，但这不是一蹴而就能解决的，不可急于求成。因此，我们应坚持丰富性和多样性，对不同地方因地制宜发展自己给予认可和尊重，对不同地域的发展给予耐心和信心，并提供力所能及的支持。

理性爱国，要求我们理性看待我国与其他国家的差别。由于历史文化、地域特点等不同因素的限制，世界各个国家同样具有丰富多样性。各国的文化传统、民族性格、现实情况等各不相同，我们应该理性看待各国不同的经济发展方式、政治制度、社会组织形式等，这些差异跟每个国家不同的语言、风俗习惯等一样都是正常的、合理的。因此，我们应尊重各国人民做出的选择，不能轻视、贬低或仰视、崇拜他国的文化习俗、经济状况、政治制度和社会形态等。理性地分析差异，在此基础上找寻可以借鉴、学习的方面，进一步完善中国特色社会主义，坚定"四个自信"。

理性爱国，要求我们积极参与国家的各项活动，既不熟视无睹、惘然不顾，又不冲动妄为、激情粗暴。基于现实利益或历史原因，各国之间难免出现分歧、争端。这类时刻正是考验大家爱国是否理性的关键时刻。一方面，一个理性的爱国者不会认为个人的力量是有限的、无足轻重的，进而闭目遮耳将自己置身事外、不闻不问；另一方面，一个理性的爱国者也不会丧失理性、蛮横冲动，进而给国家或同胞造成更大的损失。

爱国需要理性。那些不理性的爱国言行只能加剧我们的内部矛盾，破坏团结氛围，妨碍我国的发展进程。我们正在进行具有许多新的历史特点的伟大斗争，必须更加巩固和发展最广泛的爱国统一战线，最大限度团结一切可以团结的力量。这是我们克服困难、夺取胜利的重要保证。①在实践行动中做到坚持爱国主义与爱社会主义相统一，维护祖国统一和民族团结，尊重和传承中华民族历史与文化，坚持立足民族又面向世界。积极参与到建设祖国、实现中华民族伟大复兴中国梦的实践中，将爱国内化于心、外化于行。

"暮色苍茫看劲松，乱云飞渡仍从容。"不管前进路上有何种风雨，外面的风云怎样变幻，关键是把自己的事情办好。爱国表现为在本职工作和学习中踏实努力，在日常事务中见精神。真正的爱国者，始终抱有强烈的主人翁意识，把每一个岗位都当作爱国的前线。②

6. 改革创新是引领时代发展的第一动力

中国特色社会主义已经进入新时代，为了实现"两个一百年"奋斗目标，加快实现中华民族伟大复兴的中国梦，必须将改革创新放在发展的核心位置。抓创新就是抓发展，谋创新就是谋未来。习近平总书记指出："创新是引领发展的第一动力。弘扬以改革创新为核心的时代精神，必须大力推进理论创新、制度创新、科技创新、文化创新以及其他方面的创新。"创新驱动已成为增强我国综合国力和国际竞争力的关键、决定我国发展前途命运的关键。创新驱动发展，改革驱动创新。创新驱动就是创新成为引领发展的第一动力。创新驱动是国家命运所系。创新强则国运昌，创新弱则国运殆。创新驱动是世界大势所趋。全球新一轮科技革命、产业变革加速演进，正在重塑世界竞争格局、改变国家力量对比。唯有勇立世界科技创新潮头，才能赢得发展主动权，为人类文明进步做出更大贡献。创新驱动是发展形势所迫。我国经济发展进入新常态，传统发展动力不断减弱，粗放型增长方式难以为继，必须依靠创新驱动打造发展新引擎，持续提升我国经济发展的质量和效益。

创新创造是中华民族最深沉的民族禀赋，是我们民族前进的精神动力之一。这一民族禀赋成就了我们辉煌灿烂的中华文明。尽管近代以来，由于与历次科技革命失之交臂，导致我国科技弱、国力弱，陷入被动挨打的境地。但自中华

---

① 爱国需要理性[EB/OL]. 环球网，[2008-04-23]，https://china.huanqiu.com/article/9CaKrnJkpap.
② 仲青平. 做新时代的理性爱国者——写在新中国成立70周年之际（下）[N]. 中国青年报，2019-09-26（1）.

人民共和国成立以来，创新创造在中国人民的伟大实践中迸发出了新的勃勃生机。目前，我们的改革开放面临着"啃硬骨头、涉险滩"等一系列重大挑战，更需要依靠全面创新，破除制约改革发展的思想障碍和制度藩篱，促进科技创新与理论创新、制度创新、文化创新等的持续发展和全面融合，打通科技创新和经济社会发展之间的通道，让一切劳动、知识、技术、管理、资本的活力竞相迸发，释放巨大的发展潜能，通过鼓励创新、引领创新，让创新在全社会蔚然成风。为此，党的十八大提出实施创新驱动发展战略，强调科技创新是提高社会生产力和综合国力的战略支撑，必须摆在国家发展全局的核心位置。党的十九大提出要加快建设创新型国家。2016年《国家创新驱动发展战略纲要》提出三步走战略目标：第一步，到2020年进入创新型国家行列，基本建成中国特色国家创新体系，有力支撑全面建成小康社会目标的实现；第二步，到2030年跻身创新型国家前列，发展驱动力实现根本转换，经济社会发展水平和国际竞争力大幅提升，为建成经济强国和共同富裕社会奠定坚实基础；第三步，到2050年建成世界科技创新强国，成为世界主要科学中心和创新高地，为我国建成富强民主文明和谐美丽的社会主义现代化国家、实现中华民族伟大复兴的中国梦提供强大支撑。①

为了激发改革创新活力，实施创新驱动发展战略，应坚持如下几项原则：首先，紧扣发展。坚持问题导向，面向世界科技前沿，面向国家重大需求，面向国民经济主战场，明确我国创新发展的主攻方向，在关键领域尽快实现突破，力争形成更多竞争优势。其次，深化改革。坚持科技体制改革和经济社会领域改革同步发力，强化科技与经济对接，遵循社会主义市场经济规律和科技创新规律，破除一切制约创新的思想障碍和制度藩篱，构建支撑创新驱动发展的良好环境。再次，强化激励。坚持创新驱动实质是人才驱动，落实以人为本，尊重创新创造的价值，激发各类人才的积极性和创造性，加快汇聚一支规模宏大、结构合理、素质优良的创新型人才队伍。最后，扩大开放。坚持以全球视野谋划和推动创新，最大限度用好全球创新资源，全面提升我国在全球创新格局中的位势，力争成为若干重要领域的引领者和重要规则制定的参与者。

习近平总书记强调："实施创新驱动发展战略，最根本的是要增强自主创新能力，最紧迫的是要破除体制机制障碍，最大限度解放和激发科技作为第一生产力所蕴藏的巨大潜能。面向未来，增强自主创新能力，最重要的就是要坚定不移走中国特色自主创新道路，坚持自主创新、重点跨越、支撑发展、引领未

---

① 摘自《国家创新驱动发展战略纲要》。

来的方针,加快创新型国家建设步伐。"①四个"最"集中概括了我国改革创新的具体路径。坚持自主创新要求我们解放思想、加强学习,做好基础研究,独立自主地开展创新工作,掌握创新主动权,激发创新思路和能力。把人才作为支撑发展的第一资源,以全球视野深化和推动科技创新,大力推进自主创新。既要坚持以我为主,又要坚持兼收并蓄,既要立足中国国情,又要尊重创新规律。所谓破除体制机制障碍,就是要调整一切不适应创新驱动发展的生产关系,从体制、机制、政策、服务、人才等方面加力,破除科技管理中的制度藩篱,统筹推进科技、经济和政府治理等三方面体制机制改革,最大限度解放和激发创新活力。解放和激发科技生产力要求我们克服因循守旧观念,强化改革创新意识,要有世界眼光、大局意识、进取精神和创新勇气,深入人民群众,深入实践,向人民群众学习,充分发挥人民群众的聪明才智。不断开拓进取,勇于创新,以创新把握机遇,以创新驱动发展,如此我国才能在新的征程上率先发展、走在前列。坚定不移走中国特色自主创新道路,解放思想、勇于创新,还要求提供政策资金支持和社会容错空间,敢于尝试、敢于失败。另外,做好知识产权、创新成果的保护和效益转化,提高社会创新积极性。

今天,我们比历史上任何时期都更接近中华民族伟大复兴的目标,比历史上任何时期都更有信心、有能力实现这个目标,而要实现这个目标,我们就必须坚定不移贯彻科教兴国战略和创新驱动发展战略,坚定不移走科技强国之路,坚持把改革创新作为引领时代发展的第一动力。

五、案例精选

1. 国家脊梁——钟南山

2019年末2020年初新冠肺炎疫情暴发,84岁高龄的他让大家别去武汉,自己却第一时间前往武汉。他是院士,也是战士。他就是"共和国勋章"获得者钟南山。疫情初期,他在武汉经常开会或调研到深夜,还需要多次往返于武汉、广州和北京以调查疫情、研讨疫情、汇报疫情。然而,钟南山仍然挤出时间接受《新闻1+1》等节目的采访或出席新闻发布会,以便通过媒体向社会传

---

① 习近平在中国科学院第十七次院士大会、中国工程院第十二次院士大会上的讲话[N]. 人民日报, 2014-06-10(1).

播科学的疫情防控措施，对公众及时准确地传递疫情相关信息。1月28日接受新华社采访时，钟南山谈及武汉抗疫时双眼满含泪水，他说："大家全国帮忙，武汉是能够过关的，武汉本来就是一个很英雄的城市。"这一幕更是感动和鼓舞了很多人。在许多人眼中，钟南山是正直、科学、敢言、权威的代表。此外，他还多次与多位国内外专家进行交流研讨，对世界各国的疫情发展态势和防控工作进行了解和指导。这让人回想起2003年的非典疫情。彼时67岁的钟南山是最早意识到这是一种新出现的疾病，最早接手病人并且制定出诊疗方案的人，被称为"抗击非典第一人"。广州非典疫情最严酷的时候，一句"把最危重的病人往我们医院送"成了人们对钟南山最深的印象之一。据此一"疫"，世界卫生组织高度评价钟南山是我国"公共卫生事件应急体系建设的重要推动者"。

英雄如钟南山，他的医生之路并不平坦。1936年10月钟南山生于南京，十岁时随父母迁居广州。父亲钟世藩是中国著名的儿科专家，母亲廖月琴是广东省肿瘤医院的创始人，家庭的熏陶让钟南山很早就立志成为一名医生。1955年，钟南山考入北京医学院，即现在的北京大学医学部。尽管如此，钟南山的医生事业起步比大多数人都晚。北京医学院毕业后，钟南山留校任教。直到1971年，35岁的钟南山离开北京回到广州，去了当时并不起眼的广州市第四人民医院，才成为一名正式的医生。此时的钟南山已经很多年没有真正行医了。

初到医院时，一位领导的话将钟南山打入了冷宫："钟南山已经36岁了，还搞什么外科？"于是，钟南山被安排到了医院急诊室。进入急诊室的钟南山，因毕业后没搞过临床，干得十分吃力。一次"咳血"与"呕血"的误诊让钟南山从迷茫中彻底惊醒，从此，他刻苦钻研技术，废寝忘食，每天工作到深夜。人变得越来越瘦，笔记却越来越厚。大约半年后，钟南山有了四大本医疗工作笔记，在急诊方面已经差不多是个熟手了。就在钟南山踌躇满志想在急诊方面继续钻研时，医院承担了组建慢支炎防治小组的工作。作为党员的钟南山响应号召去了慢支炎防治小组。因研究突出，钟南山获得了去英国公费留学的机会。

1980年1月6日，钟南山冒着毛毛雪雨来到爱丁堡大学附属皇家医院呼吸系，等待与他的导师弗兰里教授的第一次会见。见到面时，教授慢条斯理地转过身来，以一种奇异的眼神打量了一下面前这位来自中国的学生，用一种不冷不热的腔调说："你先看看实验室，参加查看病房，一个月后再考虑该做些什么吧！"第一次会见就这样短暂地结束了，总共不到10分钟。钟南山走出教授办公室，内心感到一种莫名的压抑，这种复杂的情绪一直伴随了他很久，直到钟南山真正完成了自己的诺言，以自己的行动为中国医生争到了荣誉。钟南山从浩瀚的资料分析中发现，呼吸生物实验室关于一氧化碳对血液氧气运输影响项目,不仅符合自己研究呼吸系统疾病的方向,而且正是指导老师弗兰里教授期待开展的项目。于是,他决定以此为突破点,主动出击。5月15日下午,弗兰里教授到实验室来考察时,对钟南山的研究成果感到十分惊讶,激动地说:"太好了,你不但证实了我多年来的设想,而且有了新的发现!"1980年9月,钟南山的研究报告在全英医学研究会议上宣读,一鸣惊人。研究扎实、讲究证据又敢讲真话的他,还挑战了学术权威。1981年9月6日,钟南山到剑桥参加会议。他走上讲台,以自己的实验为根据,有理有据地对克尔教授的文章做出了否定,用大量的实验数据和严密论证一一解答。最终,全场常委一致举手通过了这篇文章。会议主持人、英国临床研究中心麻醉科主任勒恩教授在做最后发言时表示:"我认为这位中国医生的研究是创造性的。我衷心地祝贺他的成功!"当钟南山走下讲台时,清楚地听到几位专家正在惊叹:"他来自中国!"1981年11月18日,钟南山毅然从伦敦学成飞返祖国。10多年过后,钟南山向学生提起:"在我将要回国的时候,导师的挽留的确使我心潮澎湃!但是,爱丁堡毕竟是英国的爱丁堡,而我来自中国,祖国正需要我,我的事业在中国!在经受了歧视,维护了自己和祖国的尊严后,我更能深深地体会科学家巴甫洛夫的话,'科学没有国界,但科学家却有国界'。"有次在《面对面》节目采访中,主持人问钟南山是否"关心政治",他说:"我们搞好自己的业务工作,以及做好防治,这本身就是最大的政治。每个人都有自己的政治。你在本职岗位上,能够做得最好,这个就是最大的政治。"[1]

【教学建议】本案例适用于"以爱国主义为核心的民族精神的深刻内涵""以改革创新为核心的时代精神的深刻内涵",以及"新时代爱国主义必须坚持立足民族又面向世界"三个重要知识点的讲解。

2. 黄大年的追梦人生

1978年春节刚过,黄大年拿到了大学录取通知书,全家人为之激动落泪,像做梦一样。2月下旬,从广西贵县出发经过4天的长途跋涉,黄大年来到长春开启了求学之路。1992年,黄大年获得"中英友好奖学金项目"的全额资助,赴英国攻读博士学位。出国前,黄大年坚定地对同学说:"我一定会把国外的先进技术带回来。"1996年获英国利兹大学地球物理学博士学位后,黄大年第一时间返回长春地质学院报到,兑现学成归国的承诺。不久,他又前往英国深造,

---

[1] 本案例摘选改编自:《钟南山,一个狠角色》,科普中国微信公众号,2020年3月31日;《钟南山战"疫"60天全记录》,人民日报微信公众号,2020年3月25日;《钟南山83岁了?!》,观察者网微信公众号,2020年1月22日;《钟南山,3次落泪》,南方都市报微信公众号,2020年3月1日。

在剑桥 ARKeX 航空地球物理公司任高级研究员 12 年，曾担任研发部主任等关键职务。他带领的研发团队被同行公认为国际上最优秀的团队之一，成果一直处于地球物理探测领域前列。

尽管黄大年一家在英国生活富足。妻子经营了一家诊所，女儿也学业有成。但他从未忘记对祖国的承诺。2009 年，国家启动"千人计划"。黄大年毅然放弃剑桥之畔处于巅峰的事业，说服家人，辞去职务回国。妻子在变卖苦心经营的诊所时失声痛哭。她是学医的，那是她一辈子的梦想。同事劝他留在英国会有更多成就，但黄大年感慨说必须回国。黄大年说："我是国家培养出来的，是从东北这块黑土地走出去的，吉林大学是我梦开始的地方，我就一定会回到这里！"

2009 年底，黄大年作为"千人计划"特聘专家，担任母校吉林大学全职教授，并被选为"国家深部探测专项高科技技术装备项目"首席科学家。他首推我国实物车载、舰载、机载和星载"快速移动平台探测技术"研发工作，突破国外技术封锁。这是世界科技强国竭力追求的核心技术，也是国家科技实力的重要标志。他负责的"深地探测仪器装备"项目实现重大突破，"地壳一号"的成功研发让我国实现了"挺进地心第一步"，成为世界上第三个具有地下万米大陆科学钻探专用设备和能力的国家。他带领 400 多名科学家创造了多项"中国第一"，使中国正式进入了"深地时代"。西方有媒体说：他的回国，让某国的航母演习舰队后退一百海里，推动中国深探事业用 5 年时间走完了发达国家 20 年的道路。

这些成果的取得并不容易。在外国长期对华封锁的情况下，中国想要在这些领域取得突破非常艰难。单在科技部一个航空重力梯度仪的项目上，黄大年就跑遍了与航空重力梯度仪研究相关的科研院所摸"家底儿"，然后把自己关进办公室。由于是入夏时节，黄大年经常穿着 T 恤衫、大短裤，坐在屋子中央，专注地在电脑上敲着字，核对数据；中午，大家去食堂，他盯着电脑喊一声"两个烤苞米"，没有烤苞米，他就从书包里掏出两个面包。晚上，别人都休息了，他坐着午夜航班出差，飞机上还在改 PPT……很多人不明白他为什么要这么拼，黄大年说："中国要由大国变成强国，需要有一批'科研疯子'，这其中能有我，余愿足矣！"

在续签"千人计划"合同时，黄大年提出：再延长两年，在吉林大学一直工作到退休。他说，这意味着我的后半生将全部奉献给我"大学梦"开始的地方。之后的黄大年更加拼搏，几乎是夜以继日地工作。"做一朵小小的浪花奔腾，呼啸加入献身者的滚滚洪流中推动历史向前发展"，这是黄大年入党志愿书中的夙愿，也是他一生追梦的真实写照。

2016年12月8日，从外地返回长春的黄大年住进了医院。然而，黄大年最终没能战胜病魔，58岁的人生戛然而止。黄大年的助手于平说："黄老师在吉林大学地质宫五楼的办公室，灯光通常一直会亮到深夜。如今我们再也看不到那灯光了，因为点亮它的人累了，想休息了，而且一狠心给自己放了一个没有期限的长假……"

习近平总书记对黄大年同志先进事迹的重要指示指出，黄大年同志秉持科技报国理想，把为祖国富强、民族振兴、人民幸福贡献力量作为毕生追求，为我国教育科研事业做出了突出贡献，他的先进事迹感人肺腑。习近平总书记强调，我们要以黄大年同志为榜样，学习他心有大我、至诚报国的爱国情怀，学习他教书育人、敢为人先的敬业精神，学习他淡泊名利、甘于奉献的高尚情操，把爱国之情、报国之志融入祖国改革发展的伟大事业之中、融入人民创造历史的伟大奋斗之中，从自己做起，从本职岗位做起，为实现"两个一百年"奋斗目标、实现中华民族伟大复兴的中国梦贡献智慧和力量。①

【教学建议】本案例适用于以爱国主义为核心的民族精神内容的讲解，尤其是"中国精神是民族精神与时代精神的统一""做忠诚爱国者"部分的讲解，以及以改革创新为核心的时代精神中"改革创新是时代要求"的讲解。

3. 为中国天眼而生——南仁东

"探索宇宙起源、天地起源和生命起源，它实际提供了一个极端物理条件的太空实验室。"南仁东生前心心念念的"它"，正是被誉为"中国天眼"的500米口径球面射电望远镜。当时罹患癌症的他，惦记的仍是望远镜早出成果，以"回馈国家，回馈公众"。

南仁东当年是吉林省高考理科状元，考入清华大学无线电系，后考取中科院研究生，从此奋战在天文领域。他"一辈子干成一件事"——擦亮探索和追问宇宙的"天眼"。他把一辈子献给了无线电，而且是最高深莫测的无线电——宇宙天体的射电信号。

南仁东与"中国天眼"的缘分始于1993年的国际无线电科学联盟大会。会上，科学家们提出要建造新一代射电望远镜，以接救更多来自外太空的讯息。南仁东跟同事们提出一个大胆的方案——在中国建造直径500米的世界最大单

---

① 本案例摘选改编自：《思想道德修养与法律基础实践教程》，中共中央党校出版社，2019：68-70页；《黄大年：愿得此生长报国》，新华网，2018年8月10日；《习近平对黄大年同志先进事迹作出重要指示》，《人民日报》，2017年5月26日，第1版。

口径射电望远镜。当时,中国最大的射电望远镜口径只有 25 米。

为了给中国的新一代射电望远镜找到一个最合适的台址,南仁东花了整整 12 年的时间,带着 300 多幅卫星遥感图,亲自率领团队跋涉在中国西南地区的大山里,先后对比了 1000 多个洼地。最终,他将目光锁定在贵州省的一个喀斯特洼坑,也就是"中国天眼"现处的位置。选好地址,南仁东正式提出了利用喀斯特洼地建设射电望远镜的设想。但他知道,这种大工程的立项非常艰难。不立项就没有钱,没有钱就没有团队。有那么几年时间,南仁东成了一名"推销员",大会小会,中国外国,逢人就推销自己的大望远镜项目,寻求合作单位。"我开始拍全世界的马屁,让全世界来支持我们。"他一度这样自嘲。每一步都关乎项目的成败,他的付出有时甚至让学生们觉得"太过努力了"。连夜要赶项目材料,课题组几个人就挤在南仁东的办公室,逐字逐句推敲,经常干到凌晨。汇报项目是每一个课题首席科学家面临的题目,南仁东每次至少提前一个小时到达会场。

前期工作结束后,南仁东团队又迎来一个巨大挑战——索网疲劳问题。2010 年,他们对已有钢索进行组网结构疲劳试验,均以失败告终。现有索网无法满足工程的使用要求,工程建设却又迫在眉睫。对南仁东而言,这是一个完全陌生的领域,可核心技术根本买不到,唯一的办法就是自主研发。两年时间里,南仁东废寝忘食,和研究团队先后做了 10 多种方案,历经近百次的失败,最终才打赢这场艰苦卓绝的技术攻关战,研制出满足工程要求的钢索结构。FAST 索网是世界上跨度最大、精度最高的索网结构,也是世界上第一个采用变位工作方式的索网体系。同时,他们还自主研制出轻型索驱动的并联机器人——FAST 馈源舱,实现望远镜接收机的高精度指向跟踪。

从推动中国参与建造新一代射电望远镜,到力主中国自主建造最大最灵敏的射电望远镜,南仁东毅然放弃国外优厚的科研条件和薪水,回国主持望远镜预研究。从选址、论证,到设计、建设,身为首席科学家兼总工程师的南仁东,事事亲力亲为,一干就是 22 年。2016 年 9 月 25 日,"中国天眼"落成启用。"天眼"的科学目标是南仁东编订的,工程关键技术研究及试验都离不开他的指导。别人送他"天才"的帽子,他却跟同事说:"你以为我是天生什么都懂吗?其实我每天都在学。"在他的助理姜鹏看来,术业有专攻,在 FAST 项目里,有人不懂天文,有人不懂力学,有人不懂金属工艺,有人不会画图,有人不懂无线电。"这几样你能懂一两个就算不错了,但偏偏南老师几乎都懂。"

中国 500 米口径球面射电望远镜在设计时充分利用了贵州独一无二的天然喀斯特洼地地形的优势,它的设计综合体现了我国高技术创新能力。它将在基础研究领域提供众多发现和突破的机遇，也将推动众多高科技领域的发展。同时，建造这座望远镜也开创了建造巨型射电望远镜的新模式。在未来的20至30年中都将保持世界领先地位，成为世人瞩目的宏伟科学景观。

洪亮的嗓音已经变得嘶哑，曾跑遍大山的双腿也不再矫健。72岁的南仁东，把仿佛挥洒不完的精力留给了"中国天眼"——世界最大口径的射电望远镜FAST。某种程度上，他成就了FAST，FAST也成就了他。在FAST现场，人们能由衷感受到"宏大"两个字的含义。2017年9月15日，72岁的南仁东永远闭上了眼睛。2018年9月25日，天上多了一颗"南仁东星"。[①]

【教学建议】本案例表现了爱国情怀和创新精神，适用于"中国精神是民族精神和时代精神的统一"以及"改革创新是时代要求"内容的讲解，也有利于增强学生体悟"做改革创新生力军"的学习内容。

4. 众志成城、共同抗疫

春节，是中华民族最隆重的节日。正当中华大地准备迎接庚子新年之际，一场新型冠状病毒肺炎疫情逐渐席卷全国。生命重于泰山，疫情就是命令，防控就是责任。抗击疫情期间，我国涌现出了无数在各行各业平凡又不平凡的英雄。天津市医疗战线便是其中的重要力量。他们拧成一股绳，拼尽全力守护人民安全健康。

1月24日，随着武汉医疗队伍不断告急，天津市委、市政府部署支援武汉相关工作。一时间，天津市广大医务人员争相请战奔赴武汉。天津医科大学总医院党委发布了致全院干部职工的动员令，第一中心医院各科室带头人连夜手写请战书。据不完全统计，截至1月25日午间，总医院1100余名党员、3500余名医院职工第一时间报名请战，组建起首批医疗队伍；一中心医院驰援武汉首批医疗队也集结完毕，待命出发；还有众多医疗机构在动员中获得积极响应。全国医务工作者们一同逆行而上，奔向疫情最前线。他们坚守岗位、夜以继日，用"中国速度"与疫情赛跑。每一位"逆行者"也是普通人，只是在国家需要的时候，他们毅然挺身而出。天津总医院相关科室负责人说："接到抽调医护人员组建医疗队的通知，我一个一个打电话询问大家有没有负担、困难，大家都说没有，其实谁家里没有个妻儿老小，大过年的谁不想和家人在一起，但大家

[①] 本案例摘选改编自：《思想道德修养与法律基础实践教程》，中共中央党校出版社，2019：71-72页；《南仁东：世界最大射电望远镜可观测更大宇宙空间》，中国新闻网，2011年12月16日；《"中国天眼"就像为他而生：南仁东的24载"天眼"梦》，新华网，2017年9月9日；《南仁东：为"中国天眼"而生》，新华网，2019年1月4日。

依然愿意站出来。"天津市第一中心医院重症医学科医生李寅表示："作为医生，在疫情来临时保卫人民健康，是我们责无旁贷的责任和使命；作为党员，在危急时刻听从国家召唤，是我们应尽的义务和担当。我相信一定会圆满完成任务，在生与死之间为患者筑起一道坚固的防线。"①

  身为天津第一批支援湖北医疗队领队的陆伟被称为武汉战"疫"中的天津"拓荒者"。54 岁的陆伟身为领队，压力可想而知。眼前是武汉人民的眼睛，身后是天津父老的眼睛，都在盯着他带领的这支由 32 家医疗机构的精兵强将组成的医疗队。陆伟不敢懈怠，从到武汉那天起，他就一直在高度紧张的状态下"熬着"。"与病魔较量，需要定力。"他说。17 年前，他曾指挥过一支团队在天津市武警医院出色完成了对"非典"的阻击战。现在他再次担当领队。当然，他还有另一个身份——天津医科大学肿瘤医院党委书记兼肝癌治疗中心主任。初到武汉，他们负责接管武汉钢铁集团第二职工医院（简称"武汉二院"）。一进医疗大楼，陆伟和身边的医疗队员就傻眼了。这是一座四层大楼，一楼大厅空空荡荡，二楼以上的病房除了床架什么也没有。很多窗户没有玻璃，有的门上没有把手，灰尘满地，还有垃圾。这是医院？在这种地方收治新冠肺炎患者？陆伟有点火了，问陪同的武汉二院的一位领导："这地方连起码的卫生条件都没有，怎么收治患者？"院领导苦笑着说，这是武汉二院的专科门诊楼，是当年为抗击"非典"修建的，已经闲置 10 多年了。面对这一局面，陆伟赶紧召开党支部会议，他说："现在形势紧迫，明天要接受患者，我要求，包括支委在内的全体共产党员要冲锋在前！"1 月 27 日，陆伟和他的团队就已经在那座废弃的大楼里打造"生命方舟"收治病人了。超过 50 名患者是在 1 月 27 日夜间住进去的，只有两名护士值守，连防护措施都没有。由于缺少防护，修理门窗、清扫卫生的工人不能进去病区。医疗队支委、护理组和院感组组长王莹回忆说："你想象不到当时的紧迫感。我们接了一个空壳，只有楼房和患者。我们一边打扫卫生，一边登记收治患者。这好比一边阻击敌人，一边挖着战壕。"刚开始的几天，整个医疗队在简陋的医疗环境和紧缺的医疗资源条件下，同新冠肺炎疫情展开了一场短兵相接的遭遇战。几天后，天津市第二批支援湖北医疗队增援武汉二院，天津紧急调运的医疗防护物资陆续抵达，武汉疫情防控指挥部调拨的 CT 机、呼吸机等设备也陆续送了进来。截至 2020 年 2 月 25 日，他们从一座破楼起家，共收治患者 233 例，治愈 105 例，全体医护人员"零感染"，被称

---

① 天津市医务人员争相请战奔赴武汉抗击疫情一线[EB/OL]. 滨海网，[2020-01-26]. http://www.tjbh.com/c/2020-01-26/576035.shtml.

为"拓荒者"。①

中央军事委员会主席习近平签署的嘉奖军队执行新冠肺炎疫情防控任务全体人员的通令中指出，新冠肺炎疫情发生后，全军部队坚决贯彻党中央、中央军委决策号令，闻令而动、勇挑重担，不负重托、不辱使命，为打赢疫情防控的人民战争、总体战、阻击战做出突出贡献。广大医务人员义无反顾、坚韧不拔、日夜奋战、敢打硬仗，同时间赛跑、与病魔较量，发挥了抗疫斗争的中流砥柱作用。科研人员迎难而上、争分夺秒，全力以赴展开应急科研攻关，为疫情防控提供坚强有力科技支撑。担负组织协调、运输投送、安保警戒、勤务保障等任务人员日夜值守、不辞辛劳、同心协力、全力保障，铸就了疫情防控的坚强后盾。②中华民族是从艰难困苦中走过来的，中国有信心、有能力、有把握打赢这场疫情防控阻击战。③世界各国命运休戚与共，深化抗击疫情国际合作、共筑人类卫生健康共同体，始终是中国抗疫工作的重要组成部分。④我们坚决维护中国人民生命安全和身体健康，也坚决维护世界各国人民生命安全和身体健康，努力为全球公共卫生安全做出贡献。⑤习近平总书记指出："在这场同严重疫情的殊死较量中，中国人民和中华民族以敢于斗争、敢于胜利的大无畏气概，铸就了生命至上、举国同心、舍生忘死、尊重科学、命运与共的伟大抗疫精神。"

【教学建议】本案例适用于以爱国主义为核心的民族精神的深刻内涵、以改革创新为核心的时代精神的深刻内涵两部分的讲解。

5. 华为的创新之路

2019年12月15日，中央广播电视总台主办了"2019中国品牌强国盛典"活动，华为获得了"2019中国品牌强国盛典年度荣耀品牌"的殊荣。华为凭借对科技创新的追求，在5G时代实现了对世界领先水平的追赶与超越，也让中国品牌在高端手机领域占据了一席之地。华为领先全球的5G技术芯片，在指

---

① 中共天津市委宣传部. 谁是新时代最可爱的人——津门战"疫"的平凡英雄[M]. 天津：百花文艺出版社，2020：16-22.
② 中央军委主席习近平签署通令嘉奖军队执行新冠肺炎疫情防控任务全体人员[N]. 人民日报，2020-04-18（1）.
③ 习近平会见柬埔寨首相洪森[EB/OL]. 新华网，[2020-02-05]. http://www.xinhuanet.com/politics/leaders/2020-02/05/c_1125535664.htm.
④ 马晓伟. 深化抗击疫情国际合作共筑人类卫生健康共同体[J]. 求是，2020（8）.
⑤ 习近平给比尔·盖茨回信[EB/OL]. 新华网，[2020-02-22]. http://www.xinhuanet.com/politics/leaders/2020-02/22/c_1125609241.htm.

甲盖大小的面积里排布了 103 亿颗晶体管，勇夺 6 项世界第一。中国华为，再次彰显其业界的影响力和先进的研发制造能力。

华为公司成立于 1987 年，创业仅仅 33 年便已成为中国经济强劲增长的一个典型榜样。从交换机到数字通信，从 2G 到 5G，华为的创新成绩不断刷新业界传奇。一个完全意义上的民营公司，能够在 30 多年内快速成长为全球通信行业的领导者，主要依靠的是什么？就是创新驱动。"创新"促使华为从一个弱小的、没有任何背景支持的民营企业快速地成长为全球通信行业的领导者。"长期坚持艰苦奋斗"是中国共产党的口号，是中华民族的传统精神。我们民族在几千年历史中历经磨难，依然能够在世界上有伟大的地位，很重要的一点就是，我们是一个奋斗的民族。华为之所以有今天，相当重要的一点，就是这个组织有一种强大的奋斗精神，即个体和群体的奋斗精神。

具体来说，华为的创新成功主要归于如下三点：

首先，华为拥有广泛的来自全球各地的科研创新人才，把科研中心建立在战略资源聚集的地方，开放式创新，站在巨人的肩膀上发展。这是华为实现今天和未来全球领先的核心要素之一。除中国外，华为在全球拥有 19.4 万员工，39 个创新中心，16 个研究所，主要分布在日本、美国、加拿大、俄罗斯、印度等。它的产品和服务遍及 170 多个国家，服务了全球 30 多亿人口。这么做就是要充分运用不同区域的资源要素优势。华为从来不是闭门造车，而是开放的创新，站在巨人的肩膀上去发展。在产业界，华为是创新的符号；在全世界，华为是中国的印记；在品牌市场，华为是难得的传奇！①

其次，华为之所以成为全球通信行业的领导者，关键还在于不在非战略竞争点上消耗战略竞争力量。华为至今没有做过资本化的运营，既不是上市公司，也没有做过任何规模性的并购；没有做过一寸房地产，也没有在资本市场、二级市场上有任何经营。这既有利于华为集中资源攻坚科研难点，又有利于华为自己决定发展战略，尤其是可以始终坚持客户需求导向。华为的科技思想研究者中有一群"科技外交家"，这个群体的科学家们每年必须拿出三分之一或者更多的时间，到全球大学或者高端科学论坛，与全球顶级科学家喝咖啡，目的是对不确定的未来进行前瞻。然后，这些人要把全球的新技术、新思想带回来，再召开不同形式的战略务虚会。在务虚会的层面上进行多路径的技术方向研究和探索。之后交给科学家或工程商人，要把经过战略务虚之后的技术方向，通

---

① 从 2G 到 5G 华为的创新成绩不断刷新业界传奇[EB/OL]. 央视网，[2019-12-17]. http://news.cctv.com/2019/12/17/ARTI6QC8i4mI4N5k628EOnoD191217.shtml.

过数学、工程的路径，变成面向客户需求的前瞻性的引导。再与 5000 多名聆听客户声音的高级专家反映的客户需求相结合，最终形成开发目标。这就是理想主义与现实主义结合的研发系统。

最后，华为正是清醒地意识到知识产权和法律遵从在全球化中的重要性，才获得了今天的成功。目前，华为的销售收入来自全球 170 多个国家，65%以上来自中国以外。全球化其实是极其复杂的国家实力的较量，这其中相当重要的一点就是知识产权的冲突。为此，华为早在 2003 年就提出用 5 年时间构建自己的知识产权体系。这个体系建设可以分两部分：一部分是大量普通专利的申请，用于专利互换，并形成对核心专利的拱卫。另一部分是形成自己的大专利，到 2008 年初，华为核心专利和无数普通专利构成的专利体系，终于形成了和竞争对手平等谈判的基础。申请专利固然重要，但关键与前提是对研发进行持续投入。华为有一条铁的原则，即必须将年销售额的 10%投入研发中，近两年的研发投入则高达 12%—14%。连续几年，华为的全球专利申请都排名前三。

华为曾用一双芭蕾舞者的脚来作为自己的全球形象广告：一只脚是光鲜的，另一只脚却伤痕累累。这代表华为成功的背后是艰苦的拼搏和巨大的付出。①

【教学建议】本案例适用于思想道德修养与法律基础课程第三章第三节中"改革创新是时代要求和做改革创新生力军"部分的教学。

6. 薪火相传的载人航天精神

随着北斗三号全球卫星导航系统建成开通以及"天问一号"发射升空，我国航天事业再次取得了重大突破。2016 年 4 月 24 日，习近平总书记在首个"中国航天日"到来之际做出重要指示：探索浩瀚宇宙，发展航天事业，建设航天强国，是我们不懈追求的航天梦。从 1956 年中国创立自己的航天事业，经过几代航天人的接续奋斗，我国航天事业创造了以"两弹一星"、载人航天、月球探测为代表的辉煌成就，走出了一条自力更生、自主创新的发展道路，积淀了深厚博大的航天精神。载人航天精神是中华民族优秀传统与航天实践相结合的产物，是以爱国主义为核心的民族精神和以改革创新为核心的时代精神的生动体现。

中国载人航天事业取得的辉煌成就，凝聚着几代航天人的艰辛奉献。长期以来，广大航天工作者默默承受着常人难以承受的困难和压力，不计个人得失，

---

① 本案例摘选和改编自：《华为是如何创新的？》，搜狐网，2019 年 4 月 6 日；《从 2G 到 5G 华为的创新成绩不断刷新业界传奇》，央视网，2019 年 12 月 17 日。

不求名利地位，以苦为乐，无怨无悔，甘当无名英雄。他们为航天事业奉献了青春年华和聪明才智，书写了许许多多可歌可泣的感人事迹。中国的航天工业起步晚、基础薄，起初相比美苏而言有着几十年的差距。1958年中央军委决定在甘肃酒泉设立特种工程指挥部，陈士榘上将率领十万大军开进了广袤无垠的戈壁滩。在盛夏地表温度达五六十摄氏度、严冬气温至零下30多摄氏度的罗布泊戈壁上，5000多名工程兵日夜苦战。中华人民共和国成立初期，国家物资极度匮乏，缺乏承担复杂运算任务的大型计算机，大部分的航天发射的公式计算只能靠专人手工完成。在这样艰苦的条件下，航天工程师们从未放松过要求，每一项航天数据都必须经过三次验算，确保万无一失。1970年4月24日，中国成功发射第一颗完全自主研制的人造地球卫星"东方红一号"，一曲《东方红》唱响世界。中国成为继苏、美、法、日之后第五个把卫星送上天的国家，正式成为"太空俱乐部"的一员。

1992年9月21日，我国航天事业迎来了一个新的起点——中央决策实施载人航天工程。载人航天工程，汇集了当今世界最顶尖的高新技术，具有极高的风险性和挑战性，不仅需要雄厚的经济实力和强大的科技实力做支撑，还需要巨大的精神力量来推动。经过科技人员刻苦攻关，中国载人航天器的可靠性堪称世界第一，发射飞船的"长征二号F"型火箭可靠性达到0.97，而安全性更是达到了0.997，远高于其他国家水平。至今，我国航天事业已经走过了64个年头。在攀登这座现代科技高峰的征程中，传统航天精神被继承和发扬，铸就了新的载人航天精神。航天科技工作者身上表现出来的强烈的使命感和事业心、爱国主义精神和奉献精神，是航天事业不断取得胜利的精神动力。

一代代航天人不忘初心、接续奋斗，谱写了我国航天事业发展的壮美篇章，也浇筑起了"载人航天精神"——这种精神，代表着"特别能吃苦"。中国航天人始终以人民利益为最高利益，以苦为荣，以苦为乐——这种精神，代表着"特别能战斗"。一代又一代的航天人直面困难，从不言弃，"甘愿为载人航天事业奋斗终生"是他们的信条——这种精神，代表着"特别能攻关"。我们突破了"卫星上天""卫星回收""一箭多星""地球同步""载人航天"等难关，洒下了航天人登攀的汗水——这种精神，代表着"特别能奉献"。航天人将"一切为了祖国，一切为了成功"写在了浩瀚的宇宙里，也将自己的名字镌刻在无垠的太空中。今天的航天人，年轻、朝气、充满活力。以中国空间技术研究院为例，院内技术团队平均年龄在35岁以下，型号研制一线人员，青年比例超过70%。这些年轻的航天工程师们继往开来，继承和发扬着伟大的航天精神，担负着当代航天事业的艰巨使命。他们当中涌现出了如"交会对接团队""嫦娥团队""北斗团队"以及新时期扎根三线的"大巴山八百壮士"等为代表的一大批先进集体。

风雨兼程一甲子,经过几代航天人的接续奋斗,我国航天事业取得了长足的进步,走出了一条自力更生、自主创新的发展道路,辉煌的业绩赢得了全世界的尊重。大国重器必须掌握在自己手里。当年,"两弹一星"挺起了中华民族的脊梁。今天,中国载人航天工程成为助力中国外交、彰显国际地位的一张名片。载人航天精神是中国精神的生动体现,是红船精神、井冈山精神、延安精神、"两弹一星"精神、抗震救灾精神的光荣传承,是我们党、国家和人民的宝贵精神财富,永远值得全国人民认真学习和大力弘扬。

党的十八大以来,"载人航天精神"激励着新一代的航天人继续迈着奋进的步伐。一系列普惠民生的航天重大工程为大家绘出航天高科技支撑美好生活的画卷:"北斗"帮你导航,在万米高空的飞机里上网打电话也不再是梦想。"互联网+卫星应用"战略性新兴产业孕育发展,有望成为新的经济增长点,在空间科学探索中国有望取得新的重大突破。新形势下,我们要不断赋予"载人航天精神"新的时代内涵。中国航天人将继续发扬航天精神,在重点领域集中力量克难攻坚,在关键核心技术上取得突破,推动我国由航天大国向航天强国迈进,不断开创中华民族伟大复兴的新局面。①

【教学建议】该案例适用于"以爱国主义为核心的民族精神"和"以改革创新为核心的时代精神"部分的教学,尤其可以加深学生体会"做忠诚的爱国者"和"做改革创新的生力军"两部分的内容。

六、教学活动建议

1. 制作微课

组织学生制作本章教学内容相关的主题微课。如针对"重精神是中华民族的优秀传统"和"爱国主义的基本内涵"部分,提前一次课安排给学生,让学生结合自己的照片或互联网音视频制作五分钟左右的微课,以展示自己家乡的

---

① 本案例摘选和改编自:《薪火相传,载人航天精神新征程》,光明网理论频道,2019年7月20日;谭智俊,《载人航天精神的由来与发展》,《人民政协报》,2017年3月16日,第9版;丁建庭,《厚积载人航天精神》,《南方日报》,2018年4月25日,第2版。

美景，并介绍当地景点或名人的传说故事等。下次上课时同学们在课堂集中展示，以此激发学生对祖国大好河山和文化的热爱。此部分可按课堂表现环节总评分的 10% 来具体赋分。

2. 课堂讨论

组织学生对思想道德修养与法律基础课程第三章"民族精神与时代精神的关系""弘扬爱国主义如何坚持立足民族又面向世界""如何做改革生力军"等问题开展课堂讨论，也可以围绕具体案例进行。所选案例，一要与本章教学内容有密切关联；二要贴近时代、贴近实际、贴近生活、贴近学生；三要具有典型性并兼顾趣味性，以利于增强教学效果。教师可通过课堂通知或课外线上通知方式提前布置课堂讨论题，通过线上或线下方式提供与课堂讨论相关的阅读材料。讨论形式建议按照实际学生数合理分组，各组完全自由讨论后每组派一名代表发言。教师要注意做好课堂讨论的主持和引导，并做好讨论情况的总结和点评。此部分可按课堂表现环节总评分的 20% 来具体赋分，发言的同学可酌情加分。

3. 校内外参观考察

结合本章教学，组织学生参观校史展览，进行校内外爱国主义教育基地参观、相关企事业单位、街道社区等考察活动。要求参观结束后以小组为单位或全体学生每个人撰写参观考察体会总结。教师应提前做好与参观考察目标单位的对接。校外参观考察还要注意做好安全教育，做好交通、食宿等安排。教师可据实际情况要求学生在参观后的一周或一次课的间隔时间内写完并提交参观考察体会和总结。教师按百分制打分后挑选三到五份优秀成果在课堂进行汇报展示和讲评。本部分可按课堂表现分或专门的实践分来酌情赋分，由卷面百分制直接换算即可。

校内参观考察依各校具体情况而选。校外参观考察有如下选择：
① 周恩来邓颖超纪念馆；
② 平津战役纪念馆；
③ 中共天津历史博物馆；
④ 天津市烈士陵园；
⑤ 大沽口炮台遗址。

4. 编演情景剧

组织学生编演本章教学内容相关的情景剧，如中国精神相关的历史事件、人物故事或国内外热点事件等。教师本人要对情景剧的编演给予必要的指导，一般可在开课前三次课进行任务分派，由学生自由组队，要求每个自然班分为 1 到 3 组，并做到所有人都参与。由教师根据进度决定学期中或学期末的某个课外时间进行集中展演，具体时间、地点由教师自主确定。评审可由所有各组表演队互评，教师负责汇总最终成绩并口头或实物表彰。

第四章　践行社会主义核心价值观

一、教学目标

1. **知识目标**：使学生了解社会主义核心价值观的提出过程，认识社会主义核心价值观与社会主义核心价值体系关系，把握社会主义核心价值观的基本内容，理解社会主义核心价值观的重大意义；理解坚定社会主义核心价值观自信的历史、现实和道义依据；认识大学生学习和践行社会主义核心价值观的意义和方法。

2. **价值目标**：引导学生形成社会主义核心价值观与社会主义核心价值体系紧密联系、相互依存、相辅相成的观念，确立社会主义核心价值观是当代中国发展进步精神指引的观念；确立社会主义核心价值观具有丰厚历史底蕴、坚实现实基础、强大道义力量，坚定的核心价值观自信是中国特色社会主义道路自信、理论自信、制度自信和文化自信之价值内核的观念；确立大学生必须做社会主义核心价值观坚定信仰者、积极传播者、模范践行者的观念。

3. **能力目标**：帮助学生增强对社会主义核心价值观基本内容和重大意义的认识和理解能力，提升对社会主义核心价值观历史底蕴、现实基础、道义力量的认识和把握能力，增进社会主义核心价值观的学习和践行能力。

4. **素养目标**：教育和引导学生形成对社会主义核心价值观的高度认同和坚定自信，自觉做社会主义核心价值观的坚定信仰者、积极传播者、模范践行者。

二、内容提要

核心价值观是一定社会形态、社会性质的集中体现，在一个社会的思想观念体系中处于主导地位，体现着社会制度、社会运行的基本原则和社会发展的基本方向。社会主义核心价值体系与社会主义核心价值观紧密联系，互为依存，相辅相成。社会主义核心价值观是社会主义核心价值体系的精神内核，体现了社会主义核心价值体系的根本性质和基本特征,反映了社会主义核心价值体系的丰富内涵和实践要求,是社会主义核心价值体系的高度凝练和集中表达。同时,社会主义核心价值观与社会主义核心价值体系具有内在的一致性,都体现了社会主义意识形态的本质要求,体现了社会主义制度在思想和精神层面的质的规定性,是建设中国特色社会主义现代化强国、实现中华民族伟大复兴中国梦的价值引领。社会主义核心价值观把涉及国家、社会、公民的价值要求融为一体,是对我们要建设什么样的国家、建设什么样的社会、培育什么样的公民等重大问题的深刻解答。社会主义核心价值观的主要内容是富强、民主、文明、和谐,自由、平等、公正、法治,爱国、敬业、诚信、友善。社会主义核心价值观是当代中国发展进步的精神指引,表现在社会主义核心价值观是坚持和发展中国特色社会主义的价值遵循,是提高国家文化软实力的迫切要求,是增进社会团结和谐的最大公约数。

坚定的核心价值观自信,是中国特色社会主义道路自信、理论自信、制度自信和文化自信的价值内核。社会主义核心价值观丰厚的历史底蕴、坚实的现实基础、强大的道义力量为坚定核心价值观自信提供了充分的理由。中华优秀传统文化是涵养社会主义核心价值观的重要源泉。社会主义核心价值观,是对中华优秀传统文化的继承和升华,赋予中华优秀传统文化以新的时代内涵;中国特色社会主义建设是社会主义核心价值观的实践根据。社会主义核心价值观生成于中国特色社会主义建设实践,同当今中国最鲜明的时代主题相适应,是当代中国精神的集中体现,是中国特色社会主义本质规定的价值表达。中国特色社会主义建设也以无可辩驳的事实生动展示着社会主义核心价值观的生机活力。同时,中国特色社会主义建设的新推进,也不断为社会主义核心价值观注入丰富而鲜活的时代内涵,提出弘扬和践行社会主义核心价值观的新任务新要求,并为社会主义核心价值观的弘扬和践行提供了广阔空间及有力的物质基础、制度保障和相应条件;社会主义核心价值观以其先进性、人民性和真实性而居于人类社会的价值制高点,具有强大的道义力量。社会主义核心价值观的先进性,体现在它是社会主义这一人类最为先进制度所坚持和追求的核心价值理念。社会主义核心价值观的人民性体现在它所代表的是最广大人民的根本利益,反映的是最广大人民的价值诉求,引导着最广大人民为实现美好社会理想而奋斗。社会主义核心价值观的道义力量还源于它的真实性。人民当家作主的社会主义制度,为社会主义核心价值观的真正实现奠定了根本的制度前提和制度保障,使得自由、民主、公正等价值观成为真切、具体、广泛的现实。

在全社会培育和弘扬社会主义核心价值观,需要大学生始终走在时代前列,成为社会主义核心价值观的坚定信仰者、积极传播者、模范践行者。青年的价值取向决定了未来整个社会的价值取向，而青年又处在价值观形成和确立的关键时期，离不开正确价值观的引领，抓好这一时期的价值观养成十分重要。大学生要坚持由易到难、由近及远，从现在做起，从自己做起，努力把核心价值观的要求变成日常的行为准则，形成自觉奉行的信念理念，并身体力行。在培育和弘扬的过程中下好落细、落小、落实的功夫，切实做到勤学、修德、明辨、笃实，把社会主义核心价值观内化为精神追求，外化为自觉行动。

三、教学重点

1. 社会主义核心价值观是当代中国发展进步的精神引领。
2. 坚定社会主义核心价值观自信。
3. 做社会主义核心价值观的积极践行者。

四、思想理论要点阐释

1. 社会主义核心价值观的提出过程

2006年10月，党的十六届六中全会第一次明确提出了"建设社会主义核心价值体系"的重大命题和战略任务，明确提出了社会主义核心价值体系的内容，即马克思主义指导思想、中国特色社会主义共同理想、以爱国主义为核心的民族精神和以改革创新为核心的时代精神、社会主义荣辱观，并指出社会主义核心价值体系是建设和谐文化的根本，要坚持以社会主义核心价值体系引领社会思潮，尊重差异，包容多样，最大限度地形成社会思想共识，形成全民族奋发向上的精神力量和团结和睦的精神纽带。社会主义核心价值体系在中国整体社会价值体系中居于核心地位，发挥着主导作用，决定着整个社会价值体系的基本特征和基本方向，为社会主义核心价值观的凝练和提出提供了基础和前提条件。

2007年10月，党的十七大首次将建设社会主义核心价值体系纳入报告中，提出建设社会主义核心价值体系、增强社会主义意识形态的吸引力和凝聚力的要求。党的十七大报告指出："社会主义核心价值体系是社会主义意识形态的本质体现",要"切实把社会主义核心价值体系融入国民教育和精神文明建设全过程,转化为人民自觉追求","积极探索用社会主义核心价值体系引领社会思潮的有效途径,主动做好意识形态工作,既尊重差异、包容多样,又有力抵制各种错误和腐朽思想的影响"。此后,中共中央加大了对社会主义核心价值体系的宣传和教育,思想界和学术界掀起了研究社会主义核心价值体系的高潮。

2011年10月,党的十七届六中全会提出,社会主义核心价值体系是兴国之魂,是社会主义先进文化的精髓,决定着中国特色社会主义发展方向。必须把社会主义核心价值体系融入国民教育、精神文明建设和党的建设全过程,贯穿改革开放和社会主义现代化建设各领域,体现到精神文化产品创作生产传播各方面,坚持用社会主义核心价值体系引领社会思潮,在全党全社会形成统一指导思想、共同理想信念、强大精神力量、基本道德规范。要坚持马克思主义指导地位,坚定中国特色社会主义共同理想,弘扬以爱国主义为核心的民族精神和以改革创新为核心的时代精神,树立和践行社会主义荣辱观。

2012年11月,党的十八大报告明确提出"三个倡导",即"倡导富强、民主、文明、和谐,倡导自由、平等、公正、法治,倡导爱国、敬业、诚信、友善,积极培育社会主义核心价值观","三个倡导"分别从国家层面、社会层面和个人层面高度凝练和概括了社会主义核心价值观的基本内容。这一内容作为美好的价值目标,展现着人们为之奋斗的前景与指向,激励着人们奋勇前行;作为基本的价值尺度,为人们提供了衡量各项建设事业得失成败的重要依据,引导着社会的发展航向;作为明确的价值规范,确立了党和国家、全体社会成员应当遵循的行为准则。社会主义核心价值观是社会主义核心价值体系的内核,深刻揭示了社会主义核心价值体系的内涵,体现了社会主义核心价值体系的根本性质和基本特征,反映出社会主义核心价值体系的丰富内涵和实践要求。

2013年12月,中共中央办公厅印发《关于培育和践行社会主义核心价值观的意见》,从六个部分论述了培育和践行社会主义核心价值观的相关问题。第一,培育和践行社会主义核心价值观,是推进中国特色社会主义伟大事业、实现中华民族伟大复兴中国梦的战略任务。必须高举中国特色社会主义伟大旗帜,以邓小平理论、"三个代表"重要思想、科学发展观为指导,深入学习贯彻党的十八大精神和习近平总书记系列讲话精神,培育和践行社会主义核心价值观。同时,要坚持以人为本的原则。第二,把培育和践行社会主义核心价值观融入国民教育全过程。要从小抓起、从学校抓起,要拓展青少年培育和践行社会主义核心价值观的有效途径,注重发挥社会实践的养成作用。建设师德高尚、业务精湛的高素质教师队伍,做学生成长的引路人。第三,把培育和践行社会主义核心价值观落实到经济发展实践和社会治理中，依靠法治和制度增强人们培育和践行社会主义核心价值观的自觉性。第四，要加强社会主义核心价值观宣传教育。用社会主义核心价值观引领社会思潮、凝聚社会共识，发挥新闻媒体的主渠道作用，建设网上传播阵地，发挥精神文化产品育人化人的重要功能。第五，开展涵养社会主义核心价值观的实践活动，广泛开展道德实践活动、雷锋志愿服务活动、群众性精神文明创建活动等。第六，加强对培育和践行社会主义核心价值观的组织领导。各级党委和政府要充分认识培育和践行社会主义核心价值观的重要性，党员、干部要做培育和践行社会主义核心价值观的模范，要把城乡基层作为培育和践行社会主义核心价值观的重要依托。

党的十九大报告把"坚持社会主义核心价值体系"作为新时代坚持和发展中国特色社会主义的基本方略之一，提出必须坚持马克思主义，牢固树立共产主义远大理想和中国特色社会主义共同理想，培育和践行社会主义核心价值观，不断增强意识形态领域主导权和话语权，推动中华优秀传统文化创造性转化、创新性发展，继承革命文化，发展社会主义先进文化，不忘本来、吸收外来、面向未来，更好构筑中国精神、中国价值、中国力量，为人民提供精神指引。坚持社会主义核心价值体系，是巩固全党全国各族人民团结奋斗的共同思想道德基础的迫切需要，是推进国家治理体系和治理能力现代化的迫切需要，是增强文化自信、提高国家文化软实力的迫切需要。党的十九大报告还指出，要培育和践行社会主义核心价值观。社会主义核心价值观是当代中国精神的集中体现，凝结着全体人民共同的价值追求。要以培养担当民族复兴大任的时代新人为着眼点，强化教育引导、实践养成、制度保障，发挥社会主义核心价值观对国民教育、精神文明创建、精神文化产品创作生产传播的引领作用，把社会主义核心价值观融入社会发展各方面，转化为人们的情感认同和行为习惯。坚持全民行动、干部带头，从家庭做起，从娃娃抓起。深入挖掘中华优秀传统文化蕴含的思想观念、人文精神、道德规范，结合时代要求继承创新，让中华文化展现出永久魅力和时代风采。

2. 社会主义核心价值体系与社会主义核心价值观的关系

核心价值观与核心价值体系有着密切的关系。一方面，核心价值观从属于核心价值体系范畴，核心价值体系是核心价值观的基础、载体，核心价值观是从核心价值体系中抽象、凝练出来的价值理念和价值原则，是核心价值体系的内核和精髓，反映着核心价值体系的本质规定性。它简明扼要，易于被广大民众所理解和接受。另一方面，核心价值观的外延也涵盖了核心价值体系，对核心价值体系具有能动作用。核心价值观是从核心价值体系中凝练出来的，因而具有更大的普遍性和更广的覆盖面，其基本思想和基本精神能体现核心价值体系的要求。也正因此，核心价值观对于核心价值体系具有整合、统摄和引导作用。

社会主义核心价值观包括三个倡导：倡导富强、民主、文明、和谐，倡导自由、平等、公正、法治，倡导爱国、敬业、诚信、友善。富强、民主、文明、和谐是国家层面的价值目标，自由、平等、公正、法治是社会层面的价值取向，爱国、敬业、诚信、友善是公民个人层面的价值准则，这24个字构成了包括国家和社会发展目标以及公民个人道德准则在内的"三位一体"的具体价值观系统。

社会主义核心价值观和社会主义核心价值体系，两者是紧密联系、互为依存、相辅相成的。一方面，社会主义核心价值体系是社会主义核心价值观的存在基础、理论载体和具体展开。社会主义核心价值观是社会主义核心价值体系的精神内核，它体现了社会主义核心价值体系的根本性质和基本特征，反映了社会主义核心价值体系的丰富内涵和实践要求，是社会主义核心价值体系的高度凝练和集中表达。社会主义核心价值观适应和服务于中国特色社会主义经济、政治、文化建设，既是对优秀传统文化的继承和发展，又是对人类优秀文化的借鉴，符合实际，顺乎民意，集中体现了社会主义核心价值体系的具体要求。

另一方面，社会主义核心价值观与社会主义核心价值体系具有内在的一致性，都体现了社会主义意识形态的本质要求，体现了社会主义制度在思想和精神层面的质的规定性，是建设中国特色社会主义现代化强国、实现中华民族伟大复兴中国梦的价值引领。推进社会主义核心价值观与社会主义核心价值体系建设，就是要弘扬共同理想、凝聚精神力量、引领道德风尚，形成全民族奋发向上、团结和睦的精神纽带，使我们的国家、民族、人民在思想上和精神上强起来，更好地坚持中国道路、弘扬中国精神、凝聚中国力量。

3. 社会主义核心价值观的基本内容

社会主义核心价值观把涉及国家、社会、公民的价值要求融为一体，体现了社会主义本质要求，继承了中华优秀传统文化，吸收了世界文明有益成果，体现了时代精神，是对我们要建设什么样的国家、建设什么样的社会、培育什么样的公民等重大问题的深刻解答。

（1）富强、民主、文明、和谐是国家层面的价值，在社会主义核心价值观中居最高层次，揭示了当代中国在经济发展、政治文明、文化繁荣、社会进步等方面的价值目标。

① 富强，指富足而强盛，指民富国强。富强包含着两大主体的价值诉求：一是人民的富裕，二是国家的强盛。"富强"首先在于富民，即人民富裕。民富国强，没有民富就没有国强。其次，"富强"还在于强国，即国家强盛。富强除了体现为富民之外，也体现为国家拥有巨大的经济财富和强大的综合国力，能对他国和国家秩序产生强大的影响力。人民富裕，国家强盛，这二者从根本上讲是统一的。一方面，国家的富强是为民造福的重要前提；另一方面，实现富强的最终目的是增进人民的自由和幸福。当然，人民富裕和国家强盛也存在不一致的时候。在人类历史上，存在过国弱民富或国强民贫的极端状态。历史上的一些国家，由于国家力量孱弱，即便民众富裕，在外部压力下也难成富强。可见，国家不强盛，人民的富裕得不到保障；人民不富裕，国家的强盛不可能持续。

富强作为国家层面的首要价值目标，体现了中国特色社会主义本质。什么才是社会主义本质呢？那就是"解放生产力，发展生产力，消灭剥削，消除两极分化，最终达到共同富裕"。这一本质概括，既包含生产力发展标准，也包含共同富裕的价值目标。生产力标准要求大力发展生产力，做大社会物质财富这一蛋糕；共同富裕的价值标准则要求公平合理地分配蛋糕，最大限度地实现全体人民的共同富裕。

② 民主，是人类社会的美好诉求，我们追求的民主是人民民主，其实质和核心是人民当家作主。它是社会主义的生命，也是创造人民美好幸福生活的政治保障。我们必须从我国国情和历史现实出发，坚定不移地推行社会主义民主。社会主义民主继承了人类政治文明的积极价值，蕴含着人类民主政治的核心要义和未来发展趋势。社会主义民主意味着人民当家作主，即人民是国家的主人；社会主义民主要求发展和维护人民的根本利益；中国特色社会主义民主有利于发挥集中力量办大事、提高效率办成事的政治优势。社会主义民主是一个不断发展进步的过程。在中国共产党的领导下，随着我国经济文化水平的不断提高和政治体制改革的不断推进，以及公民民主素养的不断提高，社会主义民主必将在未来显示出无与伦比的优越性。

③ 文明是社会进步和国家发展的重要标志。在社会主义核心价值观中，文明集中体现着社会主义先进文化的前进方向和社会主义精神文明的价值追求。文明不仅是个人素养的重要体现，更是国家发展的精神动力和文化体现。

马克思主义认为，随着社会生产力的不断发展，人类文明不断由低级向高级发展，社会主义文明是人类社会发展迄今为止最先进的文明形态。建设社主义文明,就是要提高整个中华民族的思想道德素质和科学文化素质,其最终目标是实现人的解放,实现人的自由全面的发展。

④ 和谐自古以来就是中华文化的核心价值理念,是中国共产党的一贯诉求,是中国特色社会主义的本质属性。和谐是社会主义现代化国家在社会建设领域的价值诉求,是经济社会稳定持续健康发展的重要保证。党的十六届四中全会提出了构建社会主义和谐社会的战略任务,提出要建设"民主法治、公平正义、诚信友爱、充满活力、安定有序、人与自然和谐相处的社会"。社会主义和谐观大致包三个方面的内容:第一,人与人的和谐,即社会关系的和谐。第二,人与自然的和谐,即人与自然万物的和谐。第三,国际关系的和谐。

(2) 自由、平等、公正、法治是社会层面的价值。自由、平等、公正、法治,从来不是资本主义的专利,社会主义核心价值观展示出对现代西方文明的批判性借鉴和内在性超越。

① 自由是人类永恒的追求,是人类社会的美好向往。共产主义就是以每个人的自由而全面的发展为条件和基本原则的社会。自由是指人的意志自由、存在和发展的自由,是人类社会的美好向往,也是马克思主义追求的社会价值目标。这里的自由,主要指的是在政治哲学传统中的自由、社会中的自由,即与权利相联系的一个范畴。自由,意味着国家赋予公民各种各样的权利。现代国家普遍承认并保障公民拥有基本的权利和自由,包括财产和人身自由、言论和出版自由、集会自由、宗教自由、良心和思想自由等。自由不等于没有约束、为所欲为,权利和自由的行使要遵循一定的规范,否则自由将化为泡影。如果每个公民都享有不受限制的权利,那么无约束的权利便会相互抵触,从而使每个人的自由都失去保证。

② 平等是社会的交往准则。平等指的是公民在法律面前的一律平等,其价值取向是不断实现实质平等。它要求尊重和保障人权,人人依法享有平等参与、平等发展的权利。法律平等主要表现为形式平等,即以法律的形式承认所有的人在法律面前一律平等,在法律权利和义务上给以相同的对待,禁止差别对待和歧视性对待。实质平等即事实平等。法律平等也可能导致事实上的不平等,这就需要国家根据具体情况和实际需要,对特定人群在经济上、社会上、文化上等方面与其他人群存在着的事实上的差异,采取某些适当的、合理的、必要的区别对待的方式和措施,从而在实质上为公民提供平等发展的条件。我国作为社会主义国家,建立在生产资料公有制基础之上,不仅注重形式平等,更注重实质平等,不断为公民的发展创造平等条件。

③ 公正是社会的首要诉求。公正,即社会公平正义,是衡量一个社会的制

度安排是否正当合理的重要标准。公正以人的解放、人的自由平等权利的获得为前提，是国家和社会应然的根本价值理念，是社会主义的本质体现。公正的核心是分配公正，其内涵在于"给予其所应得"，就是要依据合理的尺度来分配权利和义务。一个社会的公正，不仅体现在经济领域，还体现在政治、法律等社会生活的各个领域、各个层次和各个方面。中国共产党人一直将社会公正作为重要的目标，尤其是改革开放以来，国民经济持续、快速、健康发展，为实现社会公正提供了强大的基础和保障。

④ 法治是社会的良序保障。法治的精神实质是依法治权，就是"把权力关进制度的笼子里"。法治是治国理政的基本方式，是现代社会政治文明的重要标志。从本质上看，中国特色社会主义制度与社会主义法治是一致的，依法治国是社会主义民主政治的基本要求，它通过法治建设来维护和保障公民的根本利益，以实现自由平等、公平正义。法治的核心是法治精神，它强调任何组织或者个人都不得有超越宪法和法律的特权，绝不允许以言代法、以权压法、徇私枉法，也就是任何组织和个人都应该坚持法律至上，遵守法律，敬畏法律。

（3）爱国、敬业、诚信、友善是公民层面的道德要求，彰显道德准则。习近平总书记说："核心价值观，其实就是一种德，既是个人的德，也是一种大德，就是国家的德、社会的德。国无德不兴，人无德不立。"

① 爱国主义是千百年来人们在社会实践中形成的对自己的祖国极其忠诚和热爱的深厚情感。爱国是一个公民起码的道德，是中华民族的优秀传统，也是调节个人与祖国关系的行为准则。在我国历史上，爱国总是同维护国家的独立和统一，维护广大人民群众的根本利益密切相关，是推动中华民族不断进步的精神动力。爱国与爱党、爱社会主义是一致的，爱国就是要求人们以振兴中华为己任，促进民族团结，维护祖国统一，自觉报效祖国。

② 敬业是中华民族的传统美德。在当代社会，热爱与敬重自己的工作和事业，已经成为职业道德的灵魂，是公民应当遵循的基本价值规范之一。敬业价值观，要求公民要具有积极向上的劳动态度和艰苦奋斗的精神，忠于职守，精益求精，服务社会。

③ 诚信即诚实守信，是人类社会千百年传承下来的道德传统，也是社会主义道德建设的重点内容。诚信是为人之道、立身之本，也是社会正常运行不可或缺的条件。诚信，一方面依靠的是主体的道德自律，依靠的是主体的道德良心、道德自觉，即主体内心之诚信，要做到内诚于己，不自欺；另一方面，诚信还要做到遵守法律契约，外信于人，不欺人。

④ 友善是待人的准则。友善的含义就是互相帮助，善待他人（自然），以

形成友好和谐的人际（天人）关系。当代中国，经济高速发展带来了社会各个领域的深刻变革，作为当代中国的道德价值观之一的友善，也必然被赋予新的内涵和要求。第一，要做到友善，就不仅仅意味着对熟悉的人友善，而且要一视同仁，对所有的人都平等相待，尊重每一个人的尊严，避免对人道德冷漠；第二，应宽以待人，要胸怀宽广，有容人之量；第三，要扶危济困，助人为乐；第四，要仁爱自然。

友善则是各阶层、各行业的人们消弭分歧、达成共识、化解矛盾、融洽相处的"润滑剂"。在全社会范围内弘扬友善价值观，可以凝聚社会各阶层力量，为实现中华民族伟大复兴而共同奋斗。

4. 培育和践行社会主义核心价值观的重大意义

培育和践行社会主义核心价值观，是有效整合我国社会意识、凝聚社会价值意识、解决和化解社会矛盾、聚合磅礴之力的重大举措，是保证我国经济社会沿着正确的方向发展、实现中华民族伟大复兴的价值支撑，具有重大而深远的理论意义与实践作用。

培育和践行社会主义核心价值观，是坚持和发展中国特色社会主义的价值遵循。中国特色社会主义是全面发展、全面进步的社会主义。它既需要不断完善经济、政治、文化、社会和生态文明各方面的制度，也需要不断探索社会主义在精神和价值层面的本质规定性；既需要为人们描绘未来社会物质生活方面的目标，也需要为人们指出未来社会精神价值的归宿。在全社会大力弘扬社会主义核心价值观，明确中国特色社会主义事业到底追求什么、反对什么，要朝着什么方向走、不能朝什么方向走，坚守我们的价值观立场，坚定中国特色社会主义的道路自信、理论自信、制度自信和文化自信，为社会有序运行、良性发展提供明确价值准则，保证中国特色社会主义事业始终沿着正确方向前进，是中国特色社会主义的铸魂工程。

培育和践行社会主义核心价值观，有助于增强我国文化软实力、建设社会主义文化强国。当今世界，文化越来越成为综合国力竞争的主要因素，成为经济社会发展的重要支撑，文化软实力越来越成为争夺发展制高点、道义制高点的关键所在。越来越多的国家和地区把提升文化软实力确立为国家战略和长远工程。一个名副其实的大国乃至强国，必须拥有影响世界的价值观及其力量。文化的力量，归根结底来自凝结其中的核心价值观的影响力和感召力；文化软实力的竞争，本质上是不同文化所代表的核心价值观的竞争。社会主义核心价值观是决定我国文化性质和方向的最深层次要素、最关键尺度，也是我国文化软实力的内核、特质和标识。习近平总书记强调:"提高国家文化软实力,要努力传播当代中国价值观念。当代中国价值观念,就是中国特色社会主义价值观念,代表了中国先进文化的前进方向。"因此,培育和践行社会主义核心价值观是我国文化软实力的灵魂,是当前文化软实力建设的重点。

培育和践行社会主义核心价值观,有助于增强社会团结和谐、实现中华民族伟大复兴的中国梦。社会主义核心价值观构筑和展示着中华民族的精神家园。任何社会的健康发展都应该是物质文明与精神文明相辅相成的全面发展,这需要正确而鲜明的价值观引领。加强精神文明建设,就是要在社会成员中坚定理想信念,凝聚核心价值观,加强思想道德修养,倡导文明风尚。培育和践行社会主义核心价值观,是新时代社会主义精神文明建设的首要任务。历史和现实一再表明,只有建立共同的价值目标,一个国家和民族才会有赖以维系的精神纽带,才会有统一的意志和行动,才会有强大的凝聚力、向心力。当前,我国正处于经济转轨和社会转型的加速期,思想领域日趋多元、多样、多变,各种思潮此起彼伏,各种观念交相杂陈,不同价值取向多元并存。所有这些表现出来的是具体利益、观念、观点之争,但折射出来的是价值观分歧。我国是一个有着 13 亿多人口、56 个民族的大国,培育和践行社会主义核心价值观,能够在具体利益矛盾、各种思想差异之上最广泛地形成价值共识,有效引领和整合纷繁复杂的社会思想意识,有效避免利益格局调整可能带来的思想对立和混乱,形成团结奋斗的强大精神力量。社会主义核心价值观是实现中国梦的价值引领、精神激励和动力助推。习近平总书记说:"中国梦的宣传和阐释,要与当代中国价值观念紧密结合起来。"社会主义核心价值观这个反映全国各民族人民共同价值认同的"最大公约数",最能够汇聚实现中国梦的强大力量。

青年学生是建设祖国的生力军,是未来事业的接班人。对广大青年学生而言,培育践行社会主义核心价值观,对于彰显价值观"最大公约数"、在全国各民族人民中统一思想、凝聚力量,对于党和国家事业长远发展具有重大而深远的意义。实现中国梦,需要依靠青年,也能成就青年。今天,我们距离实现中国梦的目标越来越近,但前进的道路上依然充满各种困难、风险和挑战。广大青年学生只有与全国各民族人民一起,始终不渝坚持和弘扬社会主义核心价值观,咬定青山不放松地奋斗,才能为实现"两个一百年"奋斗目标注入强大青春力量。

5. 坚定社会主义核心价值观自信的理由

坚定社会主义核心价值观自信,是中国特色社会主义道路自信、理论自信、制度自信和文化自信的价值内核，是培育和践行社会主义核心价值观的关键环节。社会主义核心价值观丰厚的历史底蕴、坚实的现实基础、强大的道义力量为我们坚定核心价值观自信提供了充分的理由。

首先，社会主义核心价值观有深厚的历史底蕴。任何一种价值观都有其特定的历史底色和精神脉络。社会主义核心价值观不是无源之水、无本之木。深深根植于中华优秀传统文化，是社会主义核心价值观历史底蕴的集中体现。习近平总书记指出："文化自信，是更基础、更广泛、更深厚的自信。在5000多年文明发展中孕育的中华优秀传统文化，在党和人民伟大斗争中孕育的革命文化和社会主义先进文化，积淀着中华民族最深层的精神追求，代表着中华民族独特的精神标识。"社会主义核心价值观自信建立在对中华优秀传统文化、革命文化和社会主义先进文化的高度认同和充分肯定上，来源于对其未来发展充满信心和希望。

中华优秀传统文化是社会主义核心价值观自信的重要源泉。中华优秀传统文化是中华民族的根与魂，是涵养社会主义核心价值观的重要源泉。在漫长的历史进程中，中国人民依靠自己的勤劳、勇敢、智慧，开创了民族和睦共处的美好家园，培育了历久弥新的传统优秀文化。中华文明绵延数千年，其独特的价值体系和核心价值观是中华民族独特的性格气节所在，是中华民族的精神魂魄所系，是我们在世界文化激荡中站稳脚跟的根基，是我们矗立于世界民族之林的根本。社会主义核心价值观把中华优秀传统文化蕴涵的丰富思想道德资源作为重要源泉，从中汲取了丰富营养。中华优秀文化强调"国富民强""民为邦本"，倡导"文明以止""化成天下"，追求"天人合一""和而不同"，这些思想可以涵养富强、民主、文明、和谐的价值追求；中华优秀传统文化主张"道法自然"，强调"众生平等"，倡导"无偏无党"，追求"不别亲疏，不殊贵贱，一断于法"，这些思想可以涵养自由、平等、公正、法治的价值追求；中华优秀传统文化主张"天下兴亡，匹夫有责"，强调"功崇惟志，业广惟勤"，倡导"言必信，行必果"，追求"出入相友，守望相助"，这些思想可以涵养爱国、敬业、诚信、友善的社会主义核心价值观。无论是过去还是现在，这些思想和理念都具有永不褪色的时代价值，充分展示了中国特色、中国风格和中国气派。

革命文化是社会主义核心价值观自信的重要根基。在血与火的峥嵘岁月里，中国共产党领导人民团结带领各族人民创造出的革命文化，是马克思主义与中国革命、建设、改革实际相结合的产物，蕴含着无产阶级政党的科学理论、共产主义理想信念、崇高精神追求和优良品质作风，既是坚定中国特色社会主义文化自信的重要内容，也是坚定社会主义核心价值观自信的重要根基。红船精神、井冈山精神、延安精神、雷锋精神、大庆精神、特区精神、航天精神,抗震救灾精神等红色精神推动中国特色社会主义不断前进,取得举世瞩目的非凡成就。

社会主义先进文化是社会主义核心价值观自信的时代依据。社会主义先进文化是中华优秀传统文化和革命文化的当代体现,是坚定社会主义核心价值观自信的时代依据。十九大报告在阐述习近平新时代中国特色社会主义思想的精神实质和丰富内涵时指出,坚持中国社会主义核心价值体系"必须坚持马克思主义,牢固树立共产主义远大理想和中国特色社会主义共同理想,培育和践行社会主义核心价值观,不断增强意识形态领域主导权和话语权,推动中华优秀传统文化创造性转化、创新性发展,继承革命文化,发展社会主义先进文化,不忘本来,吸收外来,面向未来,更好构筑中国精神、中国价值、中国力量,为人民提供精神指引"。

其次,社会主义核心价值观具有坚实的现实基础。中国特色社会主义是改革开放以来党的全部理论和实践的主题。中国特色社会主义道路不是西方道路模式的复制品,有其独特品质和价值理念。社会主义核心价值观生成于中国特色社会主义建设实践,是中国特色社会主义本质规定的价值表达。改革开放以来,我们坚持走中国特色社会主义道路,在复杂的国内外形势下,抓住和用好了我国发展的战略机遇期,我国的综合国力、人民的生活水平、国际竞争力和国际影响力都迈上了新台阶,彰显了中国特色社会主义的巨大优越性和强大生命力。

中国特色社会主义道路的巨大成功,是对社会主义核心价值观正确性、可信性的检验。同时,中国特色社会主义建设的新推进,也不断为社会主义核心价值观注入丰富而鲜活的时代内涵,提出弘扬和践行社会主义核心价值观的新任务新要求,并为社会主义核心价值观的弘扬和践行提供了广阔空间及有力的物质基础、制度保障和相应条件。

最后,社会主义核心价值观具有强大的道义力量。历史和实践证明,作为支撑一个民族、国家的核心价值观,必须具有道义力量,才能具有强大的感召力、号召力和凝聚力。社会主义核心价值观以其先进性、人民性和真实性而居于人类社会的价值制高点,具有强大的道义力量。

社会主义核心价值观自信来源于指导思想的科学性。马克思主义是社会主义核心价值观的指导思想。习近平总书记在纪念马克思诞辰200周年大会上指出:"马克思给我们留下的最有价值、最具影响力的精神财富,就是以他名字命名的科学理论——马克思主义。这一理论犹如壮丽的日出,照亮了人类探索历史规律和寻求自身解放的道路。"

社会主义核心价值观自信来源于理想信念的先进性。社会主义核心价值观高扬了共产主义的理想信念，追求物质财富极大丰富、消费资料按需分配，促进社会关系和谐公正、人们精神境界极大提高，实现人类解放和每个人自由全面的发展。共产主义理想是社会主义核心价值观的根本方向和理想图景，社会主义核心价值观倡导的"自由、平等、公正、法治"的价值追求，高扬了共产主义理想的旗帜——实现人的自由全面发展，这是社会主义核心价值观的本质要求，是社会主义先进文化的实质体现。

社会主义核心价值观自信来源于社会基础的广泛性。社会主义核心价值观是社会主义制度在价值观层面的本质规定，代表着最广大人民的根本利益，反映了最广大人民的价值诉求，引导着最广大人民为了实现美好生活而齐心奋斗，因此具有极其广泛的社会基础，具有无比强大的凝聚力和感召力。

社会主义核心价值观自信来源于价值实现的真实性。一种价值观要想真正赢得人们的信任，就不能只停留在美好的许诺和空洞的口号上，而是必须能够实现。社会主义核心价值观由于有社会主义制度作为基础前提和根本保障，使得民主、自由、平等、公正等内容"不是装饰品，不是用来做摆设的，而是用来解决人民要解决的问题的"。

五、案例精选

1. 来自"史上最温暖图书馆"的平等与尊重

2014年11月11日，76岁的拾荒者章楷照旧来到杭州的图书馆报刊阅览室，他用竹竿挑着的两个装垃圾的大口袋证明了他拾荒者的身份。而在这座图书馆里，并非只有他一个看似与此环境格格不入的人。

杭州图书馆作为国际图书馆协会联合会的成员馆，一直秉承着公共图书馆不分种族、年龄和人群的服务原则，由此被网友称作"史上最温暖图书馆"。而这座图书馆每晚闭馆之前都会送走它的最后一批客人：衣衫褴褛的拾荒者和流浪者。这一幕在副馆长梁亮看来并不奇怪，反而因为图书馆的走红而惊讶："我们只是践行了一个公共图书馆应尽的理念"。

拾荒者作为社会的底层生存者，这座对所有人开放的公共图书馆是他们了解这个社会和世界的一个重要窗口，即便整日风餐露宿、衣衫褴褛、浑身脏兮兮，他们也拥有阅读书籍、获得知识的权利，渴望在书籍中得到人性的平等与尊重。

拾荒者的身份并不会使他们在图书馆这个神圣高洁的知识殿堂觉得尴尬，因为图书馆对他们表示尊重，拾荒者们在这里的角色只是一个普通的读者，这里不介意他寒酸的外表、褴褛的衣衫、破旧的行囊，他们获得了在社会上鲜得少遇的平等与尊重。自然他们也会用举动来回应这种尊重。正如古时晋阳的豫让：众人遇我，我故众人报之；国士遇我，我故国士报之。

于是他们对书籍无比尊重，会在阅读前反复洗手来表达这种尊重。

有人对图书馆里有流浪者和拾荒者表现出不满，认为他们身上的气味使其他人无法安心读书。"我无权拒绝他们入内读书，但你有权选择离开。"杭州图书馆馆长褚树青对此表示回应。于是我们在这座图书馆里看到了人性上的平等与尊重。这就是杭州图书馆被称作"史上最温暖图书馆"的温暖之处。

社会底层的人受到不平等的对待屡见不鲜，著名导演吴念真曾说过："残酷的生活太容易暴露人性中的恶。"少数人认为生活在社会底层的人身上有这种人性上的恶，而人人都对恶事物表现出恐惧，希望对其避而远之。这种等级分明的观念存在的历史已无法去追溯，它已经成为一种观念和意识，像是病菌被无形的传递着，人与人之间互相感染着，这就成了社会通病。于是，当温暖仍能触动人心的时候，唤醒我们的是恻隐之心、羞耻之心，而非对人性尊重的敬畏之心。杭州图书馆就像是一个大同制度社会，在这个国度里面，人人都能享以尊重，无论社会地位如何，人人都一样平等。

当我们以"土豪"等字眼去定义社会的某一群体，当我们从口中对某一群体表露出鄙夷，我们就染上了等级分明的"病"；当我们在抱怨社会不公的时候，就应该知道自身就是这一秩序的践行者，我们以自身认为的公平去定义公平，这本来就是不公。所以杭州图书馆表现的尊重与公平会如此振奋人心，仿佛净化剂一般涤荡着被社会种种观念束缚已久的心灵，温暖了对社会合理秩序抱有希望的人们。

马丁·路德·金说过：我梦想有一天，我的孩子将生活在一个不是以他们的肤色，而是以他们的品格优劣来评价他们的国度里。这也是我们梦想的一天。

【教学建议】此案例适用于思想道德修养与法律基础课程第四章第一节关于"社会主义核心价值观的基本内容"的教学，用于分析平等价值观的内涵。

2. 护士吴亚玲：千里视频 诀别母亲

2020年2月12日上午，在武汉火神山医院重症医学二科，负责感控物资准备和检查的护士吴亚玲，明显加快了准备防护物资的速度。

11时许，做好一切物资准备的她悄悄走出工作区，在员工通道靠窗的角落里，面向家乡昆明的方向，拨通了家人的微信视频。

远在昆明跑马山殡仪馆遗体告别厅，一个简单的遗体告别正在进行。十多名戴着口罩、披着孝衫的人，面向逝者站成一排。

"一鞠躬、二鞠躬……"

满眼泪水的吴亚玲，跟着遗体告别仪式，面向家的方向深深三鞠躬。这是在武汉抗击新冠肺炎"主战场"的战士向去世母亲最后的告别。

跟她一同工作的护士许发发悄悄告诉记者，昨天下午4时50分，吴亚玲的母亲突发主动脉夹层破裂，抢救无效去世。得知母亲去世的消息，吴亚玲强忍着内心的悲痛，在她特殊的点位坚守至换岗。

回到休息的宾馆，她痛哭了一晚。

对此，火神山医院临时党委特别重视，立即安排专人前去她所在宾馆慰问，向她家人发了唁电，并委托她原抽组单位代表火神山医院临时党委送了花圈。

重症医学二科也安排她先休息几天。但今天她还是决定像往常一样，监督每一名进入红区的医护人员穿戴好防护服，协助他们做好防护。

记者在现场看到，吴亚玲对准备进入重症病房的每一个医护人员的防护服穿戴检查特别严格。她说必须要严，医护人员进病房里治疗病人，她在外面要保护好他们，不然的话，大家不小心感染生病了，就麻烦了！

接受检查的医护人员也特别配合她的检查指导。一名医生告诉记者，吴亚玲工作特别负责，特别积极。昨天下午她妈妈去世的事情，好多人今天早上才知道，但她依然还像原来一样工作，大家都非常感动。

千里视频送别母亲，不少战友都安慰吴亚玲，劝她多休息。她说，科室医护人员实现"零感染"是她的责任，请大家放心，她参加过援非抗埃、抗震救灾等重大任务，一定能挺过去。

忠孝两难全，在这场新冠肺炎疫情面前，像吴亚玲这样始终把治病救人放在第一位的医护人员不是个例。今年元宵节那天，火神山医院医生王颢的父亲突发急症不幸去世，各级组织都特别关心他，但他一天也没有耽误抗击疫情。[①]

【教学建议】此案例适用于思想道德修养与法律基础课程第四章第一节关于"社会主义核心价值观的基本内容"的教学，用于说明敬业价值观。

---

① 资料来源：中国好故事网，2020年2月13日。

3. 一个人，一辈子，一道渠——贵州遵义老支书黄大发的无悔人生

贵州遵义草王坝村，一个被层峦叠嶂的山峰藏得死死的村庄。千百年来，这里的人祖祖辈辈吟唱着一首心酸的民谣："山高石头多，出门就爬坡，一年四季包沙饭，过年才有米汤喝。"

水是草王坝人的穷根，是草王坝人生生世世的想、年年岁岁的盼、日日夜夜的求。

村里有一位老人，今年82岁，他和大山较劲，用36年的时间只干了一件事。这位老人，就是草王坝村的老支书，名叫黄大发。

黄大发用36年的时间干的一件事就是：修水渠。这条水渠，绕三重大山，过三道绝壁，穿三道险崖。

立誓，有条汉子不认命

"祖祖辈辈都是这么过来的，要有办法早就有了，老天爷不长眼，咱们村就是没水的命。"的确，草王坝没水不是一天两天。石漠化严重，全村灌溉和人畜饮水，要不靠山坡自渗水，要不守着一口望天井不分昼夜地排队挑水，接一挑水往往需要等一个多小时，如果想要喝山谷小河里的水，那么上下山一趟就得4个多小时；没有水，种水稻就是天方夜谭，地里几乎都是苞谷、红苕和洋芋；没有白米饭吃，村里人就只能将玉米碾碎上锅蒸煮，俗称"包沙饭"……人人叫苦不迭，可就是没办法，很多人干脆认命。

但有条汉子不认命。

1935年出生于草王坝村的黄大发，自幼父母双亡。四处流浪的他，吃的是百家饭，住的是滚草窝和包谷壳。23岁，黄大发光荣入党，这一年，他被全村推选为大队长。这一干，就干到了70岁。

"从我当大队长开始，我就决心为村民干三件事：引水、修路、通电。"正是意气风发的年纪，黄大发撂下了"狠话"。听说这个新上任的小伙子要引水，村里人都觉得他一定是疯了，无异于做白日梦。

可谁不渴望水？祖祖辈辈的草王坝人想水想得都要疯了。即使觉得是白日梦，但大伙儿还是愿意跟着这个年轻人一块儿做。

办法也不是没有。草王坝西侧有一条小河——螺蛳水，这条小河没流入草王坝村，而是流向了相距几公里远的野彪村，只要想办法把野彪村的水引过来，问题就解决了。

说的倒是轻巧。草王坝村和野彪村之间尽管只相隔几公里远，但这几公里并不是平坦大道，而是天路。螺蛳水河谷纵深切割，两岸的悬崖峭壁像一把锋

利的刀，割断了草王坝村的引水路，也割断了草王坝人喝水的梦。

那水，可望而不可即，草王坝人只能眼巴巴地看着金子般的水白白流走。

不如就劈山。所谓劈山，不是真的把山劈开，而是依山凿渠，一条顺着大山起起伏伏的救命渠。

半个世纪前的中国，在豫、晋、冀三省交界处，十万林州开山者，历时十年，绝壁凿石，挖渠引水，一条红旗渠插在了太行之巅。

同一时期，在黔北的莽莽深山里，也有一位叫黄大发的年轻人，带领草王坝村民立誓修渠，这条渠要绕三重大山、过三道绝壁、穿三道险崖，这是一条遵义的"红旗渠"。

一群面朝黄土背朝天的淳朴农民，他们放下锄头，举起锤子，离开贫瘠的土地，踏上悬崖和峭壁。

他们在凿渠，他们要引水，他们想求生。可现实却无比残酷。

不懂技术，测量仅靠竖起竹竿，两边人用眼睛瞄；缺乏水泥，沟壁直接糊上黄泥巴作数；没有工具，操起锤子钢钎靠蛮力凿；没有导洪沟，沟渠不盖板，洪水一来，本来脆弱的沟渠被冲得稀巴烂……

烂了重新修，还没修好又烂了。修修补补十几年，办法想尽，可水就是进不来草王坝。全村人喝水的梦在这十几年的时间里被反复拉扯，最终还是破灭了。

学艺，他还想与天再斗一次

斗转星移，岁月如梭。草王坝村，还是那个贫穷、落后、愁苦的草王坝村。穷到有的人全家只有一条裤子穿，穷到村里很多男人娶不上媳妇……

"好个草王坝，就是干烧（指干旱）大，姑娘个个往外嫁，40岁以上的单身汉一大把。"小小草王坝村，民谣可真不少，仔细一琢磨，个个因"穷"而起。

想想也是这个理，没有水，没有钱，没有白米饭，哪能留得住人？哪里富得起来？哪有姑娘愿意嫁过来？多少次，黄大发徘徊在螺蛳水旁，听着"哗哗"流水声，想着水过不来，饭吃不上，村里的光棍一大把……

他何尝不难过？他何尝不想再修一次？他何尝甘愿就这样听从于命运的安排？

"黄书记，是大米饭好吃，还是你们草王坝的包沙饭好吃啊？"在一次全乡大会聚餐时，干部不经意间的一句戏谑，深深刺痛了他。当时的他坐立不安，苍老的脸显得尴尬，嘴里的饭难以下咽，心里酸楚得想哭。"听了我很难受，我恨啊，可泪水只能往肚子里掉。"

"没有文化就没有方向，光靠蛮干，注定修不成功。"只有小学文化的黄大发,在第一次修渠失败后痛心疾首,他暗自下决心:学技术。

壮志未酬誓不休。那些年来,黄大发四处求教,自学水利技术。一听说哪里有在建的水库沟渠工程,他背着干粮就匆匆上路。无论路途多么遥远,无论要翻几座大山、要蹚几条大河,他都徒步过去,一边走、一边看、一边学。

只因为,还有一腔沸腾的血,还有一颗不甘的心,还有一个未圆的梦。

1989年,枫香区水利站迎来一位五旬老汉,54岁的黄大发申请跟班学习水利技术。看他年纪一大把,又是老先进,水利站给了他一个辅导员的身份。说是学习,其实就是在工地递上传下,给技术员打杂。

"印象中,他上课总是很积极,不懂就问,从不怕别人笑话。"时隔多年,当时一起在水利站学习的刘关刚对那个执着的五旬老汉记忆犹新。

"当时他甚至连20公分是什么都不知道,也不明白水准仪上的正、负刻度代表什么含义,整个白纸一张。"的确,黄大发闹了很多笑话,但正如刘关刚所说的那样,他不怕别人笑话。不识字,他就一个字一个字地临摹;不懂测绘,他就缠着技术员就着图纸讲解;不会用工具,他就在一旁专心看别人怎么用……捧着一颗心来,这位五旬老汉谦逊得像个小学生。

宝剑锋从磨砺出,梅花香自苦寒来。三年的时间,他从零起步、从头开始,掌握了许多修渠的知识,知晓了什么是分流渠、什么是导洪沟,还学会了开凿技术。

看上去,这位老人还想与天再斗一次。

再战,修不好,他拿命来换

1990年,大旱。蝉喘雷干,焦金流石,100多天,草王坝村滴雨未下。龟裂的大地仿佛历经风霜后老人脸上的皱纹,清晰而深刻,无奈又哀伤。

"撑不住了,孩子们没水喝一直哇哇叫""没粮食没水,连包沙饭都难吃得上""这是老天爷把咱们往死路上逼"……

难道草王坝人只能安于宿命,甘心祖祖辈辈受穷?黄大发手一挥,脚一跺,心一横:"再修一次渠!"

1990年冬天,寒风怒号,折胶堕指。从草王坝村通往县城的崎岖小路上渺无人烟,可有一个矮小佝偻的身影在这条小路上走了整整两天——这条路他走过一次又一次——黄大发要去县水电局给饮水工程立项。这一路怀揣着的是草王坝人千百年的梦,是草王坝村家家户户的命。

徒步跋涉了两天的黄大发,下午终于走到了县水电局。此时,瘦弱的身躯已经没几分人样,可眼神并不改当初,一样铿锵、坚定。不巧的是,水电局领导当天下乡了,不在单位。黄大发就打听到县水电局副局长黄著文的家庭住址……

晚上 7 点，黄著文回到家。在家门口，他看见一个瘦弱的身影在寒风中瑟瑟发抖，身上穿着破烂单薄的衣服，脸上冻得红一块紫一块，一双磨破了的解放鞋，露出脏脏的脚趾……

"我是草王坝村的村支书黄大发，来找你给我们村的饮水工程立项。"

"这么冷的天，你怎么来了，快进屋说。"

"我想着天气这么冷，领导应该在单位或者在家里，没想到下乡了……"

终于，经过专业测绘和精心谋划，草王坝水利工程批复了！县、乡政府从当时拮据的财政里划拨了 6 万元资金和 19 万公斤玉米。可水利站要求：如果村民们能在第二天早上凑齐 1.3 万元作为规划押金，技术人员就能马上到位。

明知筹钱很难，但黄大发一声没吭，当天就火急赶回村里开动员会，挨家挨户做工作。"尽管很难，但只要有一丝希望，我就要紧紧抓住。"

1.3 万元，全村一起集资。可这对于当时穷得叮当响的草王坝村，谈何容易？被贫穷和干渴冲散的人心还能聚齐吗？还有人愿意跟着黄大发一块儿做梦吗？

果不其然，在动员会上有村民发难，为首的就是黄大发的舅公杨春发。"大发，你要是能把水引过来，我拿手心板煮饭给你吃""你要是能修好渠，我买烟花给你放"……但散会后，杨春发还是悄悄地将钱塞进黄大发手里，黄大发激动地说："舅公，你这是逼我立军令状啊！"

草王坝人到底是被干旱折磨得太久了！尽管失败了一次又一次，可当黄大发再次提出要动工修渠引水时，村民们还是兴奋得像炸开了锅。

"黄支书，我们跟着你干！"

凑不出钱的就借钱，借不到钱的就卖东西换钱。豆子、鸡蛋、蜂糖……朴素的草王坝村民走到 80 里外的甘溪集市，吆喝声一阵接着一阵。当天晚上，乡亲们打着火把，拿着皱巴巴的零钱，交到黄大发手里。

看着大伙儿凑来的救命钱，盯着乡亲们质朴的眼神，黄大发流着眼泪立下了军令状——"修不好我把名字倒过来写，我拿党籍来做保证，我拿命来换！"

1992 年，那是一个春天，黄大发带领村民一头扎进深山开工凿渠，沉寂数十年的大山再次沸腾了。

攻坚，人心齐，泰山移

在没有水的地方修水利，怎么修？和水泥灰沙得用水，浇湿渠基得用水，怎么办？只好将水引一截修一截……

在悬崖峭壁上修水渠，怎么修？人在腰间拴一条缆绳，从山顶一尺一尺试着往下放。人悬在半空中，从谷底看，像极了一只扑腾的鸭子……

故事远不止这么简单，而是充满了曲折和辛酸。

开工第一天，头炮就打"哑"了。石头砸烂了山下村民家的香火位。"村民骂我，要打我，还要拉着我跳崖。"黄大发只好挨家挨户赔笑脸、赔损失。

放炮需要炸材，黄大发就去很远的李村买了背回来。脚底磨破了皮，汗水湿透了衣，无论磕绊摔跤，不管刮风下雨，他都坚持如一。

修渠需要水泥，得去城里拉回来。有一次行至途中，天降暴雨，车陷入泥潭，进退不得。天黑了，黄大发叫司机到人家里找睡处，而自己却睡在水泥包上，被蚊虫咬了一夜——他是真心怕这"宝贝"被偷啊！

绝壁凿渠，每一处都充满未知和危险。擦耳岩是最险的一段，壁立千仞，岩壁中间有个凸起，挡住了视线看不到前面情况，悬崖上没有树枝，全是秃岩，稍有不慎便一命呜呼。"太危险了，给多少钱都不干。"没人敢动工，连请来的施工队也停下了手脚，黄大发就用大绳把腰拴着，自己带头翻了过去……

日复一日不停歇。每天，黄大发带着200多人的队伍进山，施工队在前面凿壁打槽，村民们在后面挑土砌堡。早上出门，提一罐包沙饭，中午捡点刺刺草点火烧热，囫囵吞下去，渴了就舀两碗河水，碗一甩、罐一扔，转身又往工地去。为了抢进度，他们不分昼夜寒暑，每天坚持苦干到天黑，才打着灯笼火把手牵手地回家。有的干脆就睡在石窝里，看星星眨眼，等日出天明。

水渠一尺一米延伸，清澈的河水爬上了悬崖、峭壁、陡坎。千百双手，一颗颗心，水每向前流一寸，草王坝人的梦就更进一步。

苦心人，终不负。

1995年，这条主渠长7200米，支渠长2200米，地跨3个村10余个村民组，绕三重大山、过三道绝壁、穿三道险崖的"生命渠"通水了！3年来，到底放了多少炮，炸了多少岩石，凿了多少方土，断了多少钢钎，坏了多少锤子，没人能够数得清。

通水那天，山崖上、水沟边，人山人海，鞭炮声、鼓掌声，不绝于耳，杀猪摆席、搭台庆功，好不热闹！这是草王坝人最高兴的一天，梦终于实现了！村民拥簇着黄大发上台讲话，他沉默良久，欲言又止，眼泪顺着黝黑、皱褶的脸庞哗哗往下流。

60岁的黄大发哭得像一个孩子。

新生，幸福的歌声心头飞

1995年端午节，当汩汩清水从沟渠一泻而下时，草王坝全村老少向自家的旱地飞奔而去，欣喜地看着祖祖辈辈刨食的旱地变成稻田。从此，草王坝彻底告别了靠天吃饭、滴水贵如油的历史。

白米饭可真香啊！这年春节，草王坝家家户户把平日舍不得吃的新米煮上一大锅"敞开干"，村民徐开伦一口气吃了五大碗。

可捧着白米饭的黄大发再次落泪了，他哭得十分伤心，"这香喷喷的白米饭，我的女儿和孙子永远吃不到了……"

黄大发的二女儿黄彬彩是在1994年离开人世的，时年22岁，风华正茂。

那年修渠正到要紧处，黄大发一头埋进深山。女儿黄彬彩突然病倒了，游医检查后说是肾炎。"她全身都肿了起来，躺在床上高烧不退，嘴里一直喊痛。"黄大发的妻子至今仍清晰地记得女儿当时叫痛的模样，每每谈起，眼泪都止不住地掉。

说到底还是因为穷，没钱去医院，只能吃草药。采的草药吃了90多天，女孩最终还是没能撑住。"那天日头还没到中天，就听见有人在山脚远远地喊。"声音传上来，是女儿黄彬彩没了，黄大发两眼一黑，差点从悬崖上栽下去。

黄彬彩的坟在通垭湾的山上，山顶可以俯看到凤凰山，凤凰山的背后住着黄彬彩的恋人，两家早已把婚事定在了渠通之日。女孩坟前植了一株当地叫"羊舌条"的灌木，春天油菜花开的时候它也随风飘扬起白色的小花，素净淡雅。

令人悲痛的是，仅仅几个月后，黄大发13岁的大孙子突发脑膜炎，病来得急，等全家人从工地上赶回家，孩子已没了气。白发人送黑发人，原本老两口的棺材，留给了可怜的女儿和孙子。

36年修渠引水，黄大发带领的施工队伍没有一个人丢掉性命，可他家里的两位亲人却离开了人间。

有水了，重要的是如何发展。水通之后，黄大发带领村民开展"坡改梯"。"我们村耕地少，要想真正富起来，就要搞'坡改梯'。"农闲拼命干，农忙抽空干，草王坝村的稻田从240亩增至720亩。昔日的荒山秃岭上，10万株温州蜜橘、李子已经开始有收益，家家户户的猪、羊、牛、马、鸡、鸭也大大增加……

通渠的那一年，草王坝也通了电，不少人家里买了电视机、洗衣机、录音机。通电那天，村民们通宵开着灯，一直唱啊跳啊，高兴得睡不着觉。紧接着又修了通村路，通路那天，大人领着小孩在路上跑来跑去，蹦跶着不想停下来。再往后，村里的小学新址落成，建砖木结构"品"字形的小青瓦校舍三幢，如今已有学生50多人……

黄大发从支书位置退下来至今已有十来年，可他并没有闲着。张家院子坐坐，李家院子摆摆龙门阵，大道理讲，小道理谈。他的心始终系着村子，想让草王坝这个穷窝窝早点富起来。

"种蔬果效益高，但一开始群众观念难转变，以往温饱有余才搞点果木，我就带头栽上了柚子。"在他和村"两委"的努力下,村民正逐步改变传统的种植结构,全村现有核桃 5200 多亩、柚子 650 亩、海椒 2000 亩,牛羊养殖大户超过 30 户。小青瓦、坡面屋、穿斗枋、转角楼、雕花窗、白粉墙……去年底,草王坝村农民年人均纯收入突破 6500 元。

"不怕山高石头多,苦干就能把贫脱,打岩引水造梯田,穷村变成金银窝。"如今的草王坝,虽然还没有整体脱贫,但村民的荷包日渐鼓了起来,幸福的歌声从草王坝人心头飞出。

初心,一个共产党员的本色

1992 年底,新上任的乡长商顺模十分奇怪,为何草王坝村一半以上的人家姓徐,这么多年却选择一个姓黄的人做支书?

"是公心!"每每谈起老支书,70 多岁的老党员徐开伦都竖起大拇指。"对他来说,公家的事怎么硬都行,自家的事怎么软都成。"遵义市委常委、组织部部长吴刚平跟黄大发打过几次交道。

计划经济时代,农民头上压着粮、油、烟、猪、人五大指标。"乡、村干部为了完成任务到农户家里牵牛牵猪、揭瓦拆房比较普遍,黄大发不肯这么干,在乡里是有名的'刺头',敢对我和书记拍桌子。"商顺模说。

修渠那几年,车子拉来的水泥堆得像山一样高,车厢里洒落一丁点,黄大发都要清扫入库。有一次老伴儿扫了多半碗水泥,想着补补家里破损的灶台,黄大发一把拉住。"那是我第一次看见父亲对母亲疾吼。"二儿子黄彬权说。

"那时候买炸药水泥,过他手的钱有二十来万,硬是没出过一分差错。"往事历历在目,村里的老会计杨春有拍着手说:"抠啊,他真的是抠得很。"修渠时工地上天天要钱付账,三天两头俩人就往镇财政所跑。住,3 块钱一晚的旅社;吃,就将就一碗饭,不然就一块泡粑。

"沟是我修的,我放心不下,随时都牵挂着。"时光逝去,但初心不变、本色不改,退职后黄大发仍然带领村民修沟补渠。"只要是黄支书带头决定的事情,我们二话不说就跟着干。"一呼百应,村民们将渠取名为"大发渠"。

2014 年 10 月,照习俗,黄大发提前一年过八十大寿。问他有什么愿望,他说:"活了 80 岁,最远的地方就去过遵义市,我想有生之年去省城看看。"

去省城的当天,黄大发和妻子特地穿了一身新衣服,帽子洗得一尘不染。陪同的乡干部徐飞还没到,老两口就早早等在路边。

到了贵阳,黄大发既没去景点,也没去商场,而是要求直接去省委。"老支书在省委有相识?"徐飞心里一阵嘀咕。进了省委大院,黄大发却不进大楼,根本没有找人的意思。"就见他挺起腰,注视着大楼,还有远方飘扬的五星红旗,一言不发……"

这是一个老共产党人的初心!在黔北深山当了几十年村支书的黄大发,在耄耋之年,想来省委看一眼,看看党组织到底是什么模样。

当天,黄大发就回草王坝了。回途车上,徐飞问:"老支书,落心了没得?"

"落心了。"

多少年滴水贵如油,如今一渠春水流入草王坝家家户户。

多少年天黑孤村闭,如今这里夜晚如同掉下星星一片。

多少年山深人绝音,如今通村路将草王坝与外面紧紧相连。

青山不负英雄志,流水有情入心田,奔腾不歇的渠水悠悠长长,拍得悬崖直作响,崇山峻岭再难阻隔。阳光下的草王坝,像一只振翅欲飞的雄鹰。①

【教学建议】此案例适用于思想道德修养与法律基础课程第四章第二节关于"社会主义核心价值观的现实基础"的教学。

4."95后"甘如意:骑车辗转300公里回汉战"疫"

这是一张折痕累累的疫情防控临时通行证。大红印章旁印着这样几个字——"车牌号:自行车"。

农历正月初七,24岁的女医生甘如意从湖北公安县斑竹垱镇老家出发,带着老家政府开具的通行证,骑着自行车,搭段顺风车,辗转四天三夜,终于赶回武汉江夏区金口中心卫生院范湖分院,投入疫情防控工作。

得知疫情迅速蔓延时,甘如意正在老家。由于湖北各地交通管控,沿途客车停运,家里没有私家车,等不下去的甘如意向父母提出,她准备骑自行车回武汉。

"300公里,咋骑车,安全吗?"妈妈难免担心。

"我骑一段,就少一段。"甘如意回答得斩钉截铁。

看到女儿意志坚定,父母同意了她这个"大胆决定"。联系医院开具返岗证明,前往村委会办理临时通行证,背上饼干泡面等行囊,甘如意1月31日上午10点,骑着自行车离家,向着武汉的方向前行。

"我觉得医护人员就要像战士一样。疫情来了,医护人员就要冲到一线。"甘如意说。选择骑自行车回到医院,当时只是想让村民放心。"为了尽快回到工作岗位,我什么都可以不顾。"

骑行5个小时后,甘如意抵达公安县城,当晚借住在亲戚家。第二天早上

---

① 资料来源:《人民日报》,2017年4月19日04版。

8点，她继续骑车赶路。抵达荆州长江大桥时，大桥封闭。"我把自行车寄存在附近一家商店，回头等家人取回去。"

徒步走过长江大桥，进入荆州市区时天色已黑，甘如意匆匆找个旅馆，吃碗泡面过夜。一大早起床后，她拦了10多辆出租车，得到答复都是"封城了，到不了武汉"。情急之下，她找到一辆共享单车，靠着手机导航，沿着国道继续赶路。

灰蒙蒙的天空逐渐下起小雨。衣服被淋湿，天色逐渐变暗，她咬牙一直赶路。"黑夜中我害怕，越骑越快，不敢回头。"

晚上8点，看到路口站着几个警察，她才知道已到了潜江。看到这个疲惫的女孩，警察十分惊讶："这么晚了，你一个女孩子怎么还骑自行车？"

得知她准备骑车回武汉抗疫后，好心的警察帮她找了家旅社先住下，又联系了一趟前往武汉的医疗车，让她搭顺风车抵达武汉城区。随后她踩着共享单车，沿着手机导航继续前行。手机没电了，逢人就问前往江夏金口怎么走。

2月3日下午6点，她终于到达了金口卫生院范湖分院。

第二天早上，甘如意来卫生院，回到化验工作岗位。

"甘如意骨子里有股韧劲，这事发生在她身上一点也不奇怪。"江夏区金口中心卫生院院长陈宗勇如此评价说。

"面对疫情，她不计生死，勇往直前；面对困难，她敢于挑战，一直向前。"3月7日，甘如意入选由中宣部宣教局、全国妇联宣传部等部门联合发布的"一线医务人员抗疫巾帼英雄谱"。

甘如意说："虽然基层医院的工作内容简单些，我愿意在这里贡献自己的一份力量。"①

【教学建议】此案例适用于思想道德修养与法律基础课程第四章第三节关于"做社会主义核心价值观的积极践行者"的教学。

5. 习近平总书记的青年志：中国梦属于青年一代

党的十八大以来，习近平总书记在多个场合、用多种形式表达了对青年的高度重视和热切关心。习近平总书记多次出席青年活动，与青年谈心，给青年回信，为新形势下党的青年工作指明了方向。越来越多的中国青年正以勤学、修德、明辨、笃实的努力，诠释着"少年智则国智，少年进步则国进步"的内涵。

---

① 资料来源：新华网，2020年4月6日。

勤学：不但专攻博览，更要心怀世界

1970 年，夜里 12 点，延安梁家河村的窑洞里，墨水瓶做的煤油灯下，有一个看书的知青。别的知青带衣服带吃的，这个知青不一样，他带了满满一箱书。晚上和午休间隙，他都会在窑洞里看书，一看就忘了时间。

这个年轻的知青就是习近平。在这些书中，"大道之行也，天下为公""天行健，君子以自强不息"等思想和理念逐渐构筑着他的精神世界。在 2015 年 7 月 24 日中华全国青年联合会第十二届委员会全体会议上，习近平总书记将自己对"勤学"的思考与青年们分享："德才并重，情理兼修""前进要奋力，干事要努力"。无独有偶，2014 年同北京大学师生座谈时，他嘱咐同学们"要勤于学习、敏于求知，注重把所学知识内化于心，形成自己的见解，既要专攻博览，又要关心国家、关心人民、关心世界，学会担当社会责任。"

修德：养大德者方可成大业

1982 年，在正定县委大院有一间简陋的办公室，里面住着年轻的县委副书记习近平。他的床铺简单得不能再简单：两条长凳支起一块木板，铺上一条打满补丁的旧褥子。自己住得简单，却不能让孩子们住得简单。习近平在学校危房普查中发现 200 多所村小学共有 3590 平方米危险校舍，他心急如焚。实地调研，他发现北贾村小学校舍陈旧，就自己捐出 200 元钱帮助改善办学条件。奔走两年，正定终于筹措资金对 1020 间近 15000 平方米危房进行了维修。

"立志报效祖国，服务人民，这是大德，养大德者方可成大业。"在习近平总书记的眼中，"修德"的本质还是服务祖国和人民。于是，有这样一批青年选择了回到家乡投身教育事业。2014 年教师节前夕，习近平总书记到北京师范大学慰问和看望广大师生，当时历史学院的大四学生古丽加汗·艾买提就告诉总书记，自己将回老家乌鲁木齐的中学实习。古丽加汗·艾买提接受采访时告诉中国青年网记者，自己已如愿被乌鲁木齐市第二十三中学聘为高中历史老师，她说："我是免费师范生，也很喜欢当老师，家乡需要我这样的人才，我一定要回家乡做贡献。"

在 2015 年的新年贺词中，习近平总书记曾给全国人民点赞，其实并非要求每个人有惊天动地、轰轰烈烈的壮举，只要在平凡岗位上尽心尽责，就能有一分热，发一分光，用点滴行动服务人民。如果每个人都能自觉把人生理想和家庭幸福融入"中国梦"之中，何愁"中国梦"没有康庄大道？

明辨：是非明，方向清，路子正

1973 年入党后，习近平被村民推选为梁家河村的村支书。村民巩振福回忆："他直，不管你是谁，不讲脸面，不留情。对就是对，错就是错，不怕得罪人。"

村民石治山说，习近平为人正派。"村里有人劳动表现好，他就看重。不好的，就批评教育。拍马屁绝对行不通，他反感得厉害。"

"是非明，方向清，路子正"，不仅是习近平总书记对青年时代的自己提出的要求，也是他对今天的青年们提出的要求。做到这些的前提是"树立正确的世界观、人生观、价值观"，习近平总书记认为，这样才能稳重自持，从容自信。一脉相承，2015年1月12日，习近平总书记同200余名中央党校第一期县委书记研修班学员畅谈交流"县委书记经"时谈到，"那个时候我年轻想办好事，差不多一个月大病一场。要先把自己的心态摆顺了，内在有激情，外在还是要从容不迫。"这激情就来自正确的方向，所以他也说过，人生的第一粒扣子就要扣好。

笃实：只要坚持，梦想总是可以实现的

正定有县委书记在机关食堂和大家一起"吃大锅饭"的传统，这个传统是习近平在任时留下的。长篇通讯《习近平同志在正定》曾这样写道：习近平在正定工作期间，不仅靠他过人的胆识、务实的作风和忘我的工作打动了干部群众，更以坦诚朴实、谦虚谨慎、实事求是、亲切和蔼的为人，给大家留下了深刻印象。

一个"实"字，是老百姓对习近平最真诚的评价。在2016年新年贺词中，习近平总书记勉励大家："只要坚持，梦想总是可以实现的。"2015年10月26日，习近平主席在联合国教科文组织第九届青年论坛开幕式上的贺词中提道："中国支持青年发展自身、贡献社会、造福人民，在实现中国梦的历史进程中放飞青春梦想。"实实在在地坚持梦想，实实在在地贡献社会，这叮嘱引领着新一代中国青年扎根基层，更吸引着年轻一代的海外游子越来越多地归国投身祖国建设。据统计，改革开放以来，已有74.48%的留学人员学成后选择回国发展。

勤学、修德、明辨、笃实，今天的中国青年正在心怀"中国梦"，踌躇满志，厚积薄发。转眼间，"中国梦"已经在辽阔的中华大地上抽丝发芽、蓬勃生长，满眼又将是饱满新绿！①

【教学建议】此案例适用于思想道德修养与法律基础课程第四章第三节关于"如何践行社会主义核心价值观"的教学。

---

① 资料来源：中国青年网，2016年1月4日。

六、教学活动建议

1. 主题演讲活动——激扬青春梦，核心价值行

组织开展"激扬青春梦，核心价值行"的主题演讲活动，启迪和引导学生结合发生在自己身边印象深刻的真实故事和变化，畅谈对于核心价值观的理解，增强学生践行社会主义核心价值观的自觉性，强化爱国主义意识，促进学生成才成长。

2. 评选班级最美之星

组织开展"践行核心价值观，评选班级最美之星"活动，使学生感受身边榜样的力量，引导学生树立和践行正确的价值观，争做德、智、体、美、劳全面发展的优秀学生。

具体方案：

（1）学习之星：学习态度端正，学习目的明确，专业知识扎实，勤奋好学，刻苦钻研，学习成绩优异，品学兼优，爱好广泛，全面发展，积极推动班级学风建设；勤学善思，力行创新，帮助同学解决学习上的困难，带动同学共同进步。

（2）体育之星：具有良好的体育道德，体育方面有特长，热心体育活动，热心推广体育活动，能够带动和影响周围同学参加体育锻炼，积极参加校园内外各项运动比赛并取得突出成绩为学校和班级赢得荣誉。

（3）道德之星：能够自觉践行社会主义核心价值观，尊敬师长，孝敬父母，不计较个人得失，拾金不昧，助人为乐，积极向上，具有正义感，能够做到临危不惧，见义勇为，深受他人敬佩。

（4）环保之星：自觉保护卫生、绿化等设施，做到垃圾分类，爱护花草树木，节约用水。主动爱护维修班级和学校的公共设施。

3. 举办中华优秀传统文化知识竞赛

组织学生开展中华优秀传统文化知识竞赛活动。中华优秀传统文化积淀着中华民族最深沉的精神追求，包含着中华民族最根本的精神基因，代表着中华

民族独特的精神标识，是中华民族生生不息、发展壮大的丰厚滋养。所以，培育和践行社会主义核心价值观需要立足中华优秀传统文化。通过举办中华优秀传统文化知识竞赛活动，加深学生对中华优秀传统文化的理解和社会主义核心价值观的认识，坚定学生的文化自信。

第五章 明大德守公德严私德

一、教学目标

1. **知识目标**：使学生认识道德的起源、本质和功能作用，了解道德的形成和发展过程；理解中华传统美德的基本精神，认识中国革命道德的形成发展、主要内容和当代价值，理解借鉴人类文明优秀道德成果的必要性，把握优秀道德成果创造性转化和创新性发展的原则立场和基本方针；把握社会主义道德的核心和原则，了解公共生活、职业生活、网络生活、恋爱婚姻生活的特征和意义，掌握社会公德、职业道德、网络道德、家庭美德、个人品德的主要内容和基本规范；掌握提升道德修养水平、锤炼高尚道德品格的理论和方法，认识向上向善、知行合一的现实途径。

2. **价值目标**：引导学生形成道德伴随人类社会始终并随着人类历史的演进而不断变化发展的观念，形成道德具有法律和政治等社会关系调节手段不可替代功能和作用的观念；确立推进社会主义道德建设必须传承中华传统美德、发扬中国革命道德、借鉴人类文明优秀道德成果并对优秀道德成果进行创造性转化和创新性发展的观念；确立社会主义道德建设必须坚持以为人民服务为核心、以集体主义为原则，必须积极推进社会公德、职业道德、网络道德、家庭美德、个人品德建设的观念；确立大学生投身崇德向善的道德实践必须向道德模范学习、参与志愿服务活动、引领社会风尚，自觉抵制各种不道德现象，同各种违背公民道德行为作斗争的观念。

3. **能力目标**：增强学生对道德本质和功能作用的认识能力，对先进与落后道德现象的辨识能力；增进学生传承中华传统美德、发扬中国革命道德、借鉴人类文明优秀道德成果的能力；提升学生奉行为人民服务道德核心、集体主义道德原则和遵守社会公德、职业道德、网络道德、家庭美德、个人品德规范的能力；使学生具备加强道德修养、锤炼高尚道德品质和学习道德模范、参与志愿服务活动、引领社会风尚的能力。

4. **素养目标**：增进学生传承中华传统美德、发扬中国革命道德、借鉴人类文明优秀道德成果的价值认同，使学生形成践行为人民服务道德核心、集体主义道德原则和社会公德、职业道德、网络道德、家庭美德、个人品德规范的自觉意识，养成他们加强道德修养、锤炼高尚道德品质和向上向善、知行合一的道德修养习惯。

二、内容提要

道德是以善恶为评价方式，主要依靠社会舆论、传统习俗和内心信念来发挥作用的行为规范的总和。劳动是道德起源的首要前提，社会关系是道德赖以产生的客观条件，人的自我意识是道德产生的主观条件。道德是反映社会经济关系的特殊意识形态，是社会利益关系的特殊调节方式，是一种实践精神；道德具有特殊的功能和作用。在道德的功能系统中，认识功能、规范功能、调节功能是最基本的功能，此外还有导向功能、激励功能等。道德的作用表现在，它是一种为经济基础的形成、巩固和发展服务的重要精神力量，对其他社会意识形态的存在有着重大影响，通过调整人们之间的关系维护社会秩序和稳定，是提高人的精神境界、促进人的自我完善、推动人的全面发展的内在动力，是阶级社会中调节阶级矛盾和对立阶级之间开展阶级斗争的重要工具。在道德作用问题上，要反对"道德万能论"和"道德无用论"。只有反映先进生产力发展要求和进步阶级利益的道德，才会对社会的发展和人的素质的提高产生积极的推动作用；迄今为止，人类社会出现了原始社会的道德、奴隶社会的道德、封建社会的道德、资本主义社会的道德、社会主义社会的道德。在社会主义社会，有一部分先进分子，还身体力行共产主义道德。每一个社会都有与其经济基础相适应的占统治地位的道德。在同一社会形态中，不同的阶级或人群会有不同的道德。在阶级社会中，占社会统治地位的道德是统治阶级的道德，而同时存在着的其他阶级的道德则处于从属地位。人类道德的发展是一个曲折上升的历史过程。

推进社会主义道德建设，必须传承中华传统美德，发扬中国革命道德，借鉴人类文明优秀道德成果。中华传统美德的基本精神可以概括为：重视整体利益，强调责任奉献；推崇"仁爱"原则，注重以和为贵；提倡人伦价值，重视道德义务；追求精神境界，向往理想人格；强调道德修养，注重道德践履。对中华传统美德，要在去粗取精、去伪存真的基础上坚持古为今用、推陈出新，努力实现中华传统美德的创造性转化和创新性发展。在对待传统道德的问题上，要反对复古论和虚无论这两种错误思潮。中国革命道德是中国共产党人、人民军队、一切先进分子和人民群众在中国革命、建设、改革中所形成的优秀道德。中国革命道德具有丰富的内容，包括为实现社会主义和共产主义理想而奋斗，全心全意为人民服务，始终把革命利益放在首位，树立社会新风、建立新型人际关系，修身自律、保持节操。继承和发扬中国革命道德，有利于加强和巩固社会主义和共产主义的理想信念，有利于培育和践行社会主义核心价值观，有利于引导人们树立正确的道德观，有利于培育良好的社会道德风尚；借鉴和吸收人类文明优秀道德成果，要坚持以我为主、为我所用，批判继承其他国家的道德成果。

弘扬社会主义道德，必须坚持以为人民服务为核心、以集体主义为原则，推进社会公德、职业道德、网络道德、家庭美德、个人品德建设。为人民服务是社会主义道德的核心。为人民服务是社会主义经济基础和人际关系的客观要求，是社会主义市场经济健康发展的要求，是先进性要求和广泛性要求的统一。集体主义是社会主义道德的原则。集体主义强调国家利益、社会整体利益和个人利益的辩证统一，强调国家利益、社会整体利益高于个人利益，重视和保障个人的正当利益。根据我国现阶段经济社会生活和人们思想道德的实际，可将集体主义分为三个层次的道德要求：一是无私奉献、一心为公，二是先公后私、先人后己，三是顾全大局、遵纪守法、热爱祖国、诚实劳动。社会公德与公共生活密切相关。当今世界，公共生活的领域更为广阔，公共生活的重要性更加凸显。每一个社会成员，都应遵守以文明礼貌、助人为乐、爱护公物、保护环境、遵纪守法为主要内容的社会公德。网络生活中的道德要求，是社会公德在网络空间的运用和扩展。大学生应当遵守网络生活中的道德要求，成为营造清朗网络空间的正能量；在职业生活中，必须牢固树立劳动最光荣、劳动最崇高、劳动最伟大、劳动最美丽的观念。无论从事什么劳动，都要弘扬工匠精神。爱岗敬业、诚实守信、办事公道、服务群众和奉献社会是职业生活中的基本道德规范。大学生要树立正确的择业观和创业观，要注重家庭、注重家教、注重家风。要遵守恋爱、婚姻家庭中的道德规范。家庭美德以尊老爱幼、男女平等、夫妻和睦、勤俭持家、邻里团结为主要内容。大学生要树立正确的恋爱观和婚姻观。个人品德对道德和法律作用的发挥具有重要的推动作用，是个体人格完善的重要标志，是经济社会发展进程中重要的主体精神力量。个人品德需要不断地通过道德修养加以提升。加强道德修养，提升个人品德，应借鉴历史上思想家们所提出的各种积极有效的方法，并结合当今社会发展的需要身体力行，做到学思并重、省察克治、慎独自律、知行合一、积善成德。大学生要锤炼高尚道德品格，形成正确的道德认知和道德判断，激发正向的道德认同和道德情感，强化坚定的道德意志和道德信念。

大学生投身崇德向善的道德实践，要向道德模范学习，积极参与志愿服务活动，引领知荣辱、讲正气、做奉献、促和谐的社会风尚。

三、教学重点

1. 道德的本质、功能和社会作用。
2. 中华传统美德的基本精神、中国革命道德的形成和发展及当代价值。
3. 集体主义道德原则。
4. 崇德向善的方法和途径。

四、思想理论要点阐释

1. 道德原意是什么？

道德在人类发展史上是一个古老的话题，随着社会的发展和道德科学研究的深入，对道德的认识也不断深入。

道德是对人们的行为进行善恶评价的心理意识、原则规范和行为活动的总和。在我国，道德源远流长，在公元前5世纪开始就已经有了"道德""人伦"的概念。最初，先秦文献中，"道"字与"德"字多分开使用。从词源上看，"德"字先于"道"字出现，"德"最早出现于殷墟甲骨文中，"道"字的首次出现则是在甲骨文之后的金文里。

从"道"的造字来看，它首先指的是一种走路的具体行为相关的动作。"道"的造字本义是向导、带路，给不知方向的人引路。"道"的甲骨文字形是"行"（意为"四通的大路"）中间加"人"，表示人行走在路上。金文的"道"，有的用"首"（意为"头脑"）和"止"（意为"行"），有的用"首"和"又"（意为"抓"），有的用"爪"（意为"抓"）、"又"和"曰"（意为"说"）替代甲骨文字形中的"人"，或表示人在路上且思且行，或强调行路时的牵拉引导之意。段玉裁的《说文解字注》中提出:"首者,行所达也。"①这是说人和物所经行的通达一定目标的道路。《说文解字》解释说"行,人之步趋也",可以看出"道"的最初含义就是指道路,道字的几个组成部分均与行走道路有关。如《易经·履卦》中有"履道坦坦",意为行走的大路平坦。故《说文解字》又说:"道,所行道也。从辵,从首。一达谓之道。"意思是虽然路有许多种,有的路是分岔的,有的路是四通八达的,但只有沿一个方向延伸的通达的大路,才称之为"道"。而落实在个体的人生实践中,只有走人生的正道,才能平安顺遂地度过一生,这正是中国古代哲学其中的深刻含义。因此"道"最初意义是指人、物所行走的道路,当"道"与人事活动相关时,也引申为一条指导人们行为道路方向的原则。道的这一原始意义一直保留下来,由人、物必行之路,进一步发展引申为人、物所必遵从的规律,必恪守的原则,以至于整个社会、自然之运行秩序和规律等。

南怀瑾先生认为,"道"字大约在古代便有三种意义与用法。(1)"道"就是道,也便是人世间所要行走的道路的道。犹如元人马致远在《天净沙·秋思》中所写的:"枯藤老树昏鸦,小桥流水人家,古道西风瘦马。夕阳西下,断肠人在天涯。"这个"古道西风瘦马"的道,便是道路的道。照《说文解字》的注释就是:"道者,径路也。"(2)"道"是代表抽象的法则、规律,以及实际的规矩,也可以说是学理上或理论上不可变易的原则性的道。如《左传》中所说的:"天道远,人道迩。"又如《中庸》首章所说:"天命之谓性,率性之谓道。"再如孙子所说:"兵者,诡道也。"(3)"道"是指形而上的道。如《易经·系辞》所说:"形而上者谓之道,形而下者谓之器。"又如《素书·原序》中所说:"离有离无之谓道。"

因此总体来说,中国古代文化道德中的"道",就有原则规范的意思。这表现在哲学范畴,指事物运动变化所必须遵循的普遍规律或事物的本体。其中,指整个宇宙或自然运动规律、法则的称"天道",指人类社会运动遵循的规则称"人道"。在政治领域,"道"指政治主张、思想体系,如"先王之道,尊师重道"。在伦理领域,"道"指道德准则。

"德"字来源于甲骨文,最初没有"心"符。罗振玉解释说:"德,得也,故卜辞中皆借为得字,视而有所得也,故从直。"即"德"为"直"与"行"二字合一体,取直视前方而行走之义。而直视前方者,心中又常有所期待,故"德,得也。"孙诒让解释为:"直,正见也"。商承祚认为,直字如目光凝视成一线直

---

① [汉]许慎撰,[清]段玉裁注. 说文解字注[M]. 上海:上海古籍出版社,1981.

视之形。叶玉森认为，卜辞中的德字即"循"字，同"巡"，有循行、了解情况、行视之意。金文与卜辞甲骨文中"德"字符略同，只是增加"心"符。因此"德"字从其字形判断，它的从直、从行，本初意义为人的一种动作、行为，与走路或巡视道路的行为有关。"德""道"二字有同源性。"德"的甲骨文字形中也有"行"（"四通的大路"），是"行"中间加"直"，表示大道直行。金文的"德"，有的承续甲骨文字形，有的加"心"，突出用心思考或心胸坦荡之意。造字本义为正直而行、心有所得。

  在西周初年，"德"已经有了所谓道德的含义。在《诗经》《尚书》《左传》等中均有体现。《诗经·大雅·烝民》云："天生烝民，有物有则。民之秉彝，好是懿德。"《尚书·康诰》："惟乃丕显考文王，克明德慎罚。"《尚书·召诰》："王其疾敬德。"《左传·隐公四年》："臣闻以德和民，不闻以乱。"《左传·庄公八年》："公曰：'不可。我实不德，齐师何罪？罪我之由。'《夏书》曰：'皋陶迈种德，德，乃降。'姑务修德以待时乎。"《左传·僖公五年》："臣闻之，鬼神非人实亲，惟德是依。故《周书》曰：'皇天无亲，惟德是辅。'又曰：'黍稷非馨，明德惟馨。'又曰：'民不易物，惟德繄物。'"《左传·文公七年》记载晋国贵族郤缺的言论说："正德、利用、厚生，谓之三事。"《左传·成公十六年》记载楚国申叔时之言："民生厚而德正，用利而事节。"《左传·襄公二十八年》记齐国晏婴之言："夫民生厚而用利，于是乎正德以幅之。"生活丰厚，器用便利，然后端正德行加以节制。这些都有德行、品德之义。

  随着"德"的含义在最初的直视而行的基础上加入"心"的参与和领悟，进一步发展为一切正直的行为即可称为有"德"，引申出对"道"的认识、践履而后有所得，所以也就有了"自得于内谓之德"的说法。"德"与"得"相通，一般指人在实行"道"的过程中内心有所得，所依赖的是内心的信念。东汉刘熙解释德："德者，得也，得事宜也。""德"通"得"，意思是把人和人之间的关系处理得合适，使自己和他人都有所得。《说文解字·心部》中释"德"为："惪，外得于人，内得于己也。从直，从心。"《说文解字·彳部》："德，升也。从彳，惪声。"即对人讲理，于己无愧，真诚无欺，表里如一。段玉裁注："外得于人，谓惠泽使人得之也。内得于己，谓身心所自得也。"段玉裁这种"以善念存诸心中，使身心互得其益；以善德施之他人，使众人各得其益"的注解，其实是指明处理人际关系时，既要有益于自身，又要有益于他人。说明了古人早就意识到了对"道"的遵行必定对人、对己都是有利的。

  由此可以看出，在中国古代文化中，"道"可以让我们顺利、通达地达到目的。自然活动中，遵循"道"，可以事半功倍；人事活动中，遵循"道"，可以社会稳定、生活幸福。而对"道"的遵守,对人来说则是一种"获得"。因此,"道"和"德"常常非常密切地联系在一起。正是因为"道"与"德"二者之间存在的密切关系,古人开始将"道德"连用,并赋予了较为明确的意义。

"道""德"二字的连用始见于春秋战国时期,在汉语中,"道"与"德"原本是两个不同的概念。最早将"道"与"德"两个词合并在一起使用的例子是《易经·说卦》和《荀子》。《易经·说卦》:"观变于阴阳而立卦,发挥于刚柔而生爻,和顺于道德而理于义,穷理尽性以至于命。""道"与"德"和"阴阳""刚柔"一样都是二词并举,实际上为二词,而不是现代上的"道德"意义。老子的门人文子把"尊道而贵德"合起来讲,在其《道德》篇中,将天地万物运动变化的内在规律及其法则之"道德"推广到社会人事,认为"非道德无以治天下……夫道德者,所以相生养也,所以相畜长也。"文子此处的"道德"意为人类社会发展的规律。在《管子》一书中,只有这一个地方使用了"道德"这一概念,《管子·君臣下》中曾说:"君之在国都也,若心之在身体也。道德定于上,则百姓化于下矣。"意思是说,如果统治阶级能以身作则,以道德来教育人民,则百姓就一定可以受到教化。但是,这里道德并没有明确的解释和定义。直到《荀子》才开始将"道德"连用,并赋予了较为明确的意义。在《荀子·劝学》篇云:"故学至乎礼而止矣。夫是之谓道德之极。"这就是认为,如果求学而达到了"礼"的境界,也就是达到了道德的极限。可见,在这里道德意指在社会生活中形成的道德品质、原则和规范。正如朱熹对"道德"一词所做的注解:道者,"人之所共由者也";德者,"得于心而不失也"(《四书章句集注·论语集注·卷一》)

由此可以看出,中国古代典籍中的"道德"一词包含有两个方面的主要内容:规则与品质。"道德"既是人们在社会生活中所应遵行的必要行为规则,调整人们相互关系的行为准则和规范;也是人们遵行规则之后的品质表现,即个人的思想品质、修养境界、善恶评价等。既是"道",也是"得"。在此意义上,道德不能仅仅停留在思想的层面上,还必须运用于实际行动。如果只是谈论书面上的言语、思想,不与实际相结合,那就不是真正意义上的道德。在中国传统社会中,思想家们不仅重视人们的伦理道德修养和道德境界,还强调应该在实际生活中发扬自己的高尚品德,形成良好的社会风尚。

现代汉语"道德"的英语翻译有 morals、morality 和 ethics 三种译法。在西方,道德 morals、morality,来自拉丁文的 mores(风俗)。mores(风俗)是拉丁文 mos(习俗、性格)的复数。mores 的本义就包含有风俗、习俗、性格等的内容。罗马人征服了希腊以后,古罗马思想家西塞罗根据希腊人们的道德生活经验，从 mores 一词创造了一个形容词 moralis，用以指国家生活中的道德风俗和人们的道德个性。西塞罗在翻译亚里士多德的著作时，用 moralis 一词来替代希腊语中的 ethike。morals、morality 和 ethics 在产生的过程中都曾替代过希腊语中的 ethike 一词，三词在词源上具有某种程度的同源性。因此，"道德"这个概念在希腊语的词源中可以认为和"风俗习惯"是同一个词。不过在西方的话语中，ethics 比 morals 和 morality 范畴更大。

源自古希腊语的"道德"，无论是 ethics 或 morals、morality，原本都有风尚、习惯、性格、行为、属性、内在本性、规定、规律等义，后引申为道德规范、行为品质、善恶评价等含义，moral、morality 原意包括"风俗、习惯、性格等的内容"，后来又演绎出"性格、品质、德行和德性"的意义。ethic 本义是表示所在地、共同居住地。荷马史诗《伊利亚特》中，ethics 只是表示一群人所共同居住的地方。在赫拉克利特那里，ethics 一词的最初含义是寓所。ethics 的含义后来逐渐扩大指"一群人的性格、气质及其所形成的风俗习惯"。

西方的"道德"一词亦当 ethics、morals 的本义扩大指人的性格、气质时，一般是指人的本性是善的（自然本性是善的）；后来 ethics、morals 也用于表示人的品格、德性（如勇敢、智慧等）时，它们的意义也由自然本性转向了社会本性。西方语义中的"道德"在发展过程中，从一开始"道德"的社会风俗特征与自然、个人品性特征相互兼具、交织在一起，兼具社会风俗和个人品性，与中国古代解释道、德的含义有殊途同归的效果。

由此可见，不管是中国还是西方，道德一词包含了社会的道德原则和个人的道德品质两方面的内容。它既是指在某一共同体中施行的、涉及主体间关系的外在规范——习俗，也是指内化于个体行为之中的由个体自身所信奉的内在规范——品性。引申其义，也有规则和规范、行为品质和善恶评价等意义。这就是说，无论在中国还是在外国，"道德"这一概念的原始规定中，都包含着行为准则和规范的含义。道德是对人们的行为进行善恶评价的心理意识、原则规范和行为活动的总和。道德既是一种善恶标准，又是一种行为标准；既表现为道德心理和意识现象，又表现为道德行为和道德活动现象，同时又表现为一定的道德原则和规范现象。

在古希腊人的观念里，伦理、道德源于生活本身，"道德"是与个体的生命和生活密切相关的。最初的"道德"指人们居住的场所，这一内容的产生在于，道德从本质上讲就是与人们的日常生活相关，道德来源于人的现实生活，是生活的需要。当道德的含义延伸为人们的性格、气质及风俗、习惯时，这时的道德就直接把人们的日常生活和社会交往关联起来，将"个人"与"社会"融合在一起。而在中国古代，道德从某种意义上来说是自然地调节人们的某些行为，依靠社会舆论、风俗习惯和内心信念使之保持着简单的社会生活与生命活动的秩序。道德是社会舆论、传统习惯和人们接受了某种道德观念后形成的内心信念。道德是一种社会意识，是一种特殊的规范调解方式，是一种实践精神。因此，"道德是社会制定或认可的关于人们具有社会效用的行为应该而非必须如何的非权力规范；简言之，也就是具有社会效用的行为应该而非必须如何的规范，是具有社会效用的行为应该如何的非权力规范"。

因此，从这个意义上说道德，就是以善恶为标准，它通过社会舆论、传统习俗和人们的内心信念来维系，是对人们的行为进行善恶评价的心理意识、原则规范和行为活动的总和。

2. 人类社会为什么需要道德？

习近平总书记在山东考察时曾讲到，"国无德不兴，人无德不立"。这不仅是对传统政治伦理理念如以德治国、以德立人等的现实回应，也是对当今中国具有的文化战略意义和现实关切的深远洞见，它积极而直接地回答了"人类社会为什么需要道德"这个社会问题。

纵观人类历史，道德形成是一个漫长的过程，同时，以社会文明的方式生活是人类发展的必然选择，也是人类超越其他物种，在生物世界脱颖而出且兴盛赓续的根本。在人类获得自身文明与社会文明的进程中，道德是其中最具基础意义和恒久作用的主要因素之一。关于道德的起源，马克思主义道德观认为，物质生活的生产方式制约着整个社会生活、政治生活和精神生活的过程。劳动是道德起源的首要前提，社会关系的形成是道德产生的客观条件，人的自我意识的形成与发展是道德产生的主观条件。

在原始社会，道德的产生与这一社会时期的各种"禁忌"、生产、生活习俗是紧密相连的，道德就是从这些东西中演化而来的。例如，道德起源于绝对平均主义的分配方式。处于原始社会，人类生产力水平很低，生产资料都是公有的，经济生活采用平均主义分配方法。随着劳动的日益深化和社会关系的日渐发展，个人与整体、个人利益与整体利益的关系也日渐突出，调整这类关系并对个人的行为提出明确的规范性要求，便成为道德产生的客观需要。否则便会威胁到整个氏族的生存和发展，进而影响个人的生存和发展。

随着人们头脑中意识的逐渐发展、扩散，如何做、做什么"有利"、做什么"有害"（实质上是最初的善恶观念）、应该如何、不应该如何的道德要求逐渐以观念、意识的形式被固定下来，并最终成为道德规范。氏族内部禁止通婚就是最初的道德规范。因此说，道德的产生源于人类生产和生活需要，它不是外在强加的，而是人类在生产和生活中自己创造的。

人类最早并没有道德规范，而是有一些风俗后成习惯，后来发展成为族规民约，随着生产的进一步发展和社会生活的复杂化、多样化，才产生初步的道德，以后不断逐步演变成为比较牢固的道德意识、道德心理和道德感情。

在奴隶社会和封建社会中，道德逐渐成为独立的社会上层建筑和意识形态，它在社会生活中所起的作用越来越重要，调控的范围不断扩大。这一时期的道德体现出进步与退步相伴随、政治道德化、道德宗教化等特征。统治阶级的道德以忠于国家、君主为最主要的道德原则，以维护人身依附和宗法等级关系为道德要求，鄙视劳动、歧视妇女、主张男尊女卑；被统治阶级的道德主要为顽强勇敢、团结互助、勤劳节俭、艰苦朴素，服从封建宗法和统治阶级统治。在中国封建社会中，道德的基本原则是三纲五常，孔子曾提出了君君臣臣、父父子子和仁义礼智等伦理道德观念，孟子进而提出"父子有亲，君臣有义，夫妇有别，长幼有序，朋友有信"的"五伦"道德规范。董仲舒按照他的大道"贵阳而贱阴"的阳尊阴卑理论，对五伦观念做了进一步的发挥，提出了三纲原理和五常之道。在传统社会，道德在社会管理和社会生活中发挥了极大的作用，道德的认知、调节、规范功能得到极大的运用。例如，中国封建社会中道德发挥的作用往往比法律发挥的作用更大，社会更强调礼治和德治。

在当今社会中，法律或法制是立国之基、治国之本，现代国家更是具有法治国家的特点，这毋庸置疑。但历史的经验告诉我们，仅仅依靠法律或法制是不够的，现代国家不仅需要健全的法律，同时也需要健全的道德伦理和文化精神。在现代国家，法治是建国立国的必要条件，而道德伦理和文化是建国立国兴国的充分必要条件。法律由国家制定，用国家强制力保障实施，通过利益调节；而道德以善恶评价的方式，通过舆论、内心信念来评判调节。道德和法律作为调节人们思想行为、协调人际关系、维护社会秩序的重要手段，二者相辅相成、相互促进。法治和德治是治国理政不可或缺的两种方式，二者如车之两轮或鸟之两翼，忽视其中任何一个，都将难以实现国家的长治久安。只有让法治和德治共同发挥作用，才能使法律与道德相辅相成，法治与德治相得益彰，做到法安天下，德润人心。

在未来的无阶级社会中，随着私有产权的消灭、一个没有阶级和国家并进行集体生产的社会的建立，近代意义的法律就不存在了，但是道德并不会随着人类社会的演进而消亡。相反，道德将在衡量个人品德，调节处理个人与他人、个人与社会之间关系，规范社会成员在社会公共领域、职业领域、家庭领域、个人生活领域的行为，促进全体社会成员具有"人人为我、我为人人"的自觉习惯和"毫不利己、专门利人"的高尚品德方面发挥巨大作用。道德作为广泛的、持久的、深入的精神力量，它将深刻地影响着人民的意志、行为和品格，也将深刻地影响着社会的存在与发展。

从横向维度来看，为什么当今世界或中国需要道德？从道德的本质来说，它是人类把握世界意义和自身价值的方式，也是人类社会风俗、礼仪、习惯的总和。它一般内含理想信念、行为规范、个人美德三个层面，并通过这三个层面对国家、社会、民族的发展和人的素质的提高发挥重要作用。

首先，理想信念是统摄社会和个人的价值目标。对于国家和社会、民族、人类个体，都需要社会理想和个体人生的精神支柱，没有精神信念做支撑，国家和社会不仅难以获得持续发展的精神动力，甚至连基本的社会团结和集体行动也不可能。历史经验反复证明，理想信念是一个民族、一个国家的精神力量之所在，是社会核心价值观的根基，是社会文化软实力的灵魂。对于个人而言，崇高的理想信念也是个人得以顶天立地的内在根本力量。

其次，行为规范是维系人类社会生活秩序的基本方式之一。它既是现代社会法制的主要支援体系，又具有法制所不及的作用和内在力量。在中国传统社会，它甚至同时具有法理和伦理的双重功能。它在个人道德自律、家庭伦理秩序、邻里社群交往及社会公共生活领域中都发挥着不可替代的引领和规范作用。

再次，个人美德是美德伦理中的重要主题之一。美德即人的德行的卓越和德性的完善。个人美德既是个人德性和德行在社会中的完美实现，也体现了社会道德文化和社会文明发展的高度。因而，追求人格完善对人的素质的提高和社会文明的发展都能起到积极的推动作用。

在中国现代化建设"五位一体"的总体布局中，需要道德在政治、经济、文化、社会和生态文明建设中发挥认识、规范、调节、激励、导向、教育等作用。国家的文明和谐、社会生活的公正有序规范、个人的美德追求都需要道德发挥兴国立人的强大精神力量。德可兴国，德可立人，治国、成人还只是人类社会的起码要求，兴国、立人才是国家和国人的高度期待。

3. 中华传统美德的流变历史

中华传统美德，指的是中国历史发展长河中积淀流传下来的、有益于经济社会发展的中华传统文化中的精髓，是人们普遍认同的优秀道德遗产。它体现和投射在制度规范、思维方式、礼仪风俗、道德观念、行为习惯等人们日常行为的各个方面。中华传统美德既是中华民族优秀传统文化的基本内核，也是中华民族屹立于世界民族之林的精神支柱，又是培育和践行社会主义核心价值观的源头活水。因此从三个阶段考察，增强对中华传统美德基本问题的认知能力，是弘扬中华传统美德的前提和基础，更是实现中华传统美德创造性转化与创新性发展的逻辑起点。

第一，中国古代的中华传统美德体系的形成发展。中华传统美德源远流长，其源头可追溯到"六经"，即《诗》《书》《礼》《易》《乐》《春秋》，如"予怀明德"（《诗经·大雅·皇矣》）、"克明俊德"（《尚书·尧典》）、"克明德慎罚"（《尚书·康诰》）等。当然，这些文献中所说的"德"与我们今天所理解的道德，意义并不完全相同。它更多是指氏族或贵族集团的共同道德。但这种德已经开始关注政治、社会方面的"合道德性"，弘扬了商周时期圣贤的美德思想。周公提出道德教育要："以德配天""敬德保民""明德慎罚"。"孝""友""恭""信""惠"，为道德教育的基本内容。《尚书》中的"五教"，即"父义、母慈、兄友、弟恭、子孝"是西周时期的道德规范。这是中国传统道德的开端，从中也可以看出美德初现的一些观念和内容。

春秋战国时期，孔子继承了春秋时代的道德体系，提出了以"仁"为核心的儒家思想。在人和人相处中，强调要"推己及人"，关心他人。"己所不欲，勿施于人"，推崇"忠""孝""恕""悌"等美德精神。关于"忠"，孔子曰"臣事君以忠"（《论语·八佾》）。关于"孝"，孔子认为"父在观其志，父没观其行，三年无改于父之道，可谓孝矣"（《论语·学而》）。关于"恕"，"其恕乎！己所不欲，勿施于人"（《论语·卫灵公》）。关于"悌"，悌者，弟也，"弟子入则孝，出则弟，谨而信，泛爱众而亲仁"（《论语·颜渊》）。他经常提及的道德条目有仁、义、礼、智、孝、勇、忠、信、恭、宽、敏、惠等。孟子和荀子进一步发展和完善了"仁"，提出了一系列道德范畴，如"恭、宽、信、敏、惠、刚毅、木、讷、勇、敬、俭"等，提出了"四德""五伦"的道德教育思想和"修身、齐家、治国、平天下"的传统道德模式。除此之外，《中庸》还提出知仁勇"三达德"。所谓"达德"，就具有普遍性的道德之意。春秋时期，《管子·牧民》还提出："礼义廉耻，国之四维。四维不张，国乃灭亡。"将"礼义廉耻"视为立国的基本道德。在儒家著作中可以发现"仁爱""守礼""孝悌""中庸""诚信""忠诚""节俭""勇敢""虚心好学"等美德观念。

道家认为"道"指作为世界本原的运行规律，老子说："孔德之容，惟道是从。"（《老子》第二十一章）德来自对道的顺应与效法。从对世界本原——大道的独特体察出发，以老子与庄子为代表的道家学派崇尚自然，反对礼法，提出了异于儒家的自然主义伦理道德主张，包括道法自然、自然无为、贵柔不争、以德报怨等道德原则，也发展衍生出中华民族对虚怀若谷、宽容谦逊、以弱胜强、助人为乐美德和思想品格的认识。

墨家道德理论从社会功利的角度来衡量和考察道德原则的价值，墨子从人和人之间的相互尊重和功利原则的角度，提出"兼相爱，交相利"，将"兼爱"视为仁德，以此警戒、劝说当时的统治者和人民停止战争，和平相处，体现了无私奉献、非攻和平、兼爱仁义等美德观念。

汉武帝"独尊儒术"的思想主张让孔孟儒家的伦理思想深入人心，从此，中国传统道德形成了以孔孟儒家伦理思想为核心的伦理道德，这是中国传统道德发展的关键时期。两汉时期的董仲舒在此基础上提出"三纲""五常"，董仲舒在继承孟子"五伦"说，即"父子有亲、君臣有义、夫妇有别、长幼有序、朋友有信"的基础上，倡导"仁、义、礼、智、信"，认为"仁义礼智信五常之道"（《贤良对策》）。汉代人普遍认为人由五行之气（金木水火土）生成，均有"五行之性"，表现为"五常"之德。《白虎通义·性情》说："五性者何？谓仁、义、礼、智、信也……故人生而应八卦之体，得五气以为常，仁义礼智信也。"王充也说："五常之道，仁、义、礼、智、信也。"（《论衡·问孔》）五伦既包含家庭关系，也包含社会关系、政治关系（君臣关系），所以五常之德既包含家庭道德，也包含社会道德，还包括政治道德。另外，汉代除五常之外，还发展出三纲的说法，即君为臣纲、父为子纲、夫为妻纲。董仲舒说："王道之三纲，可求于天。""君臣、父子、夫妇之义，皆取诸阴阳之道。"（《春秋繁露·基义》）《白虎通义·三纲六纪》也说："三纲者，何谓也？谓君臣、父子、夫妇也……故《含文嘉》曰：'君为臣纲，父为子纲，夫为妻纲。'"汉代思想家为"三纲五常"的神圣性、永恒性、合理性做出了论证。"五常"中强调的"仁、义、礼、智、信"便是他们所提倡的五种美德。这种传统美德非常重视每个人在人伦关系中的地位及其价值，强调每个人都必须根据规范的要求，来尽自己的义务。

宋代以后，仁义礼智信被提高为最高道德原则。宋代思想家进而提出了"忠孝节义"四大德目，又将孟子所说的孝悌忠信与管子提倡的礼义廉耻合起来形成"八德"观点。如朱熹就说："夫所谓圣贤之学者，非有难知难能之事也。孝悌忠信，礼义廉耻，以修其身而求师取友，颂诗读书，以穷事物之理而已。"[①] 明代王阳明在他著名的《训蒙大意示教读刘伯颂等》也说："今教童子，惟当以孝弟忠信礼义廉耻为专务。"八德作为一般道德，更容易被民众接受，从而在社会上广泛流传。同时在宋代，程朱理学家把儒家以"三纲五常"为核心的纲常

---

① 《御纂朱子全书》卷五，文渊阁四库全书本。

名教提升为"天理",赋予其至高无上的绝对权威。主张以"公义"灭"私利",以"天理"灭"人欲"。正是从国家利益和整体利益的原则出发,中国古代思想家强调在"义"和"利"发生矛盾时,应当"义以为上""先义后利""见利思义",主张"义然后取",反对"重利轻义"和"见利忘义"。这种提倡"先义后利"和反对"见利忘义"的美德思想,不但在中华民族的长期发展中起了积极的作用,而且对提高我国当前的道德水平仍有重要意义。

在宋元明清时期,中国传统道德的发展得到了进一步的深化,突出表现是程朱理学把中国传统道德推向了哲理化的阶段。中国传统道德中的精华包括:孔子的"仁者爱人"、孟子的"民本"思想,宋代的"义利之辨"和明代王阳明的"良知"美德的最高境界说。这些道德思想衍生出"天下兴亡,匹夫有责"的爱国主义精神,"天行健,君子以自强不息"的积极进取精神,"先天下之忧而忧,后天下之乐而乐"的天下为公、先人后己的精神,"见利思义""先义后利"的价值取向,"富贵不能淫,贫贱不能移,威武不能屈""杀身成仁""舍生取义"的高风亮节和浩然正气,吃苦耐劳、勤俭节约的生活态度,以及"己所不欲,勿施于人""成人之美""以直报怨"的人际交往观念和友爱思想,等等。正是这些中华传统美德表现出中华民族崇高的民族气节、伟大的民族精神、优良的民族品格,成为中华民族实现民族复兴的精神引领和凝聚中国力量的精神纽带。

第二,近现代中华传统美德的思考和重建。1840年爆发了鸦片战争,从此中国逐步沦为半殖民地半封建的社会。中国人民深受帝国主义和封建主义的双重压迫和统治,阶级矛盾和民族矛盾空前尖锐,阶级斗争和民族斗争非常残酷。在这一历史阶段,传统道德一方面受到西方文化的冲击,表现为一些思想家对封建旧道德的批判,呈现出继承中华民族优秀传统美德,学习西方先进道德思想的特点;另一方面,中华民族的传统美德突出表现为革命传统的形成和发扬光大。

这一时期,西方的一些伦理道德观念涌了进来,对传统的道德观念造成了一定的冲击。严复认为当时之急务在于"鼓民力、开民智、新民德"(《原强》),其中就包含用资产阶级新道德来变革封建的旧道德。康有为在《孟子微》中也认为孟子是民权的首倡者,提倡平等、自立,宣传"民为主、君为仆"的新观念。谭嗣同则发出了"冲决网罗"的呼喊,对三纲全面否定,极力表彰五伦中的朋友一伦,认为只有它体现了平等、自由、自主的精神,其他四伦都是不平等的关系。

梁启超认为道德分为公德和私德,他极力提倡公德,认为公德是建立群体和国家的基础,呼吁大家树立国民意识。"知有公德,而新道德出焉矣,而新民出焉矣。"(《新民说·论公德》)对传统的道德条目,梁启超对其中有些可能与现代价值相冲突的道德则给予新的转化,如"忠君"之"忠"可以转化为对国家的忠。他对孝道的理解也主要从报恩的意义上来理解,而剔除了其中的不平等因素。

孙中山先生认为,中国传统道德是中华民族的立身之本,对待中国固有道德中好的成分要加以保存,不能丢弃。应继承中华民族优秀道德传统,同时学习"欧美之法",提倡"自由、平等、博爱"的精神。他批评当时那些醉心西方新文化的人排斥中国传统道德,认为先要以固有道德为基础,恢复民族地位,然后再以固有道德中的和平思想为基础,才能实现世界大同。孙中山先生特别提出了八种重要的固有道德(八德),即"忠孝、仁爱、信义、和平"道德规范[①]。他所主张的以爱国主义为主线,继承中华民族优秀传统道德,学习西方先进道德思想的观点启迪了这一时期无数革命志士,其所表现的前仆后继的革命精神和革命传统值得我们继承和学习。

在进入新民主主义革命时期后,中华民族传统美德的发展也进入了一个新的历史时期。这个时期新的文化,形式是民族的,内容则是新民主主义的,尽管出现过复古主义与民族虚无主义的思潮,并对中华民族传统美德有过冲击作用,但它的主流则是中华民族传统美德进入了形成革命传统的新阶段。这种革命传统与中国古代优秀道德传统有着历史的联系,毛泽东在《新民主主义论》一书中对此进行了科学的阐述:"中国的长期封建社会中,创造了灿烂的古代文化。清理古代文化的发展过程,剔除其封建性的糟粕,吸收其民主性的精华,是发展民族新文化提高民族自信心的必要条件……中国现时的新文化也是从古代的旧文化发展而来。因此,我们必须尊重自己的历史,决不能割断历史。"但新时期的革命传统又不是中国古代优秀传统道德的简单的历史延续,而是一次质的飞跃,是中华民族传统美德在新时代的升华。在马克思主义、毛泽东思想指导下,在无产阶级及其政党——中国共产党的领导下,在人民大众的反帝反封建的民族民主革命和人民革命战争、民族解放战争的实践中所形成的革命传统,有着集古代优秀传统道德之大成的独有特点,形成和发展了崇尚民族气节和革命气节的传统,以及为人民服务、爱国主义、艰苦奋斗、团结友爱等优良传统。

中华人民共和国成立以后,对传统道德进行深入、系统研究,并试图对其

---

① 孙中山. 三民主义[M]. 北京:九州出版社,2011:52-53.

进行批判继承，20世纪50年代到1965年，学术界曾有过四次规模较大的关于道德遗产批判继承问题的讨论。第一次是1951年，史学界讨论岳飞是不是民族英雄。第二次是1957年哲学界关于如何继承中国封建道德遗产的讨论，争论的问题包括孔子"仁者爱人""己所不欲，勿施于人"等道德范畴能不能继承等。当时冯友兰认为封建的伦理道德具有抽象意义和具体意义，具体意义有阶级性不可继承，抽象意义没有阶级性可以继承。冯友兰的观点被后人称为"抽象继承法"，当时许多人对这种观点持反对意见，主张剥削阶级的道德无产阶级无法继承，这种观点被称为"平行继承法"。第三次是1960年，戏剧界对于传统剧目中的忠、孝、节、义的思想的质疑，一部分人认为这类思想具有封建性，只是为统治阶级服务，绝不是劳动人民的；另一些观点则是觉得这类思想也有人民性的一面，例如秦香莲在包公面前痛骂陈世美"不忠、不孝、不仁、不义"，说明忠、孝、节、义也是劳动人民的道德观念。第四次是1962—1965年关于道德遗产批判问题的又一次大讨论。相比于第二次讨论，这次的范围更广、时间更长、内容更深。这场讨论开始于吴晗的文章《说道德》和《再说道德》，其中心是如何理解阶级道德和统治阶级的道德以及道德能否继承的问题。当时对此问题产生了三种不同的看法：第一种认为剥削阶级的某些优良道德部分是可以继承的；第二种看法是剥削阶级的道德原则根本不能继承；第三种观点是道德这种意识形态是为一定的经济关系或阶级利益服务的，无产阶级要继承的是历史上和统治阶级相对立的革命的民主的优秀道德传统。这四次讨论对传统道德的否定逐渐占了上风。

　　第三，新时期对中华传统美德的研究。1978年，党的十一届三中全会以后，我国进入改革开放的新时期，党和政府进行拨乱反正，开始重视和推动思想道德建设与传统美德的弘扬，此时关于中华美德的讨论和研究势头迅猛。中华民族传统美德的发展也进入了一个全新的阶段。这一时期中华民族的传统美德集中体现在当代英模美德上。中华民族传统美德教育的理论研究和在中小学所进行的中华民族传统美德教育的实验研究也被列入国家教育科学研究"八五"和"九五"期间的重点课题，它对挖掘中国传统道德的资源、继承和弘扬中华民族的古代优秀道德传统和近代革命传统及当代英模美德、克服民族虚无主义和复古主义思潮的消极影响、加强学校基础道德教育和优良的行为规范的养成教育进行了十分有益的工作。

　　党和政府十分重视传统美德的继承和发展。邓小平同志非常重视发挥爱国主义传统美德在社会主义建设中的重要作用，他指出："必须发扬爱国主义精神，提高民族自尊心和民族自信心。""中华民族自古就有以诚为本、以和为贵、以信为先的优良传统。中国在处理国际关系时始终遵循这一价值观。"1994年，中共中央、国务院印发了《爱国主义教育实施纲要》，把"要进行中华民族优秀传统文化教育"作为爱国主义教育的重要内容。2001年，中共中央印发了《公民道德建设实施纲要》(以下简称《纲要》)，强调"要继承中华民族几千年形成的传统美德"。按照《纲要》的要求，进一步发挥课堂教学在青少年学生道德建设中的主阵地和主渠道作用，增强课程的渗透性。高校思想道德修养与法律基础课程以学习、落实《纲要》为契机，以《纲要》进教材、进课堂、进头脑、见行动、出实效，将继承中华传统美德作为教学重点之一。2004年，中共中央、国务院发出《关于进一步加强和改进大学生思想政治教育的意见》，明确要求在大学生思想政治教育中要发挥民族优秀传统文化的作用，要对当代大学生深入进行弘扬和培育民族精神教育。十四届六中全会审议通过了《中共中央关于加强社会主义精神文明建设若干重要问题的决议》(以下简称《决议》)，指出："弘扬中国古代优良道德传统和革命传统，吸取人类一切优秀道德成就，努力创造人类先进的精神文明。"《决议》明确指出了建设有中国特色社会主义道德体系的指导思想、基本任务、基本内容和基本途径，中国优秀的民族思想道德进入了全面建设有中国特色社会主义道德的崭新历史阶段。2006年初，胡锦涛总书记提出社会主义荣辱观教育，非常重视中国传统文化的作用："中华文明历来注重自强不息，不断革故鼎新……中国人民在改革开放中表现出来的进取精神，在建设国家中焕发出来的创造热情，在克服前进道路上的各种困难中表现出来的顽强毅力，正是这种自强不息精神的生动写照。"

2012年十八大报告明确提出"建设优秀传统文化传承体系"。2017年2月更是首次以中央文件的形式公布了《关于实施中华优秀传统文化传承发展工程的意见》专题阐述中华优秀传统文化传承发展工作，其中重点内容强调了传统文化传承和发展要贯穿国民教育的始终，围绕立德树人根本任务，遵循学生认知规律和教育教学规律，按照一体化、分学段、有序推进的原则，把中华优秀传统文化全方位融入思想道德教育、文化知识教育等环节，推进以教材为重点，构建中华文化课程和教材体系，修订中小学德育课程教材等举措，充分体现了国家越来越重视传统文化资源的开发与利用。

党的十八大以来，习近平总书记非常重视传统道德的批判、继承与发展问题，多次强调要弘扬传统美德。习近平总书记在十八届中央政治局第十三次集体学习的讲话中重点提道："要认真汲取中华优秀传统文化的思想精华和道德精髓，大力弘扬以爱国主义为核心的民族精神和以改革创新为核心的时代精神，深入挖掘和阐发中华优秀传统文化讲仁爱、重民本、守诚信、崇正义、尚和合、求大同的时代价值，使中华优秀传统文化成为涵养社会主义核心价值观的重要源泉。要处理好继承和创造性发展的关系，重点做好创造性转化和创新性发展。""推动物质文明和精神文明协调发展，加快文化改革发展，加强社会主义精神文明建设，建设社会主义文化强国，加强思想道德建设和社会诚信建设，增强国家意识、法治意识、社会责任意识，倡导科学精神，弘扬中华传统美德。"其深刻强调了在传统文化中，我们先人一直以来对仁爱、民本、诚信、正义、和合等中华传统美德的重视。习近平总书记还把革命文化、社会主义先进文化融入整个中华传统文化的版图里，使中华传统文化成为中华民族的精神力量。2019年10月，中共中央、国务院印发的《新时代公民道德建设实施纲要》中指出："中华传统美德是中华文化精髓，是道德建设的不竭源泉。要以礼敬自豪的态度对待中华优秀传统文化，充分发掘文化经典、历史遗存、文物古迹承载的丰厚道德资源，弘扬古圣先贤、民族英雄、志士仁人的嘉言懿行，让中华文化基因更好植根于人们的思想意识和道德观念。深入阐发中华优秀传统文化蕴含的讲仁爱、重民本、守诚信、崇正义、尚和合、求大同等思想理念，深入挖掘自强不息、敬业乐群、扶正扬善、扶危济困、见义勇为、孝老爱亲等传统美德，并结合新的时代条件和实践要求继承创新，充分彰显其时代价值和永恒魅力，使之与现代文化、现实生活相融相通，成为全体人民精神生活、道德实践的鲜明标识。"可见，继承并弘扬中华传统美德对大学生进行传统文化教育已是高等学校思想政治工作的重要内容之一。

  与此同时，学术界对传统美德的讨论攀上新的高峰。如张岱年、方克立指出："所谓'传统美德'，是指在自觉的或习俗的道德规范中那些为大多数人所接受并实际奉行的，而且是古今一以贯之的在现代仍发挥着积极影响的那些德目。"张岱年出版了专著《中国伦理思想研究》，而且还撰写了三篇文章讨论中华传统美德与建设社会主义新道德之间的关系。在《建设新道德与弘扬传统美德》一文中，他提出："道德因时代不同而不同，但是也有一些道德规范不仅适用于一个时代而具有较长时期的适宜性，虽然不是永恒的原则，而是长期内必须遵守的准则。"

  一些学者通过探讨传统美德包含的内容来整合传统美德的概念。以唐君毅为代表，唐君毅的《人文精神之重建》认为"儒家社会文化思想在人类思想中有着莫大的地位"。学者梁漱溟在《中国文化要义》中提出在儒家思想影响下，中国人形成了一种向上的精神。

  以张欣为代表，在《中华传统美德与民族精神培育》中，她认为中华民族传统美德，主要是指先秦以来到辛亥革命时期，以儒道墨法各家伦理道德传统为内容的伦理思想和道德行为的精华。

以栾传大、李逢春为代表,栾传大认为"所谓中华民族传统美德,就是指中国历史流传下来,具有影响、可以继承、有益于后代的优秀道德遗产。从内容上来概括,中华民族传统美德是中华民族优秀民族品质、优良民族精神、崇高民族气节、高尚民族情感和良好民族礼仪的总和。从历史长河流淌轨迹来看,她不仅包含古代传统美德,亦包含近代革命传统美德和当代英模美德。"中华传统美德包括古代、近代和当代的优良品质。李逢春认为"周秦文化中的礼乐文化、伦理道德文化也都是炎帝一系列事迹所提供的物质文化、精神文化,包括伦理道德文化在内的基础上产生和发展起来的",可见他认为中华传统美德应追溯到炎黄时期。

还有一些学者从"修身""齐家""治国"三方面充实传统美德的含义。王泽应将中华传统美德分类为个人处世美德、家庭生活美德、职业生活美德、公共生活美德、国家民族生活美德五种。王华根据人与自身、人与他人、人与国家三方面的关系来把握和概括出中华民族十大传统美德。与此同时,许多关于传统美德的专著、读物、论文相继发表,例如1995年由原国家教委组织编写的《中华传统道德》、夏伟东主编的《中华传统美德丛书》以及《传统美德故事》《中华五千年美德》等教材和读物的出版在社会上都引起了强烈的反响。

国外对中国古代传统道德研究颇多。其中,日本的统治思想中所包含的"忠""德""诚""和"等理念处处体现儒家思想对日本文化的渗透。房中甫、李二和的《海上七千年》中记载着日本文化中的文字、医药、茶道、饮食、服饰、礼仪等无一不受中国影响,尤其是古代中国《礼记》的传入,最终不断发展成就了日本的"大和文明"。历史证明,日本是受中华传统美德影响最深的国家之一。

在韩国社会的道德中,一直秉承着我国宋代提出的"孝、悌、忠、信、礼、义、廉、耻",体现了中华传统美德在韩国民众道德教育中的重要作用。新加坡的国家体系也深受中华传统美德的影响,将"忠孝仁爱礼义廉耻"作为国家道德、治国之纲。该价值体系深刻融入儒家思想,把儒家价值观提升为国家意识,在新加坡教育部课程发展署主编的《儒家伦理》和新加坡政府发表的《共同价值观白皮书》中可见。

通过上述对已有相关研究成果的整理,我们可以发现,传统美德的相关问题一直以来都受到学界的关注。我们只有正确认识中华传统美德孕育发展的历史进程,认识到中华传统美德的特性和价值,才能更好地继承和发展我们中华民族传统文化的精华,并通过对中华传统美德创造性发展和创新性转化来推动和实现道德重建。

4. 优秀道德成果的创造性转化和创新性发展

2014年9月24日,习近平主席在纪念孔子诞辰2565周年国际学术研讨会暨国际儒学联合会第五届会员大会开幕会上发表的讲话中提出"创造性转化"的问题:"要坚持古为今用、以古鉴今,坚持有鉴别的对待、有扬弃的继承,而不能搞厚古薄今、以古非今,努力实现传统文化的创造性转化、创新性发展,使之与现实文化相融相通,共同服务以文化人的时代任务。"中共中央宣传部编著的《习近平总书记系列重要讲话读本》对"创造性转化"的内涵进行了进一步阐释,认为其主要是指要按照时代特点和要求,对那些至今仍有借鉴价值的内涵和陈旧的表现形式加以改造,赋予其新的时代内涵和现代表达形式,激活其生命力。

2017年1月25日,中共中央办公厅、国务院办公厅发布并实施了《关于实施中华优秀传统文化传承发展工程的意见》,这是中华人民共和国历史上第一次以中央文件的形式,专题阐述中华优秀传统文化传承发展工作。该意见对如何实施中华优秀传统文化传承发展工程做出了具体指导要求,其中指出:"中华优秀传统文化蕴含着丰富的道德理念和规范,如天下兴亡、匹夫有责的担当意识,精忠报国、振兴中华的爱国情怀,崇德向善、见贤思齐的社会风尚,孝悌忠信、礼义廉耻的荣辱观念,体现着评判是非曲直的价值标准,潜移默化地影响着中国人的行为方式。传承发展中华优秀传统文化,就要大力弘扬自强不息、敬业乐群、扶危济困、见义勇为、孝老爱亲等中华传统美德。"5月7日中共中央办公厅、国务院办公厅再次印发了《国家"十三五"时期文化发展改革规划纲要》,并发出通知,要求各地区各部门结合实际认真贯彻落实。该纲要明确了全面实现文化发展改革的目标任务,其中包括"中华优秀传统文化传承体系基本形成,中华民族文化基因与当代文化相适应、与现代社会相协调,实现传统文化创造性转化和创新性发展"。

党的十八大以来,习近平总书记非常重视传统道德的批判、继承与发展问题,多次强调要弘扬传统美德,要在批判继承基础上对传统美德进行创造性转化与创新性发展,以充分发挥其教人育人的社会作用,并作为当代中国的文化创新成果向世界传播。"对历史文化特别是先人传承下来的价值理念和道德规范,要坚持古为今用、推陈出新,有鉴别地加以对待,有扬弃地予以继承,努力用中华民族创造的一切精神财富来以文化人、以文育人。""要加强对中华民族优秀传统文化的挖掘和阐发,努力实现中华传统美德的创造性转化、创新性发展，把跨越时空、超越国度、富有永恒魅力、具有当代价值的文化精神弘扬起来，把继承优秀文化传统又弘扬时代精神、立足本国又面向世界的当代中国文化创新成果传播出去。""借鉴人类文明优秀道德成果"也由思想道德修养与法律基础课程2015年版教材中的一段扩充为2018版独立的一部分，这样就与中华优秀传统美德、中国革命道德和人类文明优秀道德成果一起构成一个体系，响应习近平总书记所提出的"不忘本来，吸收外来，面向未来"的要求。

《新时代公民道德建设实施纲要》中指出："坚持在继承传统中创新发展，自觉传承中华传统美德，继承我们党领导人民在长期实践中形成的优良传统和革命道德，适应新时代改革开放和社会主义市场经济发展要求，积极推动创造性转化、创新性发展，不断增强道德建设的时代性实效性。"进一步扩大了优秀道德成果的内涵与外延，使之不仅停留在对优秀传统文化的继承，还包括党的优良传统、革命道德精神及人类优秀道德成果。

因此，我们要继承和弘扬中华传统美德，实现优秀道德成果的创造性转化和创新性发展，这既包含着中国古代社会的优秀传统道德，也包含着中国近代以来的革命道德和人类优秀道德成果。对于新时代优秀道德成果的创造性转化和创新性发展应该结合时代要求，按照是否有利于推动中国特色社会主义事业，是否有利于建设社会主义道德体系，是否有利于培育和践行社会主义核心价值观的标准，坚持古为今用、推陈出新的原则，为社会主义道德建设提供丰厚的道德资源，发挥中华传统美德和革命道德人伦日用的化育功能，丰富人们的精神世界。

中华民族传统道德是一个矛盾体，具有鲜明的两重性。属于精华的部分，表现出积极、革新、进步的一面；属于糟粕的部分，则表现出消极、保守、落后的一面。一般来说，中国古代优秀传统道德主要是指以儒家伦理传统为主要内容的道德思想精华，同时，吸收和融合了道家、墨家、法家、佛教等道德思想的优秀成果，有着极为丰富的内容。传统道德常常是精华与糟粕并存的。正确对待传统道德就是要坚持马克思主义立场、观点和方法，批判继承中国传统道德，这是实现创造性转化的根本前提。

批判继承，是马克思主义对待人类伦理文化总的指导性原则，就是要用辩证唯物主义和历史唯物主义的态度批判地继承，对经过选择而吸取的道德遗产，根据当前历史进步的要求和广大人民群众的利益，根据建设中国特色社会主义的需要，予以加工和改造，从而抛弃其封建的、落后的、消极的方面，吸收其反映人民利益的、科学的、积极的方面，而不是简单地继承或不加批判分析地全面继承。批判继承要求把批判与继承有机结合起来，在批判的基础上继承，在继承的同时不忘批判。

首先，对那些基本上属于精华的传统道德应当进行分析。例如忠孝，古代的忠孝是为帝王服务的，统治者提倡为国尽忠。但普天之下，莫非王土，报国尽忠就是忠于君王。今天，我们应除去忠君内涵，坚持忠于祖国和忠诚老实地为人处世。孝敬父母，天经地义，所以在今天，孝父母、敬师长应继承下去，只是要抛弃那些"父教子亡，子不得不亡""顺者为孝""不孝有三，无后为大"的愚孝内容。对于这一类基本上属于优秀传统道德的内容，只要坚持这种态度，就能够更好地加以继承。

其次，对于那些较为明显的精华与糟粕相交织甚至融合在一起的传统道德，更需要谨慎地加以鉴别和认真地加以消化。既不能全盘肯定，全面照搬；也不能全盘否定，全面抛弃。例如，"君子思义而不虑利，小人贪利而不顾义"（《淮南子·缪称训》）和"君子喻于义，小人喻于利"（《论语·里仁》）等道德思想。在中国古代社会，"君子"一般是指统治阶级的成员或有道德的人，而"小人"一般多指居下位的卑贱者，有时也指只顾私利而没有道德的人。"君子喻于义，小人喻于利"，一方面认为，只有统治者才明白大义，而劳动人民只知道小利；另一方面也认为，只有道德高尚的人才明白大义，而没有道德的人是只知道私利的。但在长期的剥削阶级占统治地位的社会内，统治者都只强调第一种理解，把他们自身视为是知道大义的，污蔑劳动人民只知道小利，从而为巩固他们的统治制造舆论。对于这一方面的内容，应当彻底地予以批判。但同时，也可以吸收其强调有道德的人是知道大义的人，而无道德的人是只谋私利的人的合理思想，并加以改造，使其在新的时代中，发挥积极的作用。又如在古代以"三纲五常"为原则和核心的传统道德体系中，"三纲"基本上属于腐朽和束缚人性的"糟粕"，而"五常"则可以视为维护人与人之间和谐发展的"多少带有民主性和革命性"的中华民族传统道德中的精华。

强调批判继承，从总体上来说，要抛弃为巩固传统的社会秩序和统治阶级的利益服务的内容。在传统道德体系中存在着大量糟粕：《增广览文》中有这样一句"结交须胜我，似我不如无"，要求"胜我"的原因无非是使之具有利用的价值，功利之心赤裸裸地显示出来；尽如"各家自扫门前雪，休管他人瓦上霜"，是个人利己主义的生动写照，是对我们所一贯倡导的见义勇为、助人为乐的一种莫大的嘲讽，所以对此类糟粕，要坚决摒弃。

因此，如果不能根据中国特色社会主义新的实践和新的发展，以辩证唯物主义和历史唯物主义观点去批判旧道德，否定旧道德中为统治阶级利益服务的内容，就不可能正确地继承。党的十九大报告指出，深入挖掘中华优秀传统文化蕴含的思想观念、人文精神、道德规范，结合时代要求继承创新，让中华文化展现出永久魅力和时代风采。只有坚持马克思主义道德观、坚持社会主义道德观，在去粗取精、去伪存真的基础上，坚持古为今用、推陈出新，培育和践行社会主义核心价值观，形成契合社会主义道德基本精神而又具时代气息的道德元素和价值符号，才能把握中华传统美德的历史性与时代性、民族性与世界性、思想性与实践性特征，才能在继承与超越中实现中华传统美德的现代转化和创新发展。就如习近平总书记《在文艺工作座谈会上的讲话》中所说："传承中华文化，绝不是简单复古，也不是盲目排外，而是古为今用、洋为中用，辩证取舍、推陈出新，摒弃消极因素，继承积极思想，'以古人之规矩，开自己之生面'，实现中华文化的创造性转化和创新性发展。"

总之，对于中华传统美德的创造性转化和创新性发展，首先要坚持以马克思主义为指导，运用马克思主义的科学观与方法论处理传统文化中的相关问题。坚持以社会主义核心价值观为引领奠定认识论基础，正确把握中国传统美德在当前道德建设与文化建设中的应有地位。其次，坚持与现代结合，在传统与现代的转化中适应当代中国社会发展需要。中华传统美德唯有对社会现实做出积极回应，不断引入问题意识，不断拓宽研究视野，才能获得持续发展的源头活水。再次，坚持与大众贴近，在继承与创新中发挥传统美德人伦日用的化育功能。既要重视传统美德人伦日用的原则，使传统美德与日常生活水乳交融，让传统美德中蕴含的伦理精神点点滴滴地导入人们的生活，产生化育的功能；同时，还要在形式上尽可能采取人民群众喜闻乐见和通俗易懂的方式，综合运用各种有效手段，包括运用现代科技与传播手段，开发利用中华传统美德的丰厚资源，对人民群众进行启迪，加强中华传统美德的教育。最后还要坚持与世界接轨，在全球文化激荡中实现传统美德的自主发展和更新。要加强与世界文化的交流，汲取世界各民族文化的长处，取长补短以实现自我更新，并在这个过程中保持自身的独特性，增强中华传统美德的国际影响力。

五四运动以来，在中国共产党的领导下，中国人民相继取得了新民主主义革命、社会主义革命和建设的胜利。在这一时期，涌现出无数的英雄人物和道德模范，他们身上所体现的优良道德品质，即中国革命道德也应当纳入优秀道德成果的范围。中国革命道德是指中国共产党人、人民军队、一切先进分子和人民群众在中国新民主主义革命和社会主义革命、建设与改革中所形成的优秀道德。中国革命道德萌芽于五四运动前后，发端于中国共产党成立以后的蓬勃而伟大的工人运动和农民运动，经过土地革命、抗日战争、解放战争，以及社会主义革命和建设的长期发展逐渐形成，并在改革开放的新的历史征程中不断发扬光大。中国革命道德,以实现社会主义和共产主义的崇高理想为最终目的,以全心全意为人民服务为宗旨和核心,以集体主义为基本原则,高举爱国主义与国际主义相结合的旗帜,形成了无私奉献、顽强拼搏、艰苦奋斗、勤俭节约、求真务实、改革创新等革命精神。中国革命道德是马克思主义与中国革命、建设和改革的伟大实践相结合的产物,同样也是中华民族极其宝贵的精神财富,是中国特色社会主义道德建设的思想源泉。中国共产党始终非常重视继承和发扬革命道德传统。中国革命道德作为一种精神力量,从它形成的时候起,就对中国的革命和建设事业发挥着极其重要的作用。

中国革命道德的核心是全心全意为人民服务,中国革命道德的原则是坚持集体主义。在革命战争时期,为了人民的利益,无数革命先烈忠于革命、忠于人民、忠于祖国,把一切都奉献给了人民的事业,在个人利益与集体利益、国家利益发生冲突时,永远把国家利益、集体利益放在首位,展现了中华民族不畏艰险、不惧牺牲的革命英雄主义精神,展现了中国共产党永远以人民的利益为根本的优良品质。

发扬中国革命道德精神,就要把握中国共产党人的初心与使命,掌握全心全意为人民服务的真谛。一定要立足于面向大众、服务人民。也就是说,要真正结合人民群众的精神文化需求,找准人们思想的共鸣点,紧扣群众利益的交汇点,总结其中丰富的思想道德资源,对其进行新的诠释和激活,使其富有接近大众生活的新意义,不断丰富人们的精神世界,增强人们的精神力量。习近平总书记在十九大报告中说,中国共产党人的初心和使命,就是为中国人民谋幸福,为中华民族谋复兴。习近平总书记在学习贯彻党的十九大精神研讨班开班式上发表重要讲话时强调:"时代是出卷人,我们是答卷人,人民是阅卷人。"我们要以时不我待只争朝夕的精神投入工作,开创新时代中国特色社会主义事业新局面。走得再远,走到再光辉的未来,也不能忘记走过的过去,不能忘记为什么出发。所以我们创造性的发展和转化革命道德、传承红色基因,就要深入了解中国社会和中国革命的历史,了解中国共产党人带领广大人民群众进行革命斗争的艰苦实践,真正体会中国革命道德的本质内涵、历史意义和当代价值,要站在时代与历史的交汇点上理解中国革命的力量是如何保存下来的,是如何深得人心的。自觉同各种歪曲历史、诋毁英雄的历史虚无主义思潮作斗争。

发扬中国革命道德精神,必须继承和发扬党的作风建设和精神品格。中国共产党和中华民族是靠着艰苦奋斗的精神才取得了革命的胜利、民族的独立,这是我们党的优良作风,更是我们中华民族的传统美德,在中国特色社会主义新时代我们必须要发扬艰苦奋斗的精神,并把艰苦奋斗的优良作风贯穿于新时代中国特色社会主义伟大事业的建设中。同时通过对中国近代革命历史传统、基本国情的教育，加强革命的纪律和制度的教育，例如民主集中制、集体领导制度和人民军队中的"三大纪律八项注意"等，这是中国共产党领导新民主主义革命胜利的纪律保障，也是中国优秀革命文化的独特创造、价值理念及鲜明特色。

发扬中国革命道德精神，还要同弘扬中华传统美德相结合。传承和发扬中国革命道德，是弘扬中华传统美德的应有之义，是加强社会主义道德建设的客观需要，也是激励大学生锤炼优良道德品质的必然要求。社会主义道德是对中华传统美德的传承与升华，是对中国革命道德的继承和发展。作为对人类道德传统的批判与继承，社会主义道德也必然随着社会的进步和实践的发展而与时俱进，中华传统美德、中国革命道德和社会主义道德是一脉相承、内在相通的，革命道德和社会主义道德都继承和发展了传统美德的精髓，并结合新实践发展出新的道德要求，三者都统一于中华民族伟大复兴的实践中，对民族发展并走向复兴起到积极的推动作用和精神鼓舞。与此同时，对待中华传统美德和革命道德的原则、态度体现了我们党以马克思主义为指导的文化立场。

一个国家或民族的文化发展和道德进步，除了要注意继承和弘扬本民族文化和道德的优良传统之外，还必须积极吸收其他民族文明的优秀成果。我们既要对中华传统美德进行概括、提炼、利用、创造和升华，使之走向世界，也应学习、借鉴、利用、吸收其他民族的优秀道德传统和文明成果，使其与中华传统美德相融合，通过碰撞、互补、整合后，与世界和未来对话，在启迪人类未来发展中为世界文明进步做出新贡献。

世界上许多民族在人类发展的不同时期，对人类文明、人类的伦理道德都做出过不同程度的贡献。一个国家或民族的文化发展和道德进步，除了要注意继承和弘扬本民族文化和道德的优良传统之外，还必须积极吸收其他民族文明的优秀成果。在对待其他民族和国家的道德文明成果方面，应坚持以我为主、为我所用的原则。古希腊"四主德"（智慧、勇敢、节制、公正）和西方一些道德传统（如日常生活中的交往礼仪、经济伦理中的合理成分、人道主义思想的合理内核）都是值得借鉴的。

当然，对于一切外国的，特别是剥削阶级的文化伦理思想，我们要批判地继承，绝不可以无批判地"兼收并蓄"。中华民族的优良伦理道德思想有着自己独有的民族特点，但我们绝不能故步自封、唯我独尊，而是要善于吸收世界上所有民族的一切优良道德加以改造，并结合中国特色社会主义实践的现实，创造出中国特色社会主义伦理道德体系。同时中国传统文化还要具有面向未来、与未来对话的能力和资格，这就要求中华传统美德的创造性发展要回应当代人类共同面临的诸多全球性问题，关心人类社会的可持续发展问题，关注人类社会的整体性发展问题，促进德育方法的创新。

5. 社会主义集体主义在个人牺牲问题上的主张

社会主义是比以往社会更高级的社会形态，因为从社会主义的价值追求来看，社会主义社会是一个把人从物役、人役中解放出来，为赢得真正自由而进行不懈斗争争取来的一种社会。马克思晚年提出社会主义的本质是保证社会生产力和人的全面发展。可见，社会主义一方面要极大地解放、发展生产力，目的为消除人的物质贫困；另一方面要实现人的全面发展。

集体主义作为社会主义的道德原则，是通过共同体的方式来实现每个人的自由而全面发展，靠的是共同体的力量来实现解放，最终实现共同富裕。马克思主义历来强调将集体主义作为我们的价值原则。马克思恩格斯虽然没有明确提出集体主义这个概念，但多次强调在个人与集体的关系问题中集体的重要性。在《德意志意识形态》中马克思恩格斯指出，历史上各种剥削社会都是"虚假的共同体"，"真正的共同体"应该是"自由人的联合体"。"只有在共同体中，个人才能获得全面发展其才能的手段，也就是说，只有在共同体中才可能有个人自由。"这些论述已经蕴含了在处理个人利益和集体利益关系时的集体主义原则。列宁提出要把"人人为我，我为人人"的原则变成群众的生活准则，其义亦然。斯大林在1934年同英国作家赫伯特·乔治·威尔斯的谈话中，首次使用了集体主义概念，并谈及了集体利益与个人利益的辩证关系："个人和集体之间、个人利益和集体利益之间没有而且也不应当有不可调和的对立。不应当有这种对立，是因为集体主义、社会主义并不否认个人利益，而是把个人利益和集体利益结合起来。"

中国共产党自成立之日起，始终把集体主义作为自己的价值原则，并于党的十四届六中全会将集体主义以文件形式正式确定下来。集体主义作为社会主义道德的原则，它的出发点和归宿是把国家利益和社会群体人民利益放在首位，也就是实现集体利益和个人利益的协调统一，同时又充分尊重公民个人合法权益，充分保障社会成员的个人利益，维护社会成员的共同利益。如何使集体与个人、集体利益与个人利益之间的矛盾关系真正达到辩证统一？在我国，国家利益、社会整体利益和个人利益在根本上是一致的。但在市场经济条件下，在实际生活中，个人利益、国家利益和社会整体利益难免会发生矛盾，尤其是发生激烈冲突的时候，必须坚持国家利益、社会整体利益高于个人利益的原则，即个人应当以大局为重，使个人利益服从国家利益、社会整体利益，在必要时做出牺牲。集体主义要求个人为国家、社会做出牺牲并不是任意的，不是在任何条件下都需要做的，只有在冲突尖锐时，在不牺牲个人利益就不能保全国家利益、社会整体利益的情况下，在个人利益不做出牺牲就失去其存在合理性的情况下，才要求个人为国家利益、社会整体利益做出牺牲。社会主义集体主义之所以强调个人利益要服从国家利益、社会整体利益，归根结底，既是为了维护国家、社会的共同利益，也是为了维护个人的根本利益和长远利益。对于集体来说，个人利益的牺牲是手段不是目的，是在不得已的情况下个人利益做出的牺牲，是为了创造条件减少今后的牺牲。

在抗击新冠肺炎的过程中，我们看到疫情是残酷的，代价是沉重的，在灾难面前，在党的坚强领导和有力组织下，集体主义精神得到充分彰显，全国数万名冲锋在抗疫一线的"白衣战士"不顾个人安危，牺牲个人利益，为人民筑起守护生命健康的坚固长城，教会了人们如何处理小我与大我的利益关系；集体主义精神让人们空前地团结互助，众志成城，在共同战斗中凝聚了意志，在相互守望中坚定了信心，在携手前进中走向了胜利。

社会主义集体主义在强调集体利益高于个人利益同时，还重视个人利益和集体利益的共存共荣，强调集体必须尽力保障个人正当利益能够得到满足，促进个人价值的实现，并力求使个人的个性和才能得到充分的发展。集体主义绝不是反人权的集权主义。社会主义集体主义不同于古代整体主义否认个体的尊严、价值和利益，社会主义集体主义强调每个人自由全面发展是一切人自由全面发展的条件，而不是一部分人自由发展的条件，它更加重视合理个人利益的保护。它的基本内涵：其一，它以社会中人们根本利益的一致为基础、以追求个人利益与集体利益和谐共生为价值目标的道德原则；其二，当个人利益与集体利益发生不可两全的冲突时，必须节制和牺牲个人利益，因为集体利益是集体中的所有个人的根本利益和长远利益，如果在价值序列上不强调集体利益至上，就会为那些损害集体利益的利己主义行为提供辩护的借口。集体主义是在处理利益关系中最具人情味和价值合理性的基本原则，它代表了人性未来发展的趋势。集体主义代替个人主义正是社会主义制度在价值信仰上超越于和优越于其他社会制度的重要标志。

国家利益、社会整体利益和个人利益的辩证统一、共荣共生是社会主义集体主义的价值旨归，当个人和集体发生激烈冲突时个人必须自觉自愿地牺牲自我利益，以维护集体利益这一根本利益。但同时，对做出牺牲的个人，社会应给予肯定、歌颂和赞扬，国家应当给予那些为国家做出重大贡献的个人以必要的奖励和补偿，这同样是社会主义集体主义应有之意。

6. "四德"规范的形成和发展

社会主义道德建设是社会主义文化建设的重要内容。中华人民共和国成立以来特别是改革开放以来,社会主义道德建设不断取得进展,在发展社会主义市场经济的同时,道德作为一种特殊的社会意识,既反映社会存在,也随着社会存在的发展而发展。社会公德、职业道德、家庭美德、个人品德作为道德这个共同"属"之下不同的"种",它们有不同的基本内涵、不同的具体德目和不同的适用领域,"四德"的形成和发展过程体现了道德根据不同的时代变化而不断发展演进。

在改革开放不断推进、社会主义市场经济深入发展和党中央"两个文明一起抓"的战略方针背景下,1996年,党的第十四届六中全会通过了《中共中央关于加强社会主义精神文明建设若干重要问题的决议》。该决议分析了社会主义精神文明建设面临的形势,强调社会主义思想道德集中体现着精神文明建设的性质和方向,首次提出"三德",即加强社会公德、职业道德、家庭美德建设,并明确表述各自规范,即大力倡导文明礼貌、助人为乐、爱护公物、保护环境、遵纪守法的社会公德,大力倡导爱岗敬业、诚实守信、办事公道、服务群众、奉献社会的职业道德,大力倡导尊老爱幼、男女平等、夫妻和睦、勤俭持家、邻里团结的家庭美德。

2001年党中央发出通知,强调在新的历史条件下,加强社会主义思想道德建设,是发展先进文化的重要内容和中心环节,各地区、各部门一定要把公民道德建设放在突出位置来抓,认真贯彻执行《公民道德建设实施纲要》。《公民道德建设实施纲要》提出,社会主义道德建设要以社会公德、职业道德、家庭美德为着力点,并在界定社会公德、职业道德和家庭美德内涵的基础上,对它们的适用领域做出了区分。根据《公民道德建设实施纲要》的规定,社会公德是全体公民在社会交往和公共生活中应该遵循的行为准则,适用于社会交往和公共生活中,涵盖了人与人、人与社会、人与自然之间的关系;职业道德是所有从业人员在职业活动中应该遵循的行为准则,适用于职业活动,涵盖了从业人员与服务对象、职业与职工、职业与职业之间的关系;家庭美德是每个公民在家庭生活中应该遵循的行为准则,适用于家庭生活中,涵盖了夫妻、长幼、邻里之间的关系。这三种道德领域的划分是比较清晰的,它们对应的是社会生活、职业生活和家庭生活,或者说它们分别对应着"在社会上做一个好公民""在工作中做一个好建设者""在家庭里做一个好成员"。《公民道德建设实施纲要》成为中华人民共和国成立以来第一部指导公民道德建设的纲领性重要文献,它对在社会主义市场经济条件下培养公民道德品质、提高公民道德素质、促进社会主义精神文明建设方面发挥了重要指导作用。

2007年,党的十七大报告指出,要推动社会主义文化发展和繁荣,必须"大力弘扬爱国主义、集体主义、社会主义思想,以增强诚信意识为重点,加强社会公德、职业道德、家庭美德、个人品德建设,发挥道德模范榜样作用,引导人们自觉履行法定义务、社会责任、家庭责任。"由此,社会公德、职业道德、家庭美德、个人品德"四德"被正式提出。个人品德成为"四德"建设之一,体现了道德随着社会存在的发展而不断丰富和发展。党的十七大把社会公德、职业道德、家庭美德、个人品德的"四德"建设提到事关和谐文化建设的战略高度,具有很强的指导性和针对性,为建设和谐文化指明了方向。

党的十八大以来,以习近平同志为核心的党中央高度重视公民道德建设,做出一系列重要部署,推动思想道德建设取得显著成效。人民思想觉悟、道德水准、文明素养不断提高,道德领域呈现积极健康向上的良好态势。同时也可以看到,在国际国内形势深刻变化、我国经济社会深刻变革的大背景下,受不良思想文化侵蚀和网络有害信息影响,道德领域依然存在不少问题,公民的个体化趋势加强,更加强调自由、独立和个人发展,个人生活的重要性愈加凸显。加强公民道德建设仍是一项长期而紧迫、艰巨而复杂的任务。

在此背景下,2017年4月中央精神文明建设指导委员会印发的《关于深化群众性精神文明创建活动的指导意见》中首次明确表述了个人品德的具体德目,即大力倡导爱国奉献、明礼守法、厚德仁爱、正直善良、勤劳勇敢的个人品德,鼓励人们在社会上做一个好公民,在岗位上做一个好员工,在家庭里做一个好成员。

2019年10月中共中央、国务院颁布《新时代公民道德建设实施纲要》,顺应中国特色社会主义进入新时代的大势,在肯定、继承和发展《公民道德建设实施纲要》颁布以来我国公民道德建设成就与经验的基础上,对新时代我国公民道德建设做出了更加全面、更加深刻和更具前瞻性的战略部署。《新时代公民道德建设实施纲要》突破了以社会公德、职业道德、家庭美德为公民道德建设着力点的规定,增加了个人品德为公民道德建设的着力点。《新时代公民道德建设实施纲要》对除社会公德以外的职业道德、家庭美德、个人品德的具体德目做出调整完善,其中职业道德规范略有调整,由"服务群众"调整为"热情服务";家庭美德规范由"邻里团结"调整为"邻里互助";个人品德由"爱国奉献、明礼守法、厚德仁爱、正直善良、勤劳勇敢"调整为"爱国奉献、明礼遵规、勤劳善良、宽厚正直、自强自律"。"四德"规范的调整完善体现了"四德"

在新时代的丰富和发展,也是对现代社会变迁的回应,使得公民在现实生活中的重要道德关系都得到恰当的规定。

社会公德、职业道德、家庭美德、个人品德四者之间有哪些区别和内在联系?社会公德、职业道德、家庭美德道德领域的划分是比较清晰的,个人品德的道德领域如何界定?个人品德有广义和狭义之分,广义的个人品德按一般常识性理解,是人们在社会生活、职业生活和家庭生活中所体现的社会公德、职业道德和家庭美德,或者是个人品德在社会生活、职业生活和家庭生活中的具体表现。广义的个人品德是"个人的"品德或者"个体善",它的对立面在亚里士多德那里是"城邦善",或者现代社会的制度美德。狭义的个人品德是个人在"个人生活中的"品德,个人生活又进一步不同于社会生活、职业生活和家庭生活,是社会生活、职业生活和家庭生活之外的个人生活。如此,社会公德、职业道德、家庭美德和个人品德才是可以并列的"四德",社会生活、职业生活、家庭生活和个人生活才是可以并列的四种生活领域。因此,在"四德"并举的语境中,个人品德只适合理解为狭义,如果将其理解为广义,那么个人品德就涵盖了社会公德、职业道德、家庭美德,就会出现逻辑上的错误。所以,我国关于个人品德的规范更像是公民在个人生活中独善其身的私德。

尽管社会公德、职业道德、家庭美德、个人品德在形式上具有分殊性,但"四德"又都具有共同的根。在我国,这就是社会主义核心价值观、中华传统美德和理想信仰等之"大德","大德"使得"四德"之间既有区别,又有共同的价值旨归。在理解"四德"之间的关系时,要避免以下认知:其一,它们之间必然存在强力的相互依赖性,甚至认为它们之间依次构成了个体道德发展的不同阶段;其二,"四德"之间根本不存在任何关联,认为品德作为一种稳定的心理状态是不存在的。应把"四德"理解为道德生活中的四个领域,要理解"四德"之间相互作用也相互蕴含的复杂性。

五、案例精选

1. 注重整体利益,强调责任奉献的现代中国科学家

人物1:

前一阵,微博上出现了这样一张照片:在高铁二等座上,一位白发苍苍、穿着破旧的老人拿着笔纸在修改设计图纸,神情专注。

他是 78 岁中国工程院院士刘先林老先生。

也就是这样一个走在路上都没人正眼瞧一眼的小老头，从事测绘仪器研发工作已经 55 年，把中国测绘仪器的水平推进到国际领先地位。

他曾用很少的研究经费，取得了一系列重大科研成果，填补了多项国内空白，为国家节省资金 2 亿多元，创汇 1000 多万元。

而他家里的书桌，磨损坏了也依然舍不得换。

人物 2：

他叫林俊德，在西北的荒漠中，隐姓埋名一辈子。

但他是我国爆炸力学与核试验工程领域著名专家、中国工程院院士、某基地研究员，坚守在罗布泊 52 年。

他参加过我国所有的核试验，一共 45 次。

长年过劳与频繁参与核试验让他的晚年与癌症相伴。

2012 年 5 月 4 日，林俊德被确诊为"胆管癌晚期"，从确诊到死亡的 27 天时间里，他戴着氧气面罩，身上插着十多根管子，坐在临时搬进病房的办公桌前，对着笔记本电脑，一下一下地挪动着鼠标……

这位老人在生命的最后 8 天，拖着病弱的身躯，完成了他这一生最后一份工作表：

将电脑里藏着的几万个关系国家利益的保密文件一一保存；

整理移交了一生积累的全部科研试验技术资料；

3 次打电话到实验室指导科研工作，2 次在病房召集课题组成员布置后续实验任务；

完成了 130 多页、8 万多字博士论文的修改，写下 338 字的 6 条评阅意见；

与基地领导几次探讨基地爆炸力学技术的发展路线；

向学生交接了两项某重大国防科研尖端项目……

而在他生命的最后一天，他留下的不是对家人的嘱托和惋惜的泪水，而是继续工作了 76 分钟。

人物 3：

这是国内遥感领域泰斗级的专家——李小文院士。

他的成名作被列入国际光学工程协会"里程碑系列"，在国内外遥感界享有盛誉。

生活贫寒，唯一乐趣是喝点小酒，无论去哪儿，都不敢多花钱，一生没享过什么福。

但李小文院士，在生命的最后一节课，站在讲台上，讲了两个小时的课。

人物 4：

这是目前全世界最大、性能最先进的射电望远镜，口径达到 500 米，接收面积相当于 30 个足球场大小。

可以说，"超级天眼"不仅是中国的骄傲，更是为全人类探索宇宙打开了一扇更宽广的大门。

而它的创造者——南仁东，却低调一生，凭借一己之力让中国领先世界 20 年。

从 1994 年开始选址，到 2016 年 FAST 最终落成启用，南仁东花了 22 年，燃尽了他的生命。

这 22 年间他几乎没有任何节假日，也不敢浪费一天的时间，因为"如果工作没做好，FAST 停一天，国家就白扔 12 万"。

为了这项工程，为了给国家节约开发成本，他挂着竹竿翻山越岭选址，遇到过泥石流，他含着救心丸爬回垭口；山上没有路，他咬着牙走；从北京到贵州的绿皮火车，他哐当哐当不知道坐了多少趟。①

【教学建议】本案例适用于中华传统美德的基本精神问题的解读。

2. 始终把革命利益放在首位——杨靖宇

杨靖宇，东北抗日联军创建人和领导人。原名马尚德，1905 年生，河南省确山县人。学生时代开始积极投身反帝爱国运动。1926 年加入中国共产主义青年团，1927 年 6 月转入中国共产党。大革命失败后，组织确山起义，任农民革命军总指挥。1928 年秋到开封、洛阳等地从事秘密革命工作。1929 年春赴东北，任中共抚顺特别支部书记，领导工人运动。在河南和东北曾 5 次被捕入狱，屡受酷刑，坚贞不屈。1939 年在东南满地区秋冬季反讨伐作战中，他与魏拯民等指挥部队化整为零、分散游击。自己率警卫旅转战于蒙江一带，最后只身与敌周旋 5 昼夜。杨靖宇不愧是真正的钢铁战士，是用特殊材料铸成的共产党员。渴了，抓一把雪吃；饿了，吞一口树皮或棉絮。他以难以想象的毅力，坚持和敌人进行顽强斗争，直至弹尽，于 1940 年 2 月 23 日在吉林蒙江三道崴子壮烈牺牲。当残忍的日军将其割头剖腹，发现他的胃里尽是枯草、树皮和棉絮，竟无一粒粮食。为纪念他，1946 年东北民主联军通化支队改名为杨靖宇支队，蒙江县改名为靖宇县。②

---

① 资料来源：搜狐网，2018 年 11 月 6 日。
② 资料来源：搜狐网，2019 年 4 月 15 日。

【教学建议】本案例适用于中国革命道德中为实现社会主义和共产主义理想而奋斗和始终把革命利益放在首位的内容讲述。

3. 红旗渠精神

"太行山上水贵油，谁知人间几多愁。三尺白绫无情剑，屈斩芳龄少妇头。"

这首诗向我们道出了这样一个悲惨的故事：民国初年的大年三十，桑耳庄桑林茂老汉一大早就起来到离村七里多的黄涯泉，想趁早挑一担水回家过年。可是担水的人很多，快到天黑才接满一桶水。新过门的儿媳心疼公公，摸黑出村迎接，并把水担在了自己肩上。由于天黑坡陡，没走几步便摔了一跤，含辛茹苦挑来的一担水洒了个精光。没想到这一担水竟成了夺命水。当天夜里，悔恨交加的儿媳竟悬梁自尽。大年初一，将儿媳草草掩埋后，悲痛欲绝的桑林茂老汉便领着全家走上了逃荒之路。

这是什么地方？因为一担水要了一条人命？

这就是河南林县。

河南林县位于太行山深处，林县吃水难，难于上青天。林县人风行一句话：一辈子咱只洗三次脸，生下来洗次脸，娶亲时洗次脸，死时最后洗次脸。世代的穷苦、工程的艰巨，使林县人根本没有每天都吃上水、用上水的奢望……

翻开林县一本本被岁月染黄了的老县志，满眼都是干旱、连年干旱、禾枯、绝收、十室九空、人相食等触目惊心的字眼。

1960年林县县委书记带领十万林县人上了太行山，苦战十个春秋，仅仅靠着一锤、一铲、两只手，把太行山拦腰劈开，在太行山悬崖峭壁上修成了这全长1500公里的红旗渠，结束了十年九旱、水贵如油的苦难历史。

2004年，"红旗渠精神"在北京展出，外国人来看，叹为观止，问解说员说这个工程用啥设备，解说员指着照片给他说，哪里有设备，腰上拴了绳子，吊在山崖上，就这样完成了工程。

当年参加红旗渠建设的人们一人一天一斤口粮，主要是玉米面和野菜，壮劳力一顿就吃一斤，他们一天只有一斤。十万人，十年的时间，是在饥饿的状态下完成的这个工程。20世纪70年代，周恩来总理曾自豪地告诉国际友人："新中国有两大奇迹，一个是南京长江大桥，一个是林县红旗渠。"南京长江大桥是集体智慧建造而成的，而红旗渠是靠两只手建成的。[①]

【教学建议】本案例对贯穿于红旗渠精神的集体主义原则有一个全新的认

---

① 资料来源：中华励志网。

识和理解,并提出在新的历史条件下重新使集体主义成为我们民族的精神财富。

4. 高铁"霸座"男子用视频道歉:违反社会公德,造成恶劣影响

2018年8月21日,一段"女乘客在G334次列车上遇座霸"视频热传。事情的起因是这样的,在济南开往北京的高铁上,一名男子在女乘客上车前,先坐在了属于女乘客的靠近窗户的座位上,当女乘客请他让出座位时,他说:"我给你三个选择,要么你自己站着,要么你坐我那个座位,要么你自己去餐车上坐去!"

列车员和列车长对他耐心劝导,但他死猪不怕开水烫,仍然瘫坐在那里,还装起来了病:"我站不起来啊,你给我找个轮椅呗。"

事件发酵之后,引发了网友的关注和热议。22日晚,当事男子孙先生也进行了回应:称自己当时态度不太好,现在对自己的行为很后悔,并向女乘客表示道歉。"霸座"男子孙先生在道歉视频中表示:"对于网上曝光本人乘高铁霸占座位这一事件,我深表悔恨和自责。在此,我向当事人和全国人民表示诚挚道歉。我深刻反思,我的这种行为严重违反了社会公德,对当事人造成了极大伤害,对社会造成了恶劣影响。痛定思痛,我保证今后不再犯此类错误,一定加强个人修养,提高个人素质,也恳请全国人民给我一次改过自新的机会。"[①]

【教学建议】本案例适用于教师引导学生说明社会公德的具体内容。

5. 韩国:"善意回帖"运动

"善意回帖"运动是闵丙哲教授于2007年在韩国发起的一项民间运动,旨在"改善网络语言文化,营造美好社会",减少网络语言暴力带来的伤害。活动共招募了50万志愿者,积极在网上为他人写下"肯定的、鼓励的、给予勇气和希望的善意留言",传递网络正能量,并持续推进一系列相关的宣传教育活动。

截至2015年5月,在韩国"善意回帖"运动本部网站上,已经收集到超过607万条善意回复,韩国的6000多所学校、100多个社会团体都加入了这一活动;韩国300名国会议员中的293名发表联合声明,宣布积极支持并参与该活动;除此之外,签约参与该活动的还包括韩国海、陆、空三军,韩国全国市长、郡守(县长)、区厅长协议会,首尔警察厅等。

经过8年的努力,如今"善意回帖""反对网络语言暴力"等观念已经逐渐

---

① 资料来源:新浪网,2018年8月23日。

成为韩国网民的共识，被公众普遍看作现代网络社会成员的基本素质之一。但据闵教授介绍，韩国网络舆论环境也曾经深受网络暴力行为困扰。

2007年，韩国发生了一起严重的网络暴力事件，并最终成为闵教授发起"善意回帖"运动的开端。2007年，年轻韩国女歌手U-Nee因遭受恶评困扰而自杀身亡。深受触动的闵丙哲在建国大学的一堂英语课上，给570名学生布置了一份作业，让他们登陆10名被网民恶意评价攻击的明星的个人主页或者博客，留下鼓励和善意的回帖。

这场给演艺明星送"正能量"的行为，很快得到韩国社会的响应。2007年5月23日，"善意回帖"运动正式发起，要对抗的正是"多名艺人因无法忍受恶意评价的折磨而自杀"的这类事件。

闵教授向记者展示了如何进行最基本的"善意回帖"：随机打开一条网络新闻，阅读完新闻后，再看文末的评论，如果有与事实不符的恶意回帖乃至谩骂，志愿者即可就这条回复进行"善意回帖"，并将相关链接和回复内容发往"善意回帖"网站，即算完成一次善意回帖。

但"善意回帖"并不是简单的、不分青红皂白的说好话，而是倡导合理的批判，反对无理由的诽谤。"并不是说大家不能发表内容健康的批判。我们倡导善意回帖的目的，是呼吁大家不要因为看了帖子之后心情不好就失去理性，在网上发表侮辱他人的恶意回帖。"

据他介绍，2007年以来，"善意回帖"运动分为四个部分进行深入推进：善意回帖教育、撰写善意回帖、善意回帖宣传和善意回帖征集展览活动。除了撰写环节，其他的更多是针对"恶意回帖的危害性、善意回帖的必要性"做宣传。

什么样的网民算是合格的网民？闵教授认为有三个标准："第一，在事实明确以前不着急发表意见，始终坚持只用事实回帖；第二，只用尊敬的态度回帖；第三，在网络暴力面前，不要当旁观者，应该要积极地参与制止网络暴力行为。"

针对网络舆论环境治理，韩国十分注重对青少年的教育宣传，努力使青少年认可接受友善的网络观念。目前，"善意回帖"运动已经得到了大量学校的认可，不少学校将该活动认定为学生社会实践科目，专门安排时间激励学生们参与这一运动。

闵丙哲介绍，韩国学生一般要参与社区拾捡垃圾、为孤寡老人按摩等公益活动以获取足够的社会实践分数，而现在"善意回帖"运动也正式成为不少学校的社会实践科目，代表这一观念已经成为社会共识。

韩国建国大学学生金奎山对记者表示，目前韩国虽然仍旧存在网络语言暴力现象,但自"善意回帖"运动在韩国大中学校推广以来,青少年群体中基本上形成了一种"互联网礼仪",如果随意在网上对人恶语相向,会被同龄人认为"是一件很可耻的事情"。①

【教学建议】本案例适用于说明大学生理性对待网络、树立网络道德精神的问题。

6. "人民英雄"张定宇的故事

张定宇是武汉抗疫一线的一位医护人员,他似乎在按倒计时的方式与生命和时间进行着搏斗。"我们当医生的苦点没什么,看着患者遭受的痛苦,疫情还没有被攻克,根本顾不上身体上的疲惫。"身患渐冻症,拖着一双跛脚,连续30多天奔走在抗疫第一线的院长张定宇说道。每天早上8点,金银潭医院要开碰头会,他要听取4个ICU病区的主任关于当天患者情况的报告。张定宇经常一边开会,一边手机响个不停。这么大的工作强度身体是否吃得消?张定宇笑着说,虽然每天只睡4小时,但身体还算撑得住。"眼前正是最吃劲的时候,我不能倒下。"让张定宇感到欣慰的是,这次抗击疫情的战斗中,金银潭医院600多名职工全部坚守岗位,没有一个人退缩。

1月19日,张定宇得到消息,在武汉市另外一家医院工作的妻子也感染了新冠肺炎。"我当时非常忙,每天都有几十上百个病人往医院这边送,而且送到我们这边来的都是重症、危重症患者,传染风险大,随时有生命危险,当时真的顾不上她。"妻子入院3天后,张定宇才有时间去探望她。

张定宇说,他和妻子结婚快30年了,当时见到妻子状况不是特别好,他十分焦急,但又不敢在妻子面前表露出来,只是淡淡地跟妻子说了一句"保重"。张定宇坦言,那段时间他对每个来电都特别敏感,生怕在电话中听到什么不好的消息。"说实话,一开始我担心她扛不过去。"好在20天后,妻子程琳两次核酸检测呈阴性,符合出院条件。

在这次疫情期间,张定宇同时进行着两场"战争",一方面,他要与新冠肺炎作斗争;另一方面,他要与自己罹患的"渐冻症"作斗争。今年以来,因为渐冻症的原因,张定宇的动作已经有些迟缓,但疫情当前,张定宇没有时间去"珍惜"自己的身体。穿上厚厚的防护服,对于普通人来说是一件很费劲的事,对于张定宇来说更是如此,每次防护服刚穿上,他就已经汗涔涔的,一天下来,里面的衣服湿得可以拧出水来。

---

① 资料来源:新华网,2015年5月22日。

"每个渐冻病人,都是看着自己一点点消逝的,但至少现在,我还要在一线战斗着。"说起自己的病,张定宇好像是在说别人一样稀松平常。"生命留给我的时间不多了,我必须跑得更快,才能跑赢病毒,把重要的事情做完。"一番话让人无比动容。[①]

【教学建议】本案例适用于职业道德的讲解和说明,以及向道德模范学习的引导,可通过本案例引导学生学习张定宇勇于担当、恪尽职守、舍身忘我、无私无畏、坚守平凡岗位、爱岗敬业的精神。

六、教学活动建议

1. 开展"大学生公德之我见"课堂讨论

通过组织学生对本章公民道德问题进行思考,大学生实际生活当中有哪些违反公民道德的情况?为什么出现这些问题,以及怎样解决这种问题?请同学课堂上制作并演示树状图和鱼骨图,引导同学积极思考,正确分析和认识我国改革开放的发展历程和社会现实存在的各种社会道德问题,培养大学生自己的公德意识,树立遵守公德的良好形象,争做践行社会公德的模范。

具体实施:

(1)制作树状图列举你能想到的违反社会公德现象,并且将现象归类作为树干,具体表现作为树枝。

(2)制作做鱼骨图思考要解决的问题,把问题写在鱼骨的头上;召集同学共同讨论问题出现的可能原因,尽可能多地找出问题;把相同的问题分组,在鱼骨上标出;根据不同问题征求大家的意见,总结出正确的原因作为鱼刺;拿出任何一个问题,研究为什么会产生这样的问题;最后针对问题的答案再请同学提出自己的改善这种状况的措施或者建议,作为鱼肉。

(3)在制图过程中要求每个同学发表自己的意见(注明自己的名字)并小组讨论,课堂上可以选取有代表性的观点进行课堂辩论。教师可以根据展示谈论的情况进行评讲。

[①] 资料来源:搜狐网,2020 年 3 月 1 日。

2. 开展"诚信道德、公民道德、网络道德、职业道德、家庭美德与知行合一"的调查活动

引导学生开展诚信道德、公民道德、网络道德、职业道德、校园道德、恋爱道德等方面调查研究,指导学生运用各种方式和方法收集、获取资料,可开展实地调查和网络调查相结合的方式,利用"超星尔雅"(移动端为"学习通")、"雨课堂"等传统和移动网络教育教学平台,也可利用"问卷星"等网上调查平台,进行线上调查,以更好地了解和掌握学生对诚信道德、公民道德、网络道德、职业道德、校园道德、恋爱道德等方面问题的认识和理解情况,从而增强教学的针对性、生动性、有效性。使大学生提高实践社会主义道德的自觉性,模范遵守公民基本道德规范,树立高尚的理想情操和养成良好的道德素质,树立体现中华民族优秀传统和时代精神的价值标准与行为规范,使大学生成长为德智体美劳全面发展的中国特色社会主义事业的合格建设者和可靠接班人。

调查具体实施:

(1) 选题小组了解调查问卷的内容(附问卷,学生可根据需要自行设计问卷版面);

(2) 由小组长负责组织本小组成员在校门口、教学楼大厅、公寓楼门厅、食堂内、图书馆大厅或学校大门附近的车站等,对同学进行随机抽样调查;

(3) 做该项调查的小组需下发一定数量的调查问卷;

(4) 以小组为单位对调查结果进行统计、分析,写出调查报告,找出道德状况的主流和不足,并提出加强道德修养的建议。

教师可根据调查问卷上交情况、调查报告以及对调查结果进行分析讨论的情况,评出实践教学成绩。

3. 开展"敬老爱老,在我身边"拍摄微电影活动

"百善孝为先",通过挖掘大学生在人生成长学习过程中,尊重孝敬父母的日常小事,以"敬老爱老,在我身边"为题制作一部微电影,使学生在实践中体会孝悌之道,在行动中强化孝悌之义。

具体实施:

(1) 可以选取学生家庭日常生活的片段如帮助父母学习网络、做家务,为父母建立关爱卡,与父母进行沟通的感动瞬间等制作微电影;

(2) 以小组为单位,设计实践方案及微电影策划方案,可以提供电影脚本或者拍摄花絮,提交老师进行指导;

（3）可将微电影在课堂展示并演讲自己的心得体会。

4. 开展志愿服务活动

通过学生自由结组，组织志愿服务队，通过去敬老院和儿童福利院做义工、风筝支教活动、植树绿化、服务企业等形式多样的志愿服务活动，唱响主旋律，弘扬真善美，传播正能量，团结协作共同完成实践活动。

具体实施：

（1）选择学校附近的机构或者单位，并与有关负责人取得联系，说明活动内容，预约活动时间；

（2）以小组为单位，组织志愿服务队，制定活动流程，做好服务记录，并提交照片；

（3）可将活动的记录、照片等制作成活动宣传展板；

（4）活动中应拍下一些照片，活动结束后，每人写出自己的感想、体会，可以在课堂上展示。

第六章　尊法学法守法用法

一、教学目标

1. **知识目标**：帮助学生认识法律的含义及其历史发展、社会主义法律的本质特征和运行过程；认识以宪法为核心的中国特色社会主义法律体系的构成，了解我国宪法的形成和发展过程，理解我国宪法的地位、宪法确立的基本原则和宪法确立的制度，了解我国的实体法律部门和程序法律部门；理解建设中国特色社会主义法治体系的重大意义，掌握中国特色社会主义法治体系的主要内容，把握全面依法治国的基本格局；把握坚持走中国特色社会主义法治道路的基本要求；了解法治思维的含义、特征和基本内容，认识法律权威的含义、意义以及尊重和维护法律权威的要求，了解培养法治思维的方法；认识法律权利和法律义务的含义与特征，理解法律权利和法律义务的关系，了解我国宪法法律规定的基本权利和公民应履行的基本法律义务，明确行使法律权利的界限和违反法定义务应当承担的法律责任。

2. **价值目标**：引导学生形成法律是由特定社会物质生活条件所决定的上升为国家意志的统治阶级意志的观念，形成我国社会主义法律是中国共产党的主张与人民意志统一的观念；形成我国宪法是国家的根本法，是治国安邦的总章程，是党和人民意志集中体现的观念；确立全面依法治国、实现国家治理体系和治理能力现代化必须建设中国特色社会主义法治体系的观念；确立必须走坚持中国共产党的领导、坚持人民主体地位、坚持法律面前人人平等、坚持依法治国和以德治国相结合、坚持从中国实际出发的中国特色社会主义法治道路的观念；确立必须培养法治思维、尊重和维护法治权威的观念；确立必须依法行使法律权利和依法履行法律义务的观念；坚守法治信仰，同各种违法犯罪行为作斗争。

3. **能力目标**：使学生学会从社会物质生活条件揭示法律的本质及其历史发展，学会从中国共产党的主张与中国人民意志统一的高度理解我国社会主义法律的本质特征；具备认识和理解我国宪法在中国特色社会主义法律体系中的地位和作用的能力；形成认识和把握建设中国特色社会主义法治体系重大意义和主要内容以及全面依法治国基本格局的能力；增强认识和理解必须坚持走中国特色社会主义法治道路的能力；增强法治思维能力；提升依法行使法律权利和依法履行法律义务的能力。

4. **素养目标**：使学生坚信我国社会主义法律体现了中国共产党的主张和人民意志的统一，具有科学性和先进性，是中国特色社会主义建设的重要保障；高度认同我国宪法的基本原则和宪法确立的制度，坚定建设中国特色社会主义法治体系的决心和信心；高度认同中国特色社会主义法治道路，具备培养法治思维、尊重和维护法律权威的自觉意识，增强依法行使法律权利和依法履行法律义务的自觉性。

二、内容提要

法律是由国家制定或认可并以国家强制力保证实施的，反映由特定社会物质生活条件所决定的统治阶级意志的规范体系。法律随着私有制、阶级和国家的产生而产生，也将随着私有制、阶级和国家的消亡而消亡。奴隶制法律、封建制法律、资本主义法律都是建立在私有制经济基础上的剥削阶级类型法律，而社会主义法律是人类历史上唯一以公有制为基础的新型法律制度。我国社会主义法律是中国特色社会主义制度的重要组成部分，是党领导人民当家作主的制度保障。我国社会主义法律体现了党的主张和人民意志的统一，具有科学性和先进性，是中国特色社会主义建设的重要保障。我国社会主义法律的运行具有鲜明的中国特色，主要包括法律制定、法律执行、法律适用、法律遵守等环节。

中国特色社会主义法律体系是以宪法为统帅，以法律为主干，以行政法规、地方性法规为重要组成部分，由多个法律部门组成的有机统一整体。我国宪法经历了一个形成发展过程。我国宪法是国家的根本法，是治国安邦的总章程，是党和人民意志的集中体现，是国家各项制度和法律法规的总依据。我国宪法的基本原则是党的领导原则、人民主权原则、尊重和保障人权原则、社会主义法治原则、民主集中制原则。我国宪法确立了中国共产党的领导地位，规定了国家的根本任务、领导核心、指导思想、基本原则、发展道路、奋斗目标，确立了工人阶级领导的、以工农联盟为基础的人民民主专政的国体，确立了社会主义制度是中华人民共和国的根本制度，确立了人民代表大会制度（政体）这项根本政治制度，确立了包括中国共产党领导的多党合作和政治协商制度、民族区域自治制度和基层群众自治制度的基本政治制度，确立了公有制为主体、多种所有制经济共同发展的基本经济制度和按劳分配为主体、多种分配方式并存的分配制度。我国的实体法律部门包括宪法相关法、民法商法、行政法、经济法、社会法、刑法等。我国的程序法律部门包括诉讼法与非诉讼程序法。

建设中国特色社会主义法治体系是中国特色社会主义的本质要求和重要保障，是推进国家治理体系和治理能力现代化的重要举措，是全面依法治国的总抓手。建设中国特色社会主义法治体系的主要内容包括形成完备的法律规范体系、高效的法治实施体系、严密的法治监督体系、有力的法治保障体系，以及形成完善的党内法规体系。推进全面依法治国，必须从立法、执法、司法、守法四个方面统筹推进，形成科学立法、严格执法、公正司法、全民守法的全面依法治国基本格局。

中国特色社会主义法治道路，明确了建设社会主义法治国家的性质和方向，是社会主义法治建设成就和经验的集中体现，是中国特色社会主义道路在法治领域的具体体现，是建设社会主义法治国家的正确道路。走中国特色社会主义法治道路，必须坚持中国共产党的领导，坚持人民主体地位，坚持法律面前人人平等，坚持依法治国和以德治国相结合，坚持从中国实际出发。党的领导是中国特色社会主义最本质的特征，是社会主义法治最根本的保证和根本要求，是全面依法治国的题中应有之义，要把党的领导贯彻到依法治国全过程和各方面。坚持党的领导，必须具体体现在党领导立法、保证执法、支持司法、带头守法上；在社会主义法治国家，人民是依法治国的主体和力量源泉，坚持人民主体地位是依法治国的基本原则。必须把人民当家作主贯彻到依法治国的全过程之中，保证人民的广泛参与。坚持人民主体地位，必须坚持法治建设为了人民、依靠人民、造福人民、保护人民，以保障人民根本权益为出发点和落脚点，保证人民依法享有广泛的权利和自由、承担应尽的义务，维护社会公平正义，促进共同富裕，为保证人民当家作主提供坚实的法治基础。坚持法律面前人人平等，对于坚持走社会主义法治道路具有十分重要的意义。坚持法律面前人人平等，要求公民不分民族、种族、性别、职业、家庭出身、宗教信仰、文化程度、财产状况、居住期限等，都应当平等享受公民权利、平等履行公民义务。坚持法律面前人人平等，要求坚决反对特权思想和特权现象，把权力关进制度的笼子，遵守法律制度没有特权，执行法律制度没有例外，让权力不再任性。法治和德治是治国理政不可或缺的两种方式。法治是治国理政的基本方式，依法治国是基本方略，德治是治国理政的重要方式。只有让法治和德治共同发挥作用，才能使法律与道德相辅相成，法治与德治相得益彰，做到法安天下，德润人心。要正确认识法治和德治的不同地位、作用及实现途径，推动法治和德治的相互促进。建设法治中国，必须从我国实际出发，同完善和发展中国特色社会主义制度、推进国家治理体系和治理能力现代化相适应。要突出法治道路的中国特色、实践特色、时代特色，汲取中华传统法律文化精华，总结和运用党领导人民探索社会主义法治道路的成功经验，围绕社会主义法治建设重大理论和实践问题，推进法治理论创新，构建符合中国实际、具有中国特色、体现社会发展规律的社会主义法治理论和话语体系，为依法治国提供理论指导和学理支撑。从我国实际出发，坚持走中国特色社会主义法治道路，还必须学习借鉴世界上优秀的法治文明成果。

尊法学法守法用法，必须养成良好的法治思维。法治思维是指以法治价值和法治精神为导向，运用法律原则、法律规则、法律方法思考和处理问题的思维模式。培养法治思维，必须抛弃人治思维。法治思维的基本内容包括法律至上、权力制约、公平正义、权利保障、正当程序等。培养法治思维，需要尊重和维护法律权威。法律权威是指法律在社会生活中的作用力、影响力和公信力，是法律应有的尊严和生命。尊重和维护法律权威，是社会主义法治观念的核心要求和建设社会主义法治国家的前提条件，对于推进国家治理体系和治理能力现代化、实现国家的长治久安极为重要，是实现人民意志、维护人民利益、保障人民权利的基本途径，是维护个人合法权益的根本保障。大学生要自觉尊重和维护法律权威，做到信仰法律、遵守法律、服从法律、维护法律。大学生可通过各种途径学习法律知识、掌握法律方法、参与法律实践、养成守法习惯、守住法律底线等，提高法治思维能力，培养法治思维方式。

我国公民享有广泛的法律权利，同时承担相应的法律义务。法律权利与法律义务相互依存。在社会生活中，每个人既是享受法律权利的主体，又是承担法律义务的主体。在法治国家中，不存在只享受权利的主体，也不存在只承担义务的主体。法律权利与法律义务平等，是现代法治的基本原则，是社会公平正义的重要方面。我国宪法法律规定了公民享有一系列权利，主要包括政治权利、人身权利、财产权利、社会经济权利、宗教信仰及文化权利等。依法行使法律权利要求公民行使权利时应严格依据法律进行，权利行使的目的、限度、方式和程序都必须以法律的相关规定为界限。法律权利的行使，必须伴随着法律义务的履行。除了在各个部门法中规定了公民的法律义务外，我国宪法特别规定了公民的基本义务，包括维护国家统一和全国各民族团结的义务，遵守宪法和法律及保守国家秘密、爱护公共财产、遵守劳动纪律、遵守公共秩序、尊重社会公德的义务，维护祖国安全、荣誉和利益的义务，保卫祖国、抵抗侵略和依法服兵役、参加民兵组织的义务，依法纳税的义务。此外，公民还有劳动的义务和受教育的义务，夫妻双方有实行计划生育的义务，父母有抚养教育未成年子女的义务，成年子女有赡养扶助父母的义务等。公民未能依法履行义务，根据情节轻重，应当承担相应的法律责任，主要包括民事责任、行政责任和刑事责任。

三、教学重点

1. 法律和我国社会主义法律的本质特征。
2. 我国宪法的地位和宪法的基本原则。
3. 建设中国特色社会主义法治体系的重大意义、主要内容和依法治国的基本格局。
4. 中国特色社会主义法治道路的核心要义。
5. 法治思维的基本内容和尊重与维护法律权威的基本要求。
6. 依法行使法律权利和依法履行法律义务。

四、思想理论要点阐释

1. 法的本质和基本特征

在认识法律的本质和特征之前，首先应该来了解法的概念。什么是法？关于法的概念的论述，马克思和恩格斯在《德意志意识形态》中指出，在一定的物质生产关系中"占统治地位的个人除了必须以国家的形式组织自己的力量外，他们还必须给予他们自己的由这些特定关系所决定的意志以国家意志即法律的一般表现形式。""由他们的共同利益所决定的这种意志的表现，就是法律。"① 在《共产党宣言》中论述到资产阶级观念时，他们更为明确地指出："你们的观念本身是资产阶级的生产关系和所有制关系的产物，正像你们的法不过是被奉为法律的你们这个阶级的意志一样，而这种意志的内容是由你们这个阶级的物

---

① 马克思恩格斯全集：第 3 卷[M]. 北京：人民出版社，1960：378.

质生活条件来决定的。"①在马克思和恩格斯之后，列宁也从不同侧面表述过法的概念。他说："法律是什么呢？法律是统治阶级意志的表现。"②"法律就是取得胜利并掌握国家政权的阶级的意志的表现。"马克思、恩格斯和列宁虽然没有专门论述法的概念，也没有给法律一个统一的定义，但是他们揭示了法的核心内涵与基本要素，也为研究法的本质和基本特征提供了正确的立场、观点和方法。

根据马克思主义经典作家对法的概念的阐释，吸收国内外法学研究的成果，可以把法定义为：法是由国家制定或认可并由国家强制力保证实施的，反映由特定物质生活条件所决定的统治阶级（或人民）意志，以权利和义务为内容，以确认、保护和发展统治阶级（或人民）所期望的社会关系、社会秩序和社会发展目标为目的的行为规范体系③。

（1）法的本质

总结马克思主义创始人的有关论述，可以把法的本质归结为以下两点④：

① 法是统治阶级意志的体现

第一，法是"意志"的反映。人类意志作为一种心理状态和过程、一种精神力量，本身并不是法律，没有法律效力。只有将意志表现为国家机关制定的法律法规等规范性文件才是法，才具有法律效力。所以说法是意志的反映。

第二，法是"统治"阶级意志的反映。法是意志的反映，并不是指单独的、个别人的意志。这里所说的意志，是指整个统治阶级而言的，也不是统治阶级中个别成员、阶层的意志。因此，法律所代表的统治阶级的意志，是指集中反映统治阶级的根本利益的整个统治阶级的共同愿望和要求，不是统治阶级中少数人的愿望和要求。

第三，法是"被奉为法律"的统治阶级的意志。马克思恩格斯说，法是"被奉为法律"的统治阶级的意志，这意味着统治阶级意志本身也不是法，只有"被奉为法律"才是法。"奉为法律"，就是经过国家机关把统治阶级的意志上升为国家意志，并客观化为法律规定。正如马克思和恩格斯所指出："一切共同的规章都是以国家为中介的，都带有政治形式。"⑤而"国家照例是最强大的、在经

---

① 马克思恩格斯选集：第 1 卷[M]. 北京：人民出版社，1995：89.
② 列宁全集：第 17 卷[M]. 北京：人民出版社，1990：145.
③ 张文显. 法理学[M]. 5 版. 北京：高等教育出版社，2018：58.
④ 张文显. 法理学[M]. 5 版. 北京：高等教育出版社，2018：59.
⑤ 马克思恩格斯选集：第 1 卷[M]. 北京：人民出版社，1995：132.

济上占统治地位的阶级的国家"。①法律是以国家意志的形式表现出来的统治阶级的意志,是统治阶级实现其阶级专政的工具。统治阶级的意志表现在多方面,它可以反映在哲学、政治、道德、文学艺术、教育等方面,而法律与这些意识形态的不同之处,就在于法律是被提升为国家意志的统治阶级的意志。

② 法的内容是由统治阶级的物质生活条件决定的

社会物质生活条件指与人类生存相关的地理环境、人口和物质资料的生产方式,其中物质生活资料的生产方式是决定性的内容。生产方式是生产力与生产关系的对立统一,生产力代表人与自然界的关系,生产关系代表生产过程中所发生的人与人之间的关系。马克思和恩格斯的一个伟大功绩,是发现了社会物质生活条件中生产方式因素的决定意义。当然,除了物质生活条件外,政治、思想、道德、文化、历史传统、民族、科技等因素也对统治阶级的意志和法律制度产生不同程度的影响。

(2) 法的基本特征

所谓特征,就是一个事物区别于其他事物的属性。从方法上说,要认识某一事物的特征,必须把这一事物与其他与之相近的事物相比较,在比较过程中揭示这一事物不同于其他事物的属性②。我们要认识法的特征,就要把法与相近的社会现象(如道德规范、政策、司法判决)相比较,揭示法不同于其他社会现象的特殊性。以马克思主义的法的定义为依据,总结以往法学研究的成果,我们可把法的特征概括为四个方面:

① 法是调整人的行为的社会规范

首先,在社会体系中,法属于社会规范的范畴。法的规范性体现在:法对人们的行为做出了明确的指示。法律通过告知人们可以做什么、禁止做什么、必须做什么,对人们的行为进行规范和指引。法的内容具有一般性和概括性。法不是针对某个人、某件事而立的,而是针对一类人、一类事而立的。法对行为的调整表现为一种规范性调整,而非个别性调整。法是反复适用的。法不是仅适用一次,而是在其生效期限内对其指向的对象反复适用的。

其次,法的调整对象是人的行为。也就是说法的调整对象是社会关系。法调整人的行为也就调整了社会关系。作为法的调整对象的行为是指人的外在行为。法与道德、社会舆论等调整手段的重要区别在于,法仅仅调整和约束人的外在行为,而不调整和约束人的内心思想、情感。

---

① 马克思恩格斯选集:第 4 卷[M].北京:人民出版社,1995:172.
② 张文显.法理学[M].5 版.北京:高等教育出版社,2018:62.

② 法是出自国家的社会规范

社会规范的种类繁多，除了法之外，还有道德规范、宗教规范、风俗习惯、社会礼仪、职业规范、社会组织的规章制度等。法区别于其他社会规范的首要之处在于，法是由国家创立的社会规范。国家创立法的方式主要有两种：一是制定，即国家机关通过立法活动创制出新的规范。二是认可，即国家机关赋予某些既存的社会规范法律效力，或者赋予先前的判决所确认的规范以法律效力。法既然是由国家制定或认可的，它就必然具有国家意志的属性，因此具有高度的统一性、普遍适用性。

③ 法是规定权利和义务的社会规范

法通过规定人们的权利和义务，以权利和义务为机制，影响人们的行为动机，指引人们的行为，调整社会关系。权利意味着人们可以作为或不作为，以及可以要求他人作为或不作为。法律通过规定权利，使人们获得某些利益或者自由。义务意味着人们必须作或不作一定行为。义务包括作为义务和不作为义务两种，前者要求人们必须做出一定行为，如纳税的义务；后者要求人们不得做出一定行为，如不得盗用他人注册商标的义务。正由于法是通过规定权利和义务的方式调整人们的行为的，因此人们在法律上的地位体现为一系列法定的权利和义务。

④ 法是由国家保证实施的社会规范

法是以国家强制力为后盾，由国家强制力保证实施的。法的国家强制性，既表现为国家对违法行为的否定和制裁，也表现为国家对合法行为的肯定和保护；既表现为国家机关依法行使权力，也表现为公民可以依法请求国家保护其合法权利。

2. 法律体系和法治体系的区别

中国特色社会主义法律体系虽然已经形成，但是法治体系还没有形成，而且与真正意义上法治体系的形成还有非常大的距离。当我们做出这样的评断时，有两个基本概念是必须予以澄清的，也只有将这两个概念及其关系予以澄清，我国今后法治建设中的一系列问题才能得到很好解决。①

澄清两个概念之前，需要回顾我国法治建设的历程。自改革开放之后经历了从法制到法治两个历史阶段。第一阶段主要是国家法制层面的建设，目标是建设和完善具有中国特色的社会主义法律体系。这一历史阶段肇始于党的十一

---

① 张淑芳. 法律体系与法治体系之比较[J]. 探索与争鸣，2011（9）.

届三中全会的拨乱反正，至 2011 年 3 月全国人大宣布"中国特色社会主义法律体系已经形成"。①国家围绕经济、政治、社会、文化、生态各领域制定部门法律规范，并将已经制定的"现行的全部法律规范按照不同的法律部门分类组合而形成了一个体系化的有机联系的统一整体"。②法律体系的形成实现了国家法治建设在立法领域中的阶段性目标，从根本上扭转了国家治理层面无法可依、法制不健全的困局，完成了国家法治建设有法可依的历史性转变，国家各项事业发展步入法治化轨道。但是，法律体系的形成仅仅为法治建设提供了基础要素和奠定了必要的前提条件，并不意味着法治建设任务的完成和法治国家的实现。第二阶段，即法治建设的第二步是确立法治体系建设目标，在有序展开法治国家建设的同时，协同推进法治社会的建设，形成国家治理和政府管理层面与市民社会的良性互动。以党的十八大为起点、党的十八届四中全会为节点全面展开了法治体系与法治国家共同推进的法治建设，此后一阶段法治建设的目标将是围绕法治实施、全面建设法治中国而展开。法治体系的建设将国家已经制定的静态的纸面上的制定法转化为法治中国建设实践行动中的活法，实质就是全面推进法治国家、法治政府和法治社会的整体建设。

　　从我国法治建设的历程来看，法治体系与法律体系，无论是理论内涵还是实践样态，都不属于同一概念、同一层面的问题。虽然两概念仅仅一字之差，但二者之间的内涵以及各自对于国家法治建设的意义却大不相同。对于法理学界而言，法治体系和法律体系两者之间虽存在历史承继关系，但两者的内涵和外延差异甚大。③

　　张文显教授认为，法治体系是一个描述一国法治运行与操作规范有序化的程度，表征法治运行与操作各个环节彼此衔接、结构严整、运转协调状态的概念。④徐显明教授则认为，法治体系的理论内涵应当"包括政府建设、依法行政、全民守法、加强全社会的法律意识、形成社会主义法治理念、全社会共同信仰法律、加强法律监督等"。⑤王建国教授认为，首先是规范体系与治理体系的区别：法律体系是一国现行法律规范的体系化的有机体，是国家推进法治建

---

　　① 吴邦国. 全国人民代表大会常务委员会工作报告——2011 年 3 月 10 日在第十一届全国人民代表大会第四次会议上[J]. 中国人大，2011（6）.
　　② 张文显. 法理学[M]. 北京：高等教育出版社/北京大学出版社，2011：78.
　　③ 王建国. 法治体系是对法律体系的承继和发展[J]. 法学，2015（9）.
　　④ 张文显. 法理学[M]. 北京：高等教育出版社/北京大学出版社，2011.
　　⑤ 徐燕，朱燕红. 法律体系是法治体系的逻辑起点——全国人大常委会委员徐显明谈中国特色社会主义法律体系[J]. 中国人大，2011（10）.

设的基础要素。而法治体系则是包含国家法律制定以及实施活动的综合体，是国家选择的治理模式。其次是静态法制与动态实践的区别：从法律体系到法治体系是从静态的法律制度到动态的法治实践的发展过程。①邵建东教授认为，法律体系展现在社会主体面前的是直观可视的具有外观性的法律规范，标志着国家法治建设已经具备可资遵守的形式化法律。就此意义而言，法律体系就构成国家法治建设中形式法治的主要表征，是法治的外在形式表现。但是，法治中国的建设不仅要建构一个形式上的法治国家，而且应当建构一个实质上的法治国家。②江必新认为，实现实质法治的基本条件是国家要做到：国家法律制度健全并践行法治，公民宪法基本权利得到有效保障和实现，国家公权力受到有效约束制衡和监督，政府严格依法行政并兼顾适度原则和信赖保护原则，司法机关遵循正当程序独立行使职权，并最终在形式正义的基础上实现实质的社会公平正义。③所以，法治体系不仅包含注重形式主义的法律体系，而且要关注法律实施结果，就是最终达至体现公平公正法治价值观念的实质正义，是形式法治和实质法治的统一体。

从学界针对法律体系和法治体系的观点来看，法治体系与法律体系在理论内涵和实践样态上并不属于同一概念也不属于同一层面的问题，但是两者又存在着前提和基础、承继和发展之间的关系。具体区别的归纳，张淑芳教授在中国社会转型期的法治建设——从法律体系迈向法治体系的会议上，给出了较为全面的阐释④：

第一，法律体系和法治体系是法的静态和动态的两个方面。法律体系是就法的静态方面而论之，而法治体系则是就法的动态方面而论之。法律体系之所以是静态的，因为其只是若干典则和规范的一个集合，这些典则和规范在制定时虽然有一定的动态性，但这个动态性只是为了产出它而具有的一种非内在法的动态性，作为典则体系与规范既没有在运行中将社会的权利与义务包容进来，又没有将法律主体和非法律主体的行为包容进来，当然是以相对静态的特性表现于人们面前的。法治体系是一个动态的东西，是"法"这个客观事物的动态方面。之所以这样说，是因为法治是在典则体系、法律主体、社会主体之间进行不断的能量交换中体现出来的，"在任何法律制度中，法治的内容是：对立法

---

① 王建国. 法治体系是对法律体系的承继和发展[J]. 法学，2015（9）.
② 邵建东. 从形式法治到实质法治——德国"法治国家"的经验教训及启示[J]. 南京大学法律评论，2004秋季号卷.
③ 江必新. 严格依法办事：经由形式正义的实质法治观[J]. 法学研究，2013（6）.
④ 张淑芳. 法律体系与法治体系之比较[J]. 探索与争鸣，2011（9）.

权的限制；反对滥用行政权力的保护措施；获得法律的忠告、帮助和保护的大量的和平等的机会；对个人和团体各种权利和自由的正当保护；以及在法律面前人人平等。在超国家的和国际的社会中，法治指对不同社会的不同传统、愿望和要求的承认，以及发展协调权利要求、解决争端和冲突、消除暴力的方法。它不是强调政府要维护和执行法律及秩序，而是说政府本身要服从法律制度，而不能不顾法律或重新制定适应本身利益的法律"。这个论断非常生动地揭示了法治及其体系的动态化过程。

第二，法律体系和法治体系是法之形式方面与法之实质方面。法律体系与法治体系都与"法"分不开，"法"是决定它们成立与否的核心要素，而"法"有形式方面和实质方面之区分。所谓法的形式方面，是指构成法的那些具有外在性的东西；而法的实质方面，则是指构成法的那些具有本质性的东西。法律体系究竟是法的形式方面还是法的实质方面？应当说，这个问题的回答并没有多大的难度。法作为一个事物，作为一个社会现象至少有三个有机联系的东西左右着它，一是法背后的社会关系，它们是法及其体系的决定因素，是法存在和形成的基础；二是法律典则和规范，它是摆在人们面前最为实在和具体的东西，也是我们在分析和观察法这个社会现象时首先遇到的东西；三是法律在社会过程中的运用。法律典则和法律规范只有与发生在社会过程中的案件结合时，其才能由一纸空文变成实实在在的调控机制，而这样的调控机制与非常复杂的社会事实有关。

"法律的生命力在于实施，法律的权威也在于实施"，在法的上列三个范畴中，第二个层面，即法律典则和法律规范是形式性的东西；而第一个层面，即决定法存在的社会关系以及法律典则之后的实际调控过程，则是实质性的东西。正是这种形式与实质的结合，才使法这个事物具有了在社会过程中的周延性。

第三，法律体系和法治体系是法之外在方面与法之内在方面。法律体系仅从表层观察，其是法现象的基础，因为，法呈现于人们面前的首要因素是典则体系和规范构成。而且当我们讨论"法治建设"的基本内涵时，所强调的首要因素就是有法可依，所谓有法可依就是必须有一个法律体系或者与法律体系相关的典则和规范，它被排在法治建设的第一环节，正是这个第一环节使人们常常将其作为法现象之基础。

法律体系是对一定社会关系的一个表述，尤其是法律典则和规范的外在化表达得再清楚不过了。如果我们要人为地将法律体系作为法之内在方面，那么从哲学的角度讲可能会犯唯心主义的错误，从法哲学上讲，则可能犯法律万能主义的错误。我们必须清楚，法律体系是由其他因素决定的第二性因素，法律体系本身并无哲学上的内在意义,只有当它进入社会机制之后,才具有实质意义。当我们将法律体系作为法之外在方面来认识时,那么,法之内在方面究竟在哪里呢?不言而喻,法治体系如果能与法律体系对应分析的话,它就必然是法之内在方面。法治所提出的问题立足点是非常高的,在现代社会中,法如果与自由、民主、平等这些相对较高的价值体系无关,那么,这样的法只能具有相对外在的特性。同时,法治是在普遍联系中表现自身的,而作为一种普遍联系的东西当然是内在化的。法治体系作为法之内在化的命题,对于我国今后的法律制度建设、法律的普遍化、全社会法律信仰的形成,都有至关重要的作用。

由此可见,法律体系的形成并不是我国法治建设的终极目标,只能说是一个阶段性的成果。如何将这种静态的、外在的、形式的法律,转变为动态的、内在的、实质的法律,即从法律体系迈向法治体系,是我国法治建设面临的更为重要的任务。

3. 中华人民共和国成立以来宪法的发展与完善

宪法是国家的根本大法,是治国安邦的总章程,具有最高的法律地位、法律权威、法律效力。宪法与国家前途、人民命运息息相关,宪法集中体现了党和人民的统一意志和共同愿望,是国家意志的最高表现形式。

党的十八大以来,以习近平同志为核心的党中央以前所未有的力度推进全面依法治国,强调坚持依法治国首先要坚持依宪治国,坚持依法执政首先要依宪执政,把实施宪法摆在全面依法治国的突出位置,采取一系列有力措施加强宪法实施和监督工作,维护宪法法律权威,中国特色社会主义法治建设取得重大成就。

自1949年中华人民共和国成立后,先后颁布了起临时宪法作用的《中国人民政治协商会议共同纲领》和"五四宪法""七五宪法""七八宪法""八二宪法"共五部宪法。"八二宪法"自1982年12月4日公布施行后,在1988年进行了首次修正,此后又分别在1993年、1999年、2004年和2018年对宪法进行了修改,形成了5个宪法修正案。

《中华人民共和国宪法》经历了5次制定、5次修改,但是从1982年至今,一直沿用着同一部宪法,这是中国特色社会主义法治建设的伟大成就之一。

(1) 中华人民共和国成立以来的5次"制宪"活动

① 《中国人民政治协商会议共同纲领》

中华人民共和国成立后,在中国共产党领导下,第一部宪法是中国人民政治协商会议于1949年9月29日通过的《中国人民政治协商会议共同纲领》。《中国人民政治协商会议共同纲领》起了临时宪法的作用，它的发布为新政权的建立提供了法理依据，对于团结一切力量，彻底完成民主革命和向社会主义过渡，发挥了重大的作用，是建立新政权的重要文献。

②"五四宪法"

1954年9月20日，第一届全国人民代表大会第一次会议以无记名的投票方式一致通过了《中华人民共和国宪法》，即著名的"五四宪法"，这实质上是新中国第一次制定宪法，成为中国政治和法治建设上具有转折意义的界标。"五四宪法"是一部承前启后、具有基石意义的宪法，它开启了中国社会主义宪法的崭新历史，确认了国家的各项基本制度，其精神和原则延续至今[①]。

"五四宪法"以人民民主原则和社会主义原则为制宪原则，总结了古今中外的制宪经验，在中国民主政治和法治建设史上具有重要的里程碑意义，它的制定和颁布，开辟了我国社会主义法治国家建设的新里程，奠定了国家的基本制度，开创了中国政治制度现代化的新时代。"五四宪法"是我国第一部社会主义类型的宪法，但不是完全的社会主义性质，它是过渡时期的宪法。这一性质，毛泽东在宪法起草委员会第一次会议上说明了："这个宪法，是以共同纲领为基础加上总路线，是过渡时期的宪法。""五四宪法"无论是在宪法草案的全民讨论过程中，还是在最终的表决通过之时都得到了人民的拥护和认可，对它的评价基本上是正面的，是得民心的。

③"七五宪法"

1975年1月17日，第四届全国人大第一次会议全面修改了1954年宪法，这次制宪活动是新中国制宪史上社会环境最为特殊的一次，因此，不可避免地被打上了那个时代所特有的印记[②]。

④"七八宪法"

1977年10月15日中共中央发出通知："中央决定于1978年春召开第五届全国人民代表大会，中央要求各省、自治区、直辖市和人民解放军采取适当的形式，征求党内外群众对修改宪法的意见[③]。"此时，关于真理标准问题的大讨论尚未展开，关于中国未来发展道路的共识尚未形成，当时所征集的修宪意见，自然也免不了受到这一大背景的影响。"七八宪法"即在这一环境下诞生，自身烙上了那个时代鲜明的特征。从内容和形式上来看，"七八宪法"可称为一部恢

---

① 韩大元. 五四宪法的历史地位与时代精神[J]. 中国法学, 2014 (4).
② 管华. 被遗忘的"开国大典"——评七五宪法的遗产[J]. 人大法律评论, 2010.
③ 许崇德. 中华人民共和国宪法史：下卷[M]. 福州：福建人民出版社，2005.

复性的过渡宪法①,就其条文而言,"七八宪法"由"七五宪法"的 30 条增加到 60 条,从而使其形式更为完善;就其内容而言,"七八宪法"也做了诸多改进。

⑤ "八二宪法"

1982 年 12 月 4 日,五届全国人大以"五四宪法"为基础制定了全新的宪法。"八二宪法"是为了从根本上解决社会主义现代化建设中的根本问题而制定的符合当时社会历史要求的宪法。"八二宪法"是我国第四部宪法,它总结了中国社会主义发展的经验,并吸收了国际经验,是一部有中国特色、适应中国社会主义现代化建设需要的根本大法。"八二宪法"是一部好的宪法,它明确规定了中华人民共和国的政治制度、经济制度、公民的权利和义务、国家机构的设置和职责范围、今后国家的根本任务等。其根本特点是,规定了我国的根本制度和根本任务,确定了四项基本原则和改革开放的基本方针。如彭真所言,"'八二宪法'继承和发展了'五四宪法'的原则,充分总结我国社会主义发展的丰富经验,也吸取国际经验"。

(2) 中华人民共和国成立以来的 5 次"修宪"活动

宪法确立了国体、政治制度、经济制度、社会制度、国家的任务目标和政体等,规定国家的一切权力属于人民,全国人民代表大会是代表全国人民的机关,是中国的最高权力机关,行使宪法赋予的最高国家权力。其他中央国家机关(例如国家主席、国务院)要由它产生,对它负责,受它监督。

为了适应经济社会发展和现代化建设的需要,"八二宪法"历经了 5 次修改。

① 对"八二宪法"的第一次修改是在 1988 年 4 月 12 日,承认了私营经济和土地使用权的转让。1988 年修宪之前,开设公司是违法的,当时有破坏社会主义经济计划罪、投机倒把罪等。只允许个体经济的存在,不允许有超过 7 人的私营经济存在。这次修宪确定了私营经济的合法地位,是一个重大修改,奠定了 30 年来非公有制经济发展的宪法基础,提供了根本大法的保障。

② 第二次修改是在 1993 年 3 月 29 日,这次修改最主要的是肯定了社会主义市场经济的合法性。

③ 第三次修改是在 1999 年 3 月 15 日,宪法序言中写入邓小平理论,增加"中华人民共和国实行依法治国,建设社会主义法治国家等"。

---

① 杨蓉,江国华. 历史的拐点——写在"七八宪法"颁布实施 30 周年[J]. 长沙理工大学学报:社会科学版,2009,24 (1).

④ 第四次修改是在 2004 年 3 月 14 日，增加了"三个代表"重要思想，将"有中国特色社会主义的道路"中的"有"字去掉，修改为"中国特色社会主义道路"；还增加了"公民合法的私有财产不受侵犯""国家依照法律规定保护公民的私有财产权和继承权""国家为了公共利益的需要，可以依照法律规定对公民的私有财产实行征收或者征用并给予补偿""国家尊重和保障人权"等重要内容。

⑤ 第五次修改是 2018 年 3 月 11 日，第十三届全国人大第一次会议共有 2964 名代表参加会议并投票，其中赞成 2958 票，反对 2 票，弃权 3 票，高票通过宪法修正案，为 1982 年以来历次修改宪法最高票。

这次修宪是在保持宪法基本稳定的前提下进行的。修改宪法是保证宪法与时俱进、随着时代发展而不断进步的重要方式，宪法修改是党和国家政治生活中的一件大事，是以习近平同志为核心的党中央从新时代坚持和发展中国特色社会主义全局和战略高度做出的重大决策，是推进全面依法治国、推进国家治理体系和治理能力现代化的重大举措。这次修宪充实了很多重要内容，包括调整充实了国家的指导思想，确立科学发展观、习近平新时代中国特色社会主义思想在国家政治和社会生活中的指导地位；将党的领导写入宪法正文第一条；强化宪法实施；修改国家主席任职方面的有关规定；国家监察委员会入宪；将创新、协调、绿色、开放、共享的新发展理念入宪；调整充实中国特色社会主义事业总体布局和第二个百年奋斗目标的内容等。

4. 中国特色社会主义法治体系的发展历程

改革开放以来，中国共产党着眼于当代中国社会的基本国情与具体场景，以解决中国社会的实际问题为目标和使命，随着改革的推进展开对社会主义法治的建构，逐步形成中国特色社会主义法治理念和法治体系。

中国特色社会主义法治体系的发展经历了从"法制""法律体系"到"法治""法治体系"的逐步转变，这一话语的转变表明法治在中国运行轨迹的变化，即由静态的制度体系向动态的治理体系进行演进。这一动态的治理体系以坚持中国共产党的领导和中国特色社会主义制度为底色，与国家治理的实践紧密结合，区别于西方自由主义的"人权、自由、平等"话语，而以"科学立法、严格执法、公正司法、全民守法"作为中国法治话语的"基准"，并以法治国家、法治政府与法治社会的一体化建设为其实践性目标。

党的十一届三中全会之后，基于"拨乱反正"之后常态民主政治生活的建立，中国共产党将民主法制作为中央一项重要决策来提出，申明将其作为社会主义建设中坚定不移的基本路线。与此同时，中国共产党首次明确提出在社会主义建设中要"做到有法可依、有法必依、执法必严、违法必究"的法制倡导"十六字方针"①，以民众所熟知的表述树立了法律权威。继而，邓小平同志进一步明确了中国法制的社会主义性质，他指明，在中国，人民民主权利是在中国共产党的领导下，通过人民群众的长期斗争实现的，而非如西方自由主义法学中所宣称的"天赋人权论"，同时，"要继续发展社会主义民主，健全社会主义法制，这是三中全会以后中央坚定不移的基本方针，今后也决不允许有任何动摇"。②

20世纪90年代中后期，法学界展开了"社会主义法制"与"社会主义法治"的讨论。1997年，中国共产党第十五次全国代表大会正式提出"依法治国"，法治摆脱西方话语束缚，被置于中国的政治、经济和社会发展的总进程之中，中国共产党领导建构的社会主义法治理念与治国方略相结合，开始具备对当代中国国情的解释力与适应性。

此后，随着改革进程的推进，社会主义法治理念在中国共产党的历次会议中逐步加以完善，并以"市场经济就是法治经济""依法治国""执法为民"等区别于学术语言的叙述方式向社会大众迅速传播。

2014年，中国共产党第十八届中央委员会第四次会议召开，"中国特色社会主义法治理论"第一次被明确提出，依法治国正式运行在中国特色社会主义道路、理论体系和制度之内。

2017年中国共产党第十九次全国代表大会将依法治国与中国特色社会主义的本质联系起来，中共中央总书记习近平将全面依法治国的理念和思想纳入新时代中国特色社会主义思想。依法治国与坚持党的领导、人民当家作主有机统一起来，社会主义法治理念在推进社会主义现代化建设、实现中华民族伟大复兴的历史征途中被理解和定位。至此，社会主义法治理念作为中国法治的意识形态，在中国社会发展与法治建设中全面获取生命力。

（1）从"无法可依"到"有法可依"

尽管中华人民共和国成立后，制定了以"五四宪法"为代表的一些法律，但却在"文革"中整体陷入虚无，中国社会处于法制全面瘫痪状态。因此，1978年党的十一届三中全会以来，中国共产党的一个重要任务便是迅速恢复法制和推进法律建设，使得"依法办事"有章可循，即如邓小平所说："当务之急就是

---

① 中共中央文献研究室. 三中全会以来重要文献选编：上[M]. 北京：人民出版社，1982：11.
② 邓小平文选：第2卷[M]. 北京：人民出版社，1994：359.

尽快制定出国家和社会需要的法律。"①"一手抓建设,一手抓法制"贯穿于改革开放初期的方方面面。

在加快立法的思想指导下,全国人大常委会在20世纪70年代的最后一年连续出台了《中华人民共和国刑法》《中华人民共和国刑事诉讼法》《中华人民共和国人民法院组织法》《中华人民共和国人民检察院组织法》等一系列法律。80年代初期,在中国共产党领导下,全国人大常委会在继承"五四宪法"优良传统的基础上,颁布了新宪法,由此推动社会主义建设中的民主制度化和法律化取得实质性进展。在公法领域,中国共产党领导制定的《中华人民共和国行政诉讼法》《中华人民共和国行政处罚法》《中华人民共和国行政监察法》《中华人民共和国行政复议法》先后通过,权力被规范化运行,法制进一步向法治靠近。私法领域内,《中华人民共和国民法通则》出台,它不仅承认在国家政治活动和行政活动之外社会中还存在着一个私人空间,并为这个私人空间内的主体活动提供了基本的自治规范,明确了社会成员的各项权利,这一举措使中国从五千年的"义务本位"中走出,开始迈向"权利时代";《中华人民共和国经济合同法》《中华人民共和国涉外经济合同法》《中华人民共和国技术合同法》三部合同法相继颁布,及时为市场经济提供了行为规范,顺应且极大地推动了改革开放的发展;《中华人民共和国婚姻法》《中华人民共和国继承法》将新型家庭成员关系确定下来,个人主体的意思自治在社会领域进一步体现。经济领域内,全国人大先后颁布《中华人民共和国公司法》《中华人民共和国产品质量法》《中华人民共和国反不正当竞争法》《中华人民共和国消费者权益保护法》等诸多用来调整市场经济活动的法律,可以说,中国经济在20世纪末的飞速发展,与大量的法律制度扶持具有密不可分的关系。1999年宪法修正案将"中华人民共和国实行依法治国,建设社会主义法治国家"以法条形式固定下来,中国共产党的法治倡导从政治话语转化为法律话语,并以法律制度的方式固定下来。

此后,中国进入全面立法的时代,中国共产党在十五大和十六大先后提出:"到2010年形成有中国特色社会主义法律体系。"至2011年,"一个立足社会主义初级阶段基本国情、适应改革开放和社会主义现代化建设需要,涵盖法律、行政法规、地方性法规等多个层次的法律规范构成的中国特色社会主义法律体系已经形成",可以说,以宪法为核心、以七大部门法为主干的法律体系为中国共产党法治话语体系的建构提供了充分且必要的制度供给,推动着中国开启了

---

① 邓小平文选:第2卷[M].北京:人民出版社,1994:146.

新的法治图景①。

（2）从制度体系到治理体系

法治不仅是一种理念，它更是一种实践，习近平总书记在中国共产党十八届三中、四中全会上都反复提到了这一点。因此，中国法治话语体系须以中国的实际国情为根基，对中国社会发展及发展中的各种矛盾做出实践性回答。作为中国共产党的优良传统，实践性自新民主主义革命时期便展现出其制胜法宝的魅力。②改革开放之初，面对市场经济领域违法的问题，"法制"成为针对市场经济领域内层出不穷违法现实问题的法治话语。直至20世纪90年代，中国法治建设的时代主题是服务于市场经济与社会主义现代化建设，法律的权威性和稳定性得以巩固，法治道路逐渐与社会主义市场经济并轨。1997年中国共产党提出"依法治国"这一政治倡导，"法治"开始作为基本方略服务于治理国家的实践；2004年中国共产党在十六届四中全会上又提出"依法执政"，法治上升为中国共产党执政的基本方式。"依法治国"与"依法执政"将法治嵌入中国共产党治国理政与社会主义民主政治建设的实践之中；中国共产党在十八大上正式提出"法治是治国理政的基本方式"，此后，法治被置于事关国家长治久安的实践中加以谋划和推进，"全面推进依法治国"与"全面深化改革"共同服务于"小康社会"的全面建成，中国共产党领导建构的法治话语进入国家治理和社会治理的实践层面，"法治中国"被赋予前所未有的历史使命和实践价值。

随着全面深化改革的推进，中国特色社会主义法治话语体系不断被赋予更多的新内容。基于实践过程中必不可少的方法论，法治思维与法治方式被纳入体系之中，法治方式服务于社会治理的现实，在各种社会矛盾凸显的社会转型时期，具有将纠纷导入法治秩序的实践意义，不宁唯是，它还要求改革的实践必须在宪法框架内与法治轨道上进行，亦如习近平总书记所强调："凡属于重大改革都要于法有据。在整个改革过程中，都要高度重视运用法治思维和法治方式，发挥法治的引领和推动作用，加强对相关立法工作的协调，确保在法治轨道上推进改革。"③

可以说，在中国特色的法治叙事方式中，中国共产党从中国实际出发，领导本国人民走出了一条中国特色社会主义法治的实践之路。④

---

① 谢慧. 改革开放以来中国共产党法治话语体系建构[J]. 理论学刊，2020（1）.
② 董必武选集[M]. 北京：人民出版社，1985；411.
③ 中央全面深化改革领导小组2014年工作要点[N]. 新京报，2014-03-01.
④ 谢慧. 改革开放以来中国共产党法治话语体系建构[J]. 理论学刊，2020（1）.

5. 我国依法治国基本方略的形成和发展

（1）孕育阶段（1978年—1997年）

在经历了"文化大革命"之后，人们开始理性地思考国家的发展与未来，以及如何来维护国家的安定与团结，一场极为深刻的社会变革随之而来。1978年《实践是检验真理的唯一标准》一文的发表，标志着一场意义极为深远的思想解放运动的开始。这是马克思主义的思想解放，为新时期法制建设的蓬勃发展提供了重要的思想平台。随后1978年12月党的十一届三中全会召开，在大会上首次明确提出了加强社会主义法制这一基本要求，并为此提出了十六字方针，即"有法可依，有法必依，执法必严，违法必究"。邓小平同志坚持从我国国情出发，积极探索，敢于创新与突破，正式拉开了建设中国特色社会主义法律体系的历史序幕，发展社会主义法制成为推进中国特色社会主义事业的基本方针与重要目标。

1982年9月，"党必须在宪法和法律范围内活动"作为一项重要的原则规定首次出现在由党的十二大所通过的《中国共产党章程》中，其系首次在党章中就党和法的相互关系进行明确，系社会主义法治理论的一次重大突破，我国法制构建进入了一个新高度。1982年12月4日，在第五届人大第五次会议上通过了新宪法。该部宪法是在充分发扬民主和反复修改完善的基础上产生的，其继承和发展了1954年宪法的基本原则，为其后的社会主义法治建设提供了基本法律依据。以1982年所制定的新宪法为基本依据，以实现有法可依为主要目标，以规范各领域、各主体的法律行为为主要内容的法律规范大量制定并颁布施行，及时有效地解决了无法可依的问题。

随着政治体制改革和经济建设的深入，1986年党的十二届六中全会指出在坚持党的领导和人民民主专政的基础上，我国政治体制的改革离不开社会法制的健全。1987年，党的十三大报告决定必须建立完备的经济法律体系，详细论述"两手抓"的思想，必须把法制建设贯穿于社会改革的整个过程中去。1989年，以江泽民同志为核心的第三代领导集体反复强调必须遵循法制政策，实行法治。1992年10月，党的十四大根据邓小平南方谈话精神，同时紧密结合我国经济与社会发展的客观实际，把建立社会主义市场经济体制确立为发展目标，这就为我国社会主义法治建设注入了强劲发展动力。1996年在一个法制讲座之后，江泽民对依法治国问题首次做了完整的阐述，总结出实施依法治国的意义，推动了依法治国实施，实现了历史的伟大转折。

（2）形成和发展阶段（1997年—2012年）

1997年，依法治国方略初立。江泽民在十五大上向全党提出要实施"依法治国"这一方略，中央的文件中也首次把"法制国家"改为"法治国家"。报告指出："我们在坚持四项基本原则的前提下，继续推进政治体制改革，进一步扩大社会主义民主，健全社会主义法制，依法治国，建设社会主义法治国家。"江泽民同志在邓小平同志的法治思想基础之上，深刻分析与总结中国共产党成立以来的法治思想发展的经验，结合中国的社会主义现代化建设，明确提出"依法治国"战略，建设社会主义法治国家。它要求依法治国与人民当家作主深度结合，以党的领导保证依法治国，依法处理国家事务、社会事务及经济文化事务，以建设社会主义民主政治、政治文明作为依法治国根本目标。它是马克思主义法治中国化的又一次创新，标志着国家治理方式开始步入法治国家发展的建设轨道，依法治国也由此正式上升为党领导人民治国理政的基本方略。

1999年3月15日，第九届全国人民代表大会第二次会议通过了《中华人民共和国宪法修正案》，其中第十三条规定："宪法第五条增加一款，作为第一款，规定：'中华人民共和国实行依法治国，建设社会主义法治国家。'"依法治国方略被正式列入宪法，由此确立了其宪法地位，正式完成了从党的政治主张向国家意志的转变。依法治国是党领导人民治理国家的基本方略，是邓小平民主法制思想的坚持、完善和发展；是我们解放思想的重大突破，对于党的事业、对于社会主义事业、对于整个中华民族来说，都是一次历史性的飞跃。这期间，在开始实行依法治国方略的基础上，我国法治建设有了很大的进步与发展。在依法治国方略的初立阶段，我国法治建设在思想上和制度上都取得了巨大成就，社会主义的法治建设蓬勃发展，为我国全面推进依法治国奠定基础。

进入21世纪，以胡锦涛同志为总书记的党中央在十六大上确立了全面建设小康社会的奋斗目标，提出了构建社会主义和谐社会的科学发展观，把党的领导与人民当家作主、依法治国相统一，把依法治国与依法执政、依法行政紧密结合，我国法治发展进入全面建设的时代。2002年11月，鉴于依法治国作为治国理政的基本方略已上升为宪法要求，党的十六大明确提出了全面落实的战略目标与任务要求。2004年9月，鉴于党的执政是依法治国基本方略得以全面落实的根本保证，故党的十六届四中全会上又首次对党的执政行为和方式进行了规范，明确提出了科学、民主、依法的基本要求。2007年10月，党的十七大明确提出了科学立法、民主立法的基本要求，并明确把完善中国特色社会主义法律体系作为根本任务。通过持续不断的深入推进与接力建设，截至党的十八大召开前，我国初步建成了由七个法律部门、三个不同层级的法律规范所构成的中国特色社会主义法律体系，标志着我国社会主义法治建设已取得阶段性的重大胜利。以党的十八大胜利召开为标志，我国社会主义法治建设进入全面推进依法治国的新阶段。2012年11月，鉴于依法治国已成为治国理政的基本方式，其重要作用也已获得普遍共识，故党的十八大首次明确提出要把全面推进依法治国作为一项战略任务。这是"全面推进依法治国"这一重大战略部署首次出现在党的正式文件中，使得依法治国的战略地位与重要作用被放在了一个更加突出和重要的位置，为社会主义法治建设的全面推进奠定了思想和政治基础。

（3）完善和全面推进阶段（2012年至今）

为全面落实党的十八大所做出的重大战略部署，党的十八届三中全会于2013年11月召开，首次明确提出"推进法治中国建设"的新目标，并首次明确要求"必须坚持依法治国、依法执政、依法行政共同推进，坚持法治国家、法治政府、法治社会一体建设"，同时应"把全面贯彻实施宪法提高到一个新水平"。"法治中国"建设目标系对"法治国家"建设目标的全面升级，是对中国特色社会主义法治理论与实践又一次重大突破。为深化和细化"建设法治中国"这一战略目标，2014年党的十八届四中全会首次就全面依法治国这一重大战略问题进行专题研究，这是中华人民共和国成立以来的第一次。党的十八届四中全会通过了《中共中央关于全面推进依法治国若干重大问题的决定》，对中国特色社会主义法治建设的根本方向、总抓手、总目标与基本原则等一系列重大理论问题均予以明确回答。其所明确提出的建设中国特色社会主义法治体系这一战略目标与基本任务，与之前所提的建设中国特色社会主义法律体系存在较大差异，为"法治中国"建设目标的实现制定了清晰的路线图与完整的施工图，标志着中国特色社会主义法治建设已进入加快推进全面依法治国、建设中国特色社会主义法治体系的历史新阶段。

党的十八大以来，面对新形势下全面推进依法治国所面临的一系列重大挑战，以习近平同志为核心的党中央，全面总结中国共产党在新民主主义革命法制建设与社会主义法治建设过程中所积累的历史经验与教训，在继承马列主义、毛泽东思想、邓小平理论、"三个代表"重要思想、科学发展观等的法治思想的基础之上，提出习近平全面依法治国思想，使中国特色社会主义法治建设进入了新的蓬勃发展时期。第一，首次提出构建中国特色社会主义法治体系，更加系统完善地充实了我国法治体系。第二，首次使用了法治文化理念。法治文化是一种以法治思维为中心，在社会文化发展过程里依靠相应的组织结构运行。第三，首次强调国家法律与党内法规的关系问题。党既要依宪法治理国家、处理政务，也要依党内法规严格管党、监督党务。第四，首次提出了人民的法治主体地位，所有的群众是全面推进依法治国的基本力量，在依法治国的前提下坚持：以人为本，为人民立法。全党深刻认识到经过全面深化改革，有利于推进体制机制创新，发展生产力；有利于保证改革沿着法治轨道有序前进，激励社会公平公正；有利于保护社会安稳融洽，国家平稳发展。

6. 坚持中国共产党领导与依法治国的关系

当我们在研究坚持中国共产党的领导与依法治国的关系时，最无法避免的一个问题就是关于"党大"还是"法大"的问题。就此问题，2015 年习近平总书记就有过阐述："全面推进依法治国，方向要正确，政治保证要坚强。'党大还是法大'是一个政治陷阱，是一个伪命题。对这个问题，我们不能含糊其词、语焉不详，要明确予以回答。我们说不存在'党大还是法大'的问题，是把党作为一个执政整体而言的，是指党的执政地位和领导地位而言的，具体到每个党政组织、每个领导干部，就必须服从和遵守宪法法律，就不能以党自居，就不能把党的领导作为个人以言代法、以权压法、徇私枉法的挡箭牌。我们有些事情要提交党委把握，但这种把握不是私情插手，不是包庇性的插手，而是一种政治性、程序性、职责性的把握。这个界线一定要划分清楚。"

如果说"党大还是法大"是个伪命题，是因为它根本不符合中国的实际情况，那么"权大还是法大"则是一个真命题，因为确实在实践中存在这种情况，一些领导干部法治意识仍比较淡薄，存在以权压法、以言代法、徇私枉法等问题，在社会上给一些人造成"权比法大"的错觉，损害了党和国家的形象和威信。

习近平总书记在省部级主要领导干部学习贯彻党的十八届四中全会精神全面推进依法治国专题研讨班上的重要讲话，对"权大还是法大"这个领导干部必须清醒认识的真命题给出了明确答案：各级领导干部在全面推进依法治国的进程中，在行使人民所赋予的各项权力时，必须牢牢树立"权不能大于法"基本行为准则，牢记法律红线不可逾越、法律底线不可触碰。

依法行使权力、依法决策，就是要体现党和人民的意志，按事物发展的客观规律决策，这意味着必须牢固确立和遵守"权不能大于法"的铁律。树立"权不能大于法"的基本行为准则，要求每个党政组织、每个领导干部必须时刻牢记"权为民所赋"，做到"权为民所用"。在权力运行的整个过程中，只有真正把人民群众的利益作为行使权力的根本依归，把人民群众满意作为行使权力的最高标准，才能契合法治的时代呼唤，才能找准用权的目标定位。

中国共产党是中国特色社会主义事业的领导核心，处在总揽全局、协调各方的地位。社会主义法治必须坚持党的领导，党的领导必须依靠社会主义法治。法是党的主张和人民意愿的统一体现，党领导人民制定宪法法律，党领导人民实施宪法法律，党自身必须在宪法法律范围内活动，这就是党的领导力量的体现。党和法、党的领导和依法治国是高度统一的。我们就是在不折不扣贯彻着以宪法为核心的依宪治国、依宪执政，我们依据的是《中华人民共和国宪法》。

在推进依法治国的过程中，对于党的领导与依法治国关系的认识和处理上，从宏观层面看，"党的领导和社会主义法治是一致的，社会主义法治必须坚持党的领导，党的领导必须依靠社会主义法治"。习近平总书记强调："党和法、党的领导和依法治国是高度统一的。"党的十九大报告进一步指出，"中国特色社会主义最本质的特征是中国共产党领导"，必须"坚持党对一切工作的领导"，"党是领导一切的"，所以"坚持党的领导、人民当家作主、依法治国有机统一，把党的领导贯彻落实到依法治国全过程和各方面，坚定不移走中国特色社会主义法治道路"。在明确和弄清中国共产党领导与依法治国的关系之前首先要了解中国共产党的领导和依法治国的本质内涵。

中国共产党是中国工人阶级的先锋队，同时是中国人民和中华民族的先锋队，是中国特色社会主义事业的领导核心，代表中国先进生产力的发展要求，代表中国先进文化的前进方向，代表中国最广大人民的根本利益。党的最高理想和最终目标是实现共产主义。中国共产党的领导是指中国共产党通过自身的作用，率领并引导中国各族人民，在一定历史条件下，实现中国革命和建设的目标的行动过程。中国共产党的领导地位是指中国共产党在同其他社会组织的关系中和在中国革命与建设的过程中处于领导地位。

中国共产党的领导是中国特色社会主义最本质的特征，是社会主义法治最根本的保证。把党的领导贯彻到依法治国全过程和各方面，是我国社会主义法治建设的一条基本经验。全面推进依法治国，是一个系统工程。"全面依法治国是中国特色社会主义的本质要求和重要保障。必须把党的领导贯彻落实到依法治国全过程和各方面，坚定不移走中国特色社会主义法治道路，完善以宪法为核心的中国特色社会主义法律体系，建设中国特色社会主义法治体系，建设社会主义法治国家，发展中国特色社会主义法治理论，坚持依法治国、依法执政、依法行政共同推进，坚持法治国家、法治政府、法治社会一体建设，坚持依法治国和以德治国相结合，依法治国和依规治党有机统一，深化司法体制改革，提高全民族法治素养和道德素质。"坚持党的领导、人民当家作主、依法治国有机统一，坚定不移地走中国特色社会主义法治道路。

依法治国是实现党领导人民当家作主的基本途径和法治保障，意义重大。无论是坚持和完善党的领导，还是坚持和完善我国的国体、政体或是基本政治制度，切实保障人民群众的民主权利，都离不开社会主义法治。但依法治国不是党领导人民当家作主的唯一方式和途径，也不是党的领导的全部内容。党的领导中很重要的是靠正确的理论武装，靠共产主义的远大理想和中国特色社会主义共同理想，靠党员的先锋模范作用，靠基层党组织的战斗堡垒作用，靠各级党组织和各级领导对群众的思想政治工作。

党的领导与依法治国是辩证统一的关系。第一，坚持党的领导，是中国特色社会主义最本质的特征，是社会主义法治最根本的保证。党是领导一切的，只有在党的领导下，依法治国才能充分实现，国家和社会生活法治化才能有序推进。中国共产党是我国立法的科学领导者、执法的坚强保证者、司法的有力支持者、守法的带头倡导者。坚持党的领导，是社会主义法治的根本要求，是党和国家的根本所在、命脉所在，是全国各族人民的利益所系、幸福所系，是中国共产党领导人民实现中国梦的必由之路。第二，依法治国是实现和改善党的领导、增强党的执政能力和执政合法性的制度途径，而并不是削弱或否定党的领导的制度因素。依法治国的原始目标之一即是加强和改善党的领导，全面推进依法治国，才能真正体现党的宗旨，有利于加强和改善党的领导，有利于巩固党的执政地位，完成党的执政使命，绝不是要削弱党的领导。在保持整体独立性的前提下，法治与党的领导实现良性互动，同样有利于保证依法治国基本国策获得现实依托和支持。党的领导和社会主义法治是一致的，社会主义法治必须坚持党的领导，党的领导必须依靠社会主义法治。只有在党的领导下依法治国、厉行法治，人民当家作主才能充分实现，国家和社会生活法治化才能有序推进。第三，依法治国、依法执政是中国共产党治国理政的基本方略和基本方式，也是中国共产党加强和改善自身领导的主要方式。它所反映的是对党的领导的不断强化、优化，体现的是党的领导的法治化、制度化趋向，有助于提高党的执政水平，增强党实现执政使命的硬实力。可以说，"社会主义法治愈发展，党的领导地位愈稳固；党的领导地位愈稳固，愈有利于社会主义法治的发展"。

7. 我国历史上的"法治"和"德治"思想

所谓法治，它强调用法律制度来治理国家，用强制的手段来约束人们的行为，以维护社会的秩序，保障社会的稳定。德治则是把道德教化作为主要的治国手段，追求社会道德的协调，利用道德的内在约束力来达到稳定社会的目的。

法治和德治是两种不同的治理国家的方式方法，在中国的古代，到底是该实行法治还是实行德治，一直是历代思想家、政治家争论不休的课题。但纵观中国古代法律思想史，我们可以看到德治一直在我国的国家治理方面占据着重要的地位。中国传统的德治理念来源于西周初期形成的亲亲尊尊制度，思想家孔子更是在损益古今的基础上，对礼进行了修改，将礼与仁有效结合，提出了为政以仁、为政以德、宽以待民等思想论断，要求统治者加强自身建设，不断提升其道德修养，从而感化民众，达到社会治理国家安定的目的。对被统治者则强调道德教化，重视对民众的教育感化，让其对违背礼法的行为感到羞耻而免于犯罪。在达不到目的的情况下，再辅之以刑，让其感到畏惧达到以刑止刑的目的，也就是重视法在社会治理中的惩戒和感化作用。

　　儒家经世思想的核心便是德治思想，源于自夏至周逐步形成的"以德配天""敬德保民"等礼治思想，春秋战国时期道家也有"道之以政，齐之以刑，民免而无耻；道之以德，齐之以礼，有耻且格"的精义。汉朝建立以后，统治者吸取前秦灭亡的教训，在政治上提出了休养生息的执政理念，在法治建设上对先秦法家功利主义的法治观进行了批判。至少从汉代以后，中国的法律精神就发生了深刻的转变，转而注重法律的道德内涵，在更宽阔的眼界下审视"法"。

　　从西周、春秋战国、秦汉、魏晋南北朝、隋唐、宋元明清，一直到近代，历代统治者和政治思想家总结前朝经验，出于维护统治阶级的政权，都不同程度地采用了"以德治国"的方法，而且取得了较好的效果。以孔子、孟子为代表的儒家重视道德教化的思想对后世影响很大。孔子所提倡的"为国以礼""为政以德""为政在人"和"宽猛相济"等思想，经孟子、荀子、董仲舒、朱熹等人加工、改造，与封建纲常礼教融为一体，从西汉起就被封建统治者奉为正统，在政治法律思想中长期处于支配地位。

　　古时的德治是维护统治阶级政权的需要，其包含两方面含义：一是对统治者及其官吏而言，要求具有高尚的人格和操守，廉洁自律、克己奉公、以身作则、率先垂范。二是对老百姓而言，强调道德教化，通过教育感化作用，使他们自觉地遵守典章制度和礼仪习俗，归顺统治阶级。与其说"德治"是一种有效的统治方法，不如说它是统治阶级维护政权的实际需要。"德治"的一个重要方面是对官吏建立严格的选拔任用制度和有效的考核管理制度。"德治"强调以德服人，这就要求在官吏选拔任用上有一套严格的制度，真正把那些德才兼备、公道正派、甘于对人民负责、做人民公仆的人选拔到领导岗位上，同时还要建立严格的管理考核制度，通过奖惩，确保官吏队伍的清正廉洁。

　　在治国方略上，许多朝代的统治者都采取"宽猛相济"政策，"法治"和"德治"并用。何时用何策，一般来讲，乱世用刑施重典，太平盛世施"德政"。就是说，当夺取政权、社会处于变革时期、动乱时期，"威"的一面很重要，法治更有力量。当社会处于发展阶段、和平年代、太平盛世，则应宽大为怀，施"德政"，以德治国，使民休养生息，发展生产，安居乐业。

在"德、礼、刑"的关系上，强调"以德为主"。这里的"礼"是儒家倡导的"礼"，其基本内容是以血缘关系为纽带，以"君君、臣臣、父父、子子"为核心的宗法等级制度。这里的"刑"是法律制度。在三者的关系上强调"德"为先，以"德"服人，以"德"化民。"礼"是德之保障。"刑"为辅，强调用刑罚手段治民，只能使人民暂时免于犯罪，却不能使之感到犯罪可耻；只有以德为治，才能使人们从内心归服。总的来讲，中国传统的法治思想更多的是礼法并用，法德兼施，德主刑辅。我们不得不看到，礼法、法德有效结合，有力地推动了中国古代社会的发展。在德治的引导下，奴隶社会形成的严刑峻法得到有效遏制，刑法的严酷程度大大缓解。法更多的是作为一种社会惩戒的工具，起到威慑和教化的作用，而维系社会发展和人们思想更多的是依靠道德的约束，以教化治民，"善政民畏之，善教民爱之"。

事实上，我国现代意义上的"法治"观念在中国古代是不存在的，中国古代之"法治"更多是"刑治"，与近现代法治之强调公民权利保护有本质区别。就"法治"思想而言，更多的则是源自西方，西方"法治"传统的渊源可以追溯到古希腊时期，最早给"法治"下定义的是古希腊的哲学家亚里士多德。他提出："法治应当包含两重含义，已成立的法律获得普遍的服从，而大家所服从的法律又本应该是制订得良好的法律。"我国当下的"法治"吸收了西方"法"的普遍性和至上性两个基本特征。而我国古代封建社会的"法治"表面上看似是依法治理国家，实质上仍为人治，法律只是统治阶级的统治工具，目的是维护统治阶级的利益，二者有着质的区别。

而当前所说的德治，是社会主义的德治，是与法治相辅相成的德治，是在坚持依法治国，把我国建设成一个法治国家的同时，坚持以德治国，把我国建设成为一个具有高度道德文明的国家的德治；是在法律制度范围内的德治，而不是超越甚至凌驾于法律之上的德治。德治中的"德"，就是要积极建立适应社会主义市场经济发展的社会主义思想道德体系，发展社会主义精神文明。这是反映和代表着最广大人民群众根本利益所在的道德，是以为人民服务为核心，以集体主义为原则，以爱祖国、爱人民、爱劳动、爱科学、爱社会主义为基本规范，以社会公德、职业道德和家庭美德的建设为落脚点的新型道德，要建立与社会主义市场经济相适应的，与社会主义法律体系相配套的社会主义思想道德体系。因此，要在中国建立起具有中国特色的社会主义现代化法治国家，就必然要借鉴西方"法治"化的道路，同时辅以中国传统社会"德治"思想的教化作用，也就是要坚持依法治国与以德治国相结合的思想，一定要将西方"法治"思想和我们的传统"德治"思想进行良好的衔接与平衡。一方面要反对用法治完全取代德治的做法，另一方面也要反对只重视德治而忽视了法治的价值。

我国之所以要在当代提出"依法治国"和"以德治国"相结合的政策，是因为这对于实现党和国家长治久安、实现中华民族伟大复兴的中国梦具有重要的现实意义和悠远的历史意义。一个国家想要富强，人民想要安居乐业，就必须以人伦道德为基石，毕竟这是治国安邦之本、经世济民之基。

8. 我国依宪治国与西方宪政的本质区别

近年来，我国不断推进社会主义法治国家建设进程，在党的十八届四中全会上通过了《中共中央关于全面推进依法治国若干重大问题的决定》，提出要完善以宪法为核心的中国特色社会主义法律体系，依宪治国，依宪执政。宪法是国家的根本大法，依法治国首先是坚持依宪治国，这不仅表明了我们党坚持依法治国、依宪治国的鲜明态度和坚定决心，也确立了我国宪法在国家治理体系和治理能力现代化中的核心地位。

对于我国的依宪治国，总是存在一些误解和误读。有些人混淆了依宪治国和西方宪政的根本区别。例如，有人认为我国的依宪治国实际上就是西方的宪政；还有人认为我们走的全面依法治国道路，最终要走向西方的宪政道路，等等。这些错误观点对党、国家和人民造成了一些负面影响，因此，要确保依法治国、依宪治国沿着中国特色社会主义正确方向前进，必须要对我国的依宪治国和西方宪政进行深入辨析，弄清楚其二者间的关系，划清两者之间的根本界限。

（1）理论基础不同

依宪治国的理论基础是马克思主义关于法的基本原理，强调无产阶级政党与其团结和领导的劳动人民是不可分割的整体，其根本的出发点与落脚点是最广大人民的根本利益。这是运用辩证唯物主义和历史唯物主义世界观与方法论观察社会，在法律方面所确认的原理。社会主义国家的法，是取得胜利、掌握了国家政权，作为统治阶级的工人阶级意志的表现。中华人民共和国的法是以工人阶级为领导、以工农联盟为基础的人民的意志表现。这是由消灭了剥削制度，实行公有制或者公有制为主体的物质生活条件所决定的。

宪政的理论来源于西方资本主义国家推行的自由主义和个人主义，是建立在资本主义宪法基础上，其本质是资产阶级的统治工具。宪政经常以保护个人权利的名义，为保护资产阶级的私有制提供合法性，从而确保资产阶级在国家政治、经济生活中的统治地位。西方宪政的理论基础是自由主义思想和西方人文主义精神。而西方国家则大多遵循自然状态和自然法发展的逻辑进路，将法和宗教结合在一起，标榜法是一种自由、平等、神奇、超自然的规则力量。

（2）国家制度不同

依宪治国所依赖的国家是中华人民共和国，这是以工人阶级为领导、以工农联盟为基础的人民民主专政的社会主义国家。社会主义制度是中华人民共和国的根本制度，人民民主专政制度是国体，人民代表大会制度是政体。依宪治国依据的是《中华人民共和国宪法》，它以法律的形式确认了我国各族人民奋斗的成果，规定了国家的根本制度和根本任务，是国家的根本大法，具有最高的法律效力。它规定了领导中国人民进行社会主义建设的核心力量和指导思想，规定了全国各族人民、一切国家机关和武装力量、各政党和各社会团体、各企事业组织都必须以宪法为根本的活动原则，并负有维护宪法尊严，保证宪法实施的职责。

西方宪政所依赖的是资本主义国家，这是作为统治阶级即掌握国家政权的资产阶级的国家。它集中体现了资产阶级的意志。它依赖于资产阶级存在的社会物质生活条件，维护以资本主义生产资料私有制为基础的雇佣剥削制度，保护资本家对劳动者所创造的剩余价值的无偿占有。西方宪政所依据的是资本主义的宪法，它是资产阶级革命的成果。资本主义宪法是自由主义意识形态的法律形态，西方宪政是自由主义理念的制度设计。

（3）领导核心不同

依宪治国的领导核心是中国共产党。实行民主法治，建设高度的社会主义民主，是共产党高扬的一面光辉旗帜和不懈追求的一个目标。中国共产党的领导是中国特色社会主义最本质的特征，也是社会主义法治最根本的保证。中国特色社会主义法治建设坚持党的领导与人民当家作主、依法治国的有机统一，坚持中国特色社会主义法治道路，最根本的是坚持中国共产党的领导。中国共产党的领导核心地位是由共产党的先进性、根本宗旨和历史使命所决定的。只有坚持共产党的领导，才能坚持和发展中国特色社会主义，进而向共产主义发展。没有共产党的领导，就没有中国特色社会主义可言。

西方的宪政理念和制度模式，其法律在字面上规定多党竞争、轮流执政，实质上独掌和运用国家政权的核心力量是资产阶级政党，起决定作用的是以私有制为核心的资本主义经济基础。主流政党、媒体、智库、教育和学术机构，都是"金钱政治"的产物,具有强烈的资本属性,在垄断资本控制和操纵下进行各种活动,所以多党竞争、轮流执政等,无非是资产阶级政党内部不同派别的一种权力分配、交换和平衡,实际上都代表资产阶级的利益,维护资产阶级的政治统治。

(4)权力主体不同

依宪治国确认的国家权力主体是共产党领导下的以工农联盟为基础的广大人民群众。我国宪法明确规定:"中华人民共和国的一切权力属于人民。人民行使国家权力的机关是全国人民代表大会和地方各级人民代表大会。人民依照法律规定,通过各种途径和形式,管理国家事务,管理经济和文化事业,管理社会事务。"其明确反映了我国社会主义制度所确保的人民当家作主的地位。它符合中国人民的根本利益和实际需要。我国的依宪治国是着眼于广大人民的根本利益,由老百姓选出全国人民代表大会和地方各级人民代表大会的代表,通过投票、协商等多种方式参与国家大政方针的制定上来,并实现对国家权力机关的监督。

西方宪政的权力主体是个体和个人。自由与平等是人的天性,是不可剥夺的基本人权。个人既是社会的细胞、分子,又是权利结构的基本单位,个人利益和个体权利自然成为其他形式的利益与权利(集体的、社会的、国家的)的基础及立足点。法的价值仅在于满足个人和个体的主体需要。西方宪政的表现形式是通过"一人一票"进行民主选举,但实际上,上台执政的政党并无实质区别,选举背后真正起决定作用的是各种资本利益集团,他们通过竞选来控制国家机器,以实现自身利益最大化。

(5)实行机制不同

我国依宪治国中,国家行政机关、审判机关、检察机关由各级人民代表大会产生,国家机构实行民主集中制的原则。民主集中制作为党和国家生活的内在要求,是社会主义社会人民根本利益一致的反映。其科学内涵是在高度民主的基础上实行高度集中。民主是集中指导下的民主,集中是民主基础上的集中。按民主集中制原则处理中央与地方关系、民族关系和各方面的利益关系,有利于巩固和发展民族团结、生动活泼、安定和谐的政治局面;有利于形成治国理政的强大合力;有利于切实防止出现相互掣肘、内耗严重的现象;有利于防止和克服个人独断专行与软弱涣散现象。

西方宪政规定对国家的管理必须实行多党制、议会制、三权分立,即通过立法权、司法权、行政权互相制衡维持其统治。西方资本主义国家宪政的价值核心在于所谓"民主",其"宪政"的主要功能就是基于宪法规定通过"分权"

方式来限制选举中获胜的多数人滥用自身的权利侵犯少数人利益,并且通过在选举中获胜的政党每隔几年上台轮流执政来实现不同政党各自的执政理念和主张。近些年来,多党制、议会制民主、三权分立那一套被移植到非西方国家和地区,造成社会分裂、族群对立、政治纷争、政局动荡等严重后果。

9. 法治思维与人治思维的区别

人治与法治是一个古老的话题。早在公元前五世纪到公元前四世纪,古希腊米提利尼人庇塔库斯就提出"人治不如法治",从此,古希腊和中世纪后期的思想家,以及席卷世界的法学和近现代化法治运动都不遗余力地证明着这个命题。几千年来,中国一直是人治重于法治,人治的制度基础和思想基础可以说是根深蒂固的。在中国,人治与法治不仅是政治和学术界长期以来争论不休的一个理论问题,也是深刻地影响着中国的政治路线和政治生活的一个实践问题。人治与专制是并行不悖的,严重阻碍着中华民族的发展和进步;法治与民主是形影不离的,符合社会发展的必然趋势,是人类政治文明的结晶。在党的十八届四中全会上,习近平总书记指出:"法治和人治问题是人类政治文明史上的一个基本问题,也是各国在实现现代化过程中必须面对和解决的一个重要问题。纵观世界近现代史,凡是顺利实现现代化的国家,没有一个不是较好解决了法治和人治问题的。"可以说,近代中国社会的转型实际上是一个从专制统治向民主法治过渡的过程。在这一时期,法治与人治在道路选择与制度建设、思想观念和思维方式等方面进行了激烈的对抗,从而一步步摧毁人治的统治基础,呼唤着法治的到来。

无产阶级和广大人民群众在社会主义制度下治理自己的国家,也存在着法治还是人治两种截然不同的原则和方法。中国法治建设走过的曲折道路,与人们对法治还是人治这一问题的正确认识密切相关。改革开放政策施行以来,中国对法治的认识、理解、认同随着法治建设逐步发展,一个适合中国国情的社会主义法治正在形成。党和国家领导层开始对"法治"予以关注,并在党的十五大上做出了"建设社会主义法治国家"的重大决策。此后,针对"法治"问题的研究也是百花齐放、百家争鸣,讨论十分热烈,对于法治问题的研究也逐渐走向深入。

从人治到法治是中国社会几千年来之重大变革,从人治到法治的思维转换上看,需以政治和思想的转型为开端,以政府形态和治理方式的转变为过程,以社会成员思维方式与行为方式的转变为完成。

第一,人性论基础的革新。人治思维主张上智下愚,政治精英们都是天才,只有他们才具有治国理政、治理社会的才华；而社会底层的人，只有通过强制性的法律才能使他们安分守己。而法治思维的人性论基础在于人是有理性、有道德，生而平等的。它主张：理性使人明辨是非善恶，进而产生有道德的行为。法的产生和存在就是为了使人们具有道德性的行为得到保护和鼓励，而只对少数违反理性和道德的异类才采取强制办法纠正其失范行为。法治思维同时认为，法治的基础是承认差别下的人人平等。人与人之间的确可能存在体力、智力、出身等差异，这些差异可能是非人为、非制度性的原因决定的，也可能是人为的、制度化因素如社会分工、教育资源分配不公造成的。但即便如此，人人享有的权利是相同的、平等的。

第二，治权归属与行使的变更。人治思维主张治权的归属与行使相统一，即治权集中于少数政治精英，行使权也为少数政治精英所垄断，并不讳言"权制断于君则威"，"独视者则明，独听者则聪，能独断者，故可以为天下王"。而法治思维主张治权的归属与行使相分离，即治权归属于全体公民，只有治权的行使权归少数政治精英执掌。政治精英行使治权的权力，不得世袭、固化，而应该向其他社会成员开放，任何社会成员都有机会通过合理的方式参与治理活动。法治思维中治国理政主要靠党的集体领导、集体智慧、集体权威，依靠人民群众、人民民主，把党的集体领导与广泛的人民民主有机结合，以此来描绘社会秩序的理想图景，形成真实的法治理想信念，并将真实的先进的法治理念具体化为原则和规则，以明确的规则来进行社会治理。

第三，治理对象的转换。人治思维的基础建立在主张治理的对象是百姓或臣民，也就是对下的，因为"刑不上大夫"；而法治思维主张治理的对象主要是政府的官吏或政治精英，也就是对上的，因为"法之不行，自上犯之"。这种治理对象的转换，实则体现了国家公职人员身份的转变。现在，我们称国家公职人员为"公务员"，本身就体现了浓厚的民主意味。在人治思想主导下，国家公职人员只对君主负责，在人民面前是高高在上、享有特权的"官"；而在民主法治国家，国家公职人员从君主的私臣转变为人民的公仆，他们不再是凌驾于法律之上的"官"，而成为受法律约束的"公务员"。只有公务员们严格执法，带头守法，才能上行下效，做到全民守法。

第四，治理本质的明正。人治思维的基础建立在治理是主人对仆人的统治，治理者与被治理者是人身依附的关系，是保护与被保护的关系这一认识上。人治思维方式也不完全否定法律以及法律的作用，但法律仅仅是实现政治统治的工具，是办事的参考，持人治思维的人往往对法律采取实用主义和工具主义态度。而法治思维基础是建立在治理实则是"众人之治"，是平等人对公共事务的共同参与和管理这一前提下的，强调法律是治国理政的基本依据，坚持科学立法、严格执法、公正司法和全民守法。

第五，法律性质的要求。人治思维基础是不对法律自身提出要求的，制定法反映的是统治者和少数政治精英的意志而非全体公民的共同意志。因此，良法、恶法都是法，统治者更看重的是对法令的服从。法治思维的基础是法律不一定是科学正确之法，但一定是体现公意和保护公益之法。因此，法治追求的必然是良法之下的善治。

第六，法在社会中地位的提升。人治思维将法看作治理的手段，"以法治国，举措而已"；法治思维则认为法是至上的，享有比治者更高的权威。从处理个人意志、主张和利益与法律的矛盾冲突的方式看，当领导人个人的意志、主张和利益与法律的规定发生矛盾冲突时，人治思维倾向于"法依人"，导致个人意志和主张凌驾于法律之上；而法治思维则要求"人依法"，强调法律高于个人意志。这正是人治与法治的分界线。

除此之外，相对于人治思维，法治思维的关键词是"依法"。对于领导干部或公权力行使者来说，无论任何公权力都必须有法律依据，依照法律的要求行使。强调运用法治思维和法治方式，旨在呼吁人们，特别是领导干部，深刻理解中国的国情，吸取世界法治发展中的经验教训，寻找中国特色法治道路。站在治国理政、国家治理现代化的高度看，相对于人治思维，法治思维更强调"依法"。

从实践结果来看。人治思维往往导致个人崇拜、唯我独尊、以权压法、一言堂、家长制。而法治思维则导向民主，贯彻民主集中制。人治思维过分信赖权力，试图运用强权处理改革发展稳定中遇到的问题，而法治思维则提供了一种制度化的治理模式，注意运用法律规则化解改革发展稳定中的矛盾纠纷。人治思维往往通过"一刀切""一阵风"的"运动式"管理模式，寄希望在短时间内起到立竿见影的结果。而法治思维的治理模式则着眼于长远利益，着眼于利益关系的根本性调整，用制度化、长效化的方式解决各种矛盾纠纷。

五、案例精选

1. 宪法宣誓誓词75字如何产生？

宪法宣誓制度在宪法中确认下来，必将促使国家工作人员更好树立宪法意识、恪守宪法原则、弘扬宪法精神、履行宪法使命。宪法宣誓誓词从无到有，从65字到70字，再到75字，从2014年10月提出建立宪法宣誓制度至今，宪法宣誓誓词越来越完善。

（1）65字宪法宣誓誓词

党的十八大以来，以习近平同志为核心的党中央全面推进依法治国，强调坚持依法治国首先要坚持依宪治国，坚持依法执政首先要坚持依宪执政，把宪法放在依法治国的突出地位。

2014年10月，党的十八届四中全会审议通过了《中共中央关于全面推进依法治国若干重大问题的决定》，提出建立宪法宣誓制度："建立宪法宣誓制度，凡经人大及其常委会选举或者决定任命的国家工作人员正式就职时公开向宪法宣誓。"

2014年11月，国务院新闻办举行新闻发布会，国务院法制办公室副主任袁曙宏在会上介绍为何要向宪法宣誓。他表示，首先，每一个国家公职人员，都要明白权力是从哪儿来的，权力是人民通过宪法所赋予的；其次，公职人员负有保证宪法实施、维护宪法尊严的职责，就是要让每个公务员都要有很强烈的使命感、荣誉感、责任感，这是最重要的原因。

党的十八届四中全会的决定提出建立宪法宣誓制度，在全国范围内确立了宪法宣誓制度的行动纲领。随后，2014年12月4日，首个"国家宪法日"，全国各地纷纷开展宪法宣誓活动，但当时因为尚未统一规范，各地宣誓的形式、内容不一。

2015年6月24日，十二届全国人大常委会第十五次会议上，全国人大常委会副秘书长韩晓武做关于《全国人民代表大会常务委员会关于实行宪法宣誓制度的决定（草案）》的说明。该决定（草案）中规定，凡经人大及其常委会选举或者决定任命、"一府两院"任命的国家工作人员，正式就职时公开向宪法宣誓。

该决定（草案）中拟定的65字誓词是："我宣誓，拥护中华人民共和国宪法，维护宪法权威，履行宪法职责，恪尽职守、廉洁奉公，忠于祖国、忠于人民，自觉接受监督，为中国特色社会主义伟大事业努力奋斗！"

（2）70字宪法宣誓誓词

2015年7月1日，十二届全国人大常委会第十五次会议通过了《全国人民代表大会常务委员会关于实行宪法宣誓制度的决定》，以立法方式确立了我国宪法宣誓制度。誓词从65字变为70字，70字誓词是："我宣誓，忠于中华人民共和国宪法，维护宪法权威，履行法定职责，忠于祖国、忠于人民，恪尽职守、廉洁奉公，接受人民监督，为建设富强、民主、文明、和谐的社会主义国家努力奋斗！"

2015 年 7 月 1 日，《全国人民代表大会常务委员会关于实行宪法宣誓制度的决定》正式发布，并规定从 2016 年 1 月 1 日起施行。该决定中规定，各级人民代表大会及县级以上各级人民代表大会常务委员会选举或者决定任命的国家工作人员，以及各级人民政府、人民法院、人民检察院任命的国家工作人员，在就职时应当公开进行宪法宣誓。

该决定诞生后，2016 年 2 月 26 日，十二届全国人大常委会首次举行宪法宣誓仪式，张德江主持并监誓。当时，十二届全国人大常委会第十九次会议任命了全国人大有关专门委员会副主任委员、常委会工作委员会副主任等 6 名国家工作人员，6 人依法进行宪法宣誓。在这之前，2016 年 1 月 13 日，最高人民法院举行新任法官宪法宣誓仪式，这是最高法首次举行新任法官宪法宣誓仪式。在最高人民法院院长周强的监督下，最高人民法院常务副院长沈德咏带领 45 位新任法官宣读 70 字誓词。

2016 年 7 月 20 日，国务院常务会议通过了《国务院及其各部门任命的国家工作人员宪法宣誓组织办法》，明确规定了参加宣誓人员的范围、宣誓形式和程序等。2016 年 9 月 18 日，国务院首次举行宪法宣誓仪式，国务院总理李克强监誓。2016 年以来国务院任命的 38 个组成部门、直属特设机构、直属机构、办事机构、直属事业单位的 55 名负责人依法进行宪法宣誓。

为了落实宪法宣誓制度，各地纷纷出台具体方案。据《中国人大杂志》报道，截至 2016 年 2 月底，我国 31 个省（自治区、直辖市）已全部制定了实施宪法宣誓制度的办法。

（3）75 字宪法宣誓誓词

2018 年 2 月 24 日，十二届全国人大常委会第三十三次会议表决通过了关于实行宪法宣誓制度的决定，对宪法宣誓制度相关规定做出适当修改。决定从 2018 年 3 月 12 日起施行。决定规定，各级人民代表大会及县级以上各级人民代表大会常务委员会选举或者决定任命的国家工作人员，以及各级人民政府、监察委员会、人民法院、人民检察院任命的国家工作人员，在就职时应当公开进行宪法宣誓。

至此，70 字的宣誓誓词调整为 75 字，最新的誓词是："我宣誓，忠于中华人民共和国宪法，维护宪法权威，履行法定职责，忠于祖国、忠于人民，恪尽职守、廉洁奉公，接受人民监督，为建设富强民主文明和谐美丽的社会主义现代化强国努力奋斗！"

2018年2月25日,《中国共产党中央委员会关于修改宪法部分内容的建议》中提出,宪法第二十七条增加一款,作为第三款:"国家工作人员就职时应当依照法律规定公开进行宪法宣誓。"

2018年3月17日,十三届全国人大第一次会议在北京人民大会堂举行第五次全体会议。习近平当选中华人民共和国主席、中华人民共和国中央军事委员会主席。习近平主席进行宪法宣誓。

2020年5月18日,十三届全国人大常委会在北京人民大会堂举行宪法宣誓仪式。全国人大常委会副委员长丁仲礼主持并监誓。十三届全国人大常委会第十八次会议任命殷一璀为全国人大教育科学文化卫生委员会副主任委员。根据宪法和全国人大常委会关于实行宪法宣誓制度的决定,上述人员依法进行宪法宣誓。全国人大机关有关负责同志参加了宣誓活动。①

【教学建议】本案例适用于思想道德修养与法律基础课程第六章第二节"以宪法为核心的中国特色社会主义法律体系"部分的教学。

2. 民法典诞生记

习近平总书记指出,国家治理体系和治理能力是一个国家制度和制度执行能力的集中体现。国家治理体系是以法治为基础而建立的规范体系和权力运行机制,我国的民法典将成为国家治理体系现代化的制度保障,并将发挥基础性的作用。民法典被誉为"社会生活的百科全书",关系到每个公民生活的方方面面。它是我国的民事基本法,也是我国第一部以法典命名的法律,备受社会瞩目。

《中华人民共和国民法典(草案)》于2019年12月28日至2020年1月26日在中国人大网公布,向社会公开征求意见。全国人大常委会法工委发言人、立法规划室主任岳仲明22日介绍,公开征求意见期间,民法典草案共收到13718位网民提出的114574条意见。

2020年5月22日,作为全国两会重要内容,酝酿多年的民法典草案提请十三届全国人大第三次会议审议。这将是我国首部以法典命名的法律。被誉为"社会生活百科全书"的民法典草案,由民法总则与各分编草案"合体"而来,包括总则编、物权编、合同编、人格权编、婚姻家庭编、继承编、侵权责任编

---

① 本案例摘选自:《新一届领导人将向宪法宣誓 75 字誓词如何产生的?》,中国网,http://www.china.com.cn/lianghui/news/2018-03/17/content_50717196_2.shtml;《习近平主席进行宪法宣誓》,新华社,http://www.81.cn/jmywyl/2018-03/17/content_7975678.htm;《全国人大常委会举行宪法宣誓仪式》,新华网,http://shipin.chuzhou.cn/2020/0520/418041.shtml。

及附则,共 1200 多个条文,覆盖一个公民生老病死的全部生活。民法典出台后,我国现行的民法通则、物权法等相关法律将被替代。作为新时代人民权利的"宣言书",民法典草案充分体现了时代特色。对于住宅建设用地使用权 70 年到期、高空抛物坠物、性骚扰、手机应用软件收集个人信息等社会热点和百姓关切问题,草案均进行了直接回应。尤为值得关注的是,草案还体现了对疫情防控有针对性的考量。

目前社会公众普遍认为,民法典是社会生活的百科全书,与人民群众的日常生活紧密相连,编纂民法典有助于更好地保护公众的民事权益,维护社会公平正义。民法典草案内容全面,体例科学,系统总结了我国民商事实践经验,以法典化方式确认、巩固和发展改革开放取得的法治成果,充分彰显、集中体现了中国特色社会主义法律制度成果和制度优势。一部民法典,提升一个国家的治理水平。中国民法典——中国特色社会主义法律体系这座"大厦"的重要支柱,必将为法治中国建设筑牢根基,为实现"两个一百年"奋斗目标提供坚强法治保障。

时光回溯到 2014 年 10 月,编纂民法典——党的十八届四中全会决定提出了这一重大立法任务。

我国民法典编纂采取"两步走":第一步出台民法总则;第二步编纂民法典各分编,并将修改完善的各分编草案同民法总则合并为完整的民法典草案,由全国人大常委会提请全国人民代表大会审议。

保障人民权益、增进民生福祉,民法典的编纂对于推进全面依法治国意义重大。具有纲领性作用的民法总则,规定民事活动必须遵循的基本原则和一般性规定,统领各分编,因此广受关注。2016 年 6 月,民法总则草案首次提请全国人大常委会审议,标志着民法典编纂工作正式进入立法程序。

2017 年 3 月,民法典编纂完成了关键的"第一步"。作为中国民法典开篇之作的民法总则,获第十二届全国人大第五次会议表决通过。

2018 年 8 月,民法典编纂迈出"第二步",各分编草案首次提请十三届全国人大常委会第五次会议审议,其中包括 6 编,即物权编、合同编、人格权编、婚姻家庭编、继承编、侵权责任编,共 1034 条。

此后,2018 年 12 月、2019 年 4 月、2019 年 6 月、2019 年 8 月、2019 年 10 月,十三届全国人大常委会第七次、第十次、第十一次、第十二次、第十四次会议对各分编草案进行了拆分审议。

2019 年 12 月 23 日,"完整版"中国民法典草案首次亮相。十三届全国人大常委会第十五次会议现场,一本本《中华人民共和国民法典(草案)》摆放在与会人员面前。

7编加附则、84章、1260个条文……民法典各分编草案与2017年制定的民法总则终于"合体"面世。编、分编、章、节……厚重的草案文本中，体例结构的"大树"枝繁叶茂。

从合同签订、公司设立，到缴纳物业费、处理离婚纠纷……几乎所有的民事活动都要能够在民法典中找到依据。

"公开征求意见期间，民法典草案共收到13718位网民提出的114574条意见。"2020年4月22日，全国人大常委会法工委发言人岳仲明透露的数字，可见民法典立法的参与之广。

2019年12月28日，第十三届全国人大常委会第十五次会议决定将已经全国人大常委会会议审议的民法典草案提请即将召开的十三届全国人大三次会议审议。

2020年5月22日，在第十三届全国人大第三次会议上，全国人民代表大会常务委员会副委员长王晨做关于《中华人民共和国民法典（草案）》的说明。

2020年5月28日，第十三届全国人大第三次会议表决通过了《中华人民共和国民法典》。这部法律自2021年1月1日起施行。栗战书说，会议审议通过的民法典是新中国第一部以法典命名的法律，是推进全面依法治国、完善中国特色社会主义法律体系的重要标志性立法，必将为新时代改革开放和社会主义现代化建设提供更加完备的民事法制保障。我们要带头学习、宣传、遵守这部法律，在全社会普及这部法典。全社会都自觉依法从事民事活动，就能够减少民事纠纷，化解民事矛盾，促进社会文明、和谐、稳定。①

【教学建议】本案例适用于思想道德修养与法律基础课程第六章"尊法学法守法用法"全部内容，特别适用于第二节"以宪法为核心的中国特色社会主义法律体系"、第五节"培养法治思维"和第六节"依法行使与履行义务"三部分的教学。

3. 依法战"疫"——《养猪场脱困复工记》

2020年5月22日，习近平总书记在参加第十三届全国人大第三次会议内蒙古代表团审议时的讲话中指出："人民是我们党执政的最大底气。在这次疫情

---

① 本案例摘选自：中国网，http://www.china.com.cn/lianghui/news/node_8018128.shtml；《从民法总则到民法典草案中国民法制度将迎来新时代》，新华网，http://www.xinhuanet.com/mrdx/2020-05/13/c_139053163.htm；《栗战书：民法典是推进全面依法治国的标志性立法》，中国新闻网，http://www.hi.chinanews.com.cn/hnnew/2020-05-29/4_121622.html。

防控斗争中,在党中央统一领导下,全国动员、全民参与,联防联控、群防群治,构筑起最严密的防控体系,凝聚起坚不可摧的强大力量。广大人民群众识大体、顾大局,自觉配合疫情防控斗争大局,形成了疫情防控的基础性力量。"他强调:"必须坚持人民至上、紧紧依靠人民、不断造福人民、牢牢植根人民,并落实到各项决策部署和实际工作之中,落实到做好统筹疫情防控和经济社会发展工作中去。"

2020年2月5日,习近平总书记在中央全面依法治国委员会第三次会议上强调:"疫情防控越是到最吃劲的时候,越要坚持依法防控,在法治轨道上统筹推进各项防控工作,保障疫情防控工作顺利开展。"

当前全国疫情防控形势积极向好,生产生活秩序逐渐恢复,企业复工复产的过程中,许多关系一方就业和民生的中小企业受到不同程度的冲击,可能遇到生产经营困难,产生买卖合同违约、金融借款逾期等纠纷。对于此类情况,人民法院积极作为,耐心辨法析理,充分发挥审判职能作用,依法及时化解涉疫情矛盾纠纷,有力保障了实体经济和民营企业持续健康发展。民以食为天,养猪场因为非洲猪瘟及新冠肺炎疫情双重影响,经营出现困难。法院如何帮助养猪场成功复工复产呢?一起来看《养猪场脱困复工记》:

李老板:大虎,眼看复工在即,赶紧把猪给我们拉来啊,县里的乡亲们都等着吃肉呐!

王大虎:李老板,不是我不想开工,我们公司被银行告了,让我们提前还贷款!我哪还有钱啊,赶上新冠肺炎疫情没钱给工人发工资,也没钱买猪饲料,几千头猪都断粮好几天了。我真是太难啦!

李老板:大虎,别着急,再想想办法,要不和银行再商量商量,也给法院的法官说说难处。

王大虎:银行那边按规章办事,根本说不通,我只能求助法官了。

王大虎:张法官,我已经收到传票了,但现在我实在是没钱还款,去年非洲猪瘟影响效益,今年趁过年本想多卖几头猪把贷款还上,没想到又赶上新冠肺炎疫情,我的猪想卖都卖不出去了,哪还有钱呐?

法官:你的情况我了解了,请你准时来开庭。我们尽量做一做调解工作。

王大虎:哎哎哎,太谢谢了!只要能继续贷款,我卖了猪有了资金一定把钱还上。

王大虎的养猪场是市里吸纳就业和纳税的大户,如果生产经营不下去,不仅影响居民生活,还会影响物价稳定。而银行因为养猪场的财务状况不好,为了维护广大储户的利益要求王大虎提前还款,也属照章办事。张法官在了解情况后，积极奔走各方，耐心辨法析理，反复做双方当事人的工作。

法官：被告，对于原告提出的你方财务状况不良等问题，有什么要说的吗？

王大虎：报告法官，过去这一年啊，闹完猪瘟、闹新冠肺炎，一年多了没消停，看着猪卖不出去、资金无法回笼我们也着急啊！这时候银行又让提前还款，这是断了我活路，让我雪上加霜啊！

银行：被告公司从我们这里贷款后，财务状况不算良好，我们为了控制风险、保障广大储户的利益，这才要求他提前还款。

法官：被告现在的困境主要是非洲猪瘟和新冠肺炎疫情双重影响的结果，无力偿还是暂时的，毕竟还有几千头猪呢，只要猪能卖出去，还款还是有保障的。要不被告你们增加贷款担保，给原告吃个定心丸；原告你们先恢复被告的企业征信，继续履行贷款合同，让他继续经营，争取早日还款，怎么样？请问你们双方是否愿意接受调解。

王大虎：我愿意！

银行：好，我们也同意！

新冠肺炎疫情期间，许多企业受到冲击，遭受危机。但是越是艰难时刻，越要齐心协力、互帮互助，在法治化轨道中，有效抗击疫情，有序复工复产，为经济社会发展贡献力量。

疫情特殊期，大家都不易。欠债应还钱，共赢是目的。法院巧调解，双方都得利。纠纷不宜拖，复工助战疫。①

【教学建议】本案例适用于思想道德修养与法律基础课程第六章"尊法学法守法用法"全部内容，特别适用于第四节"坚持走中国特色社会主义法治道路"和第五节"培养法治思维"两部分的教学。

4. 依法防控

2020 年 2 月 5 日，中共中央总书记、国家主席、中央军委主席、中央全面依法治国委员会主任习近平主持召开中央全面依法治国委员会第三次会议并发表重要讲话。他强调，要在党中央集中统一领导下，始终把人民群众生命安全和身体健康放在第一位，从立法、执法、司法、守法各环节发力，全面提高依法防控、依法治理能力，为疫情防控工作提供有力法治保障。

会议审议通过了《中央全面依法治国委员会关于依法防控新型冠状病毒感

---

① 本案例摘选自：《三到内蒙古代表团，习近平强调这三件事要一以贯之》，中国日报中文网，http://cn.chinadaily.com.cn/a/202005/23/WS5ec90d2ea310eec9c72baf40.html；《养猪场脱困复工记|依法战"疫"系列动漫》，澎湃网，https://www.thepaper.cn/newsDetail_forward_7009909。

染肺炎疫情 切实保障人民群众生命健康安全的意见》《关于深化司法责任制综合配套改革的意见》等。

习近平总书记在讲话中强调，当前，疫情防控正处于关键时期，依法科学有序防控至关重要。疫情防控越是到最吃劲的时候，越要坚持依法防控，在法治轨道上统筹推进各项防控工作，保障疫情防控工作顺利开展。

习近平总书记指出，要完善疫情防控相关立法，加强配套制度建设，完善处罚程序，强化公共安全保障，构建系统完备、科学规范、运行有效的疫情防控法律体系。要严格执行疫情防控和应急处置法律法规，加强风险评估，依法审慎决策，严格依法实施防控措施，坚决防止疫情蔓延。要加大对危害疫情防控行为执法司法力度，严格执行《中华人民共和国传染病防治法实施办法》《中华人民共和国野生动物保护法》《中华人民共和国动物防疫法》《突发公共卫生事件应急条例》等法律法规，依法实施疫情防控及应急处理措施。要加强治安管理、市场监管等执法工作，加大对暴力伤害医务人员的违法行为打击力度，严厉查处各类哄抬防疫用品和民生商品价格的违法行为，依法严厉打击抗拒疫情防控、暴力伤医、制假售假、造谣传谣等破坏疫情防控的违法犯罪行为，保障社会安定有序。要依法规范捐赠、受赠行为，确保受赠财物全部及时用于疫情防控。要依法做好疫情报告和发布工作，按照法定内容、程序、方式、时限，及时准确报告疫情信息。要加强对相关案件审理工作的指导，及时处理，定分止争。要加强疫情防控法治宣传和法律服务，组织基层开展疫情防控普法宣传，引导广大人民群众增强法治意识，依法支持和配合疫情防控工作。要强化疫情防控法律服务，加强疫情期间矛盾纠纷化解，为困难群众提供有效法律援助。

习近平总书记强调，各级党委和政府要全面依法履行职责，坚持运用法治思维和法治方式开展疫情防控工作，在处置重大突发事件中推进法治政府建设，提高依法执政、依法行政水平。各有关部门要明确责任分工，积极主动履职，抓好任务落实，提高疫情防控法治化水平，切实保障人民群众生命健康安全。

会议指出，司法责任制综合配套改革是司法体制改革的重要内容，事关司法公正高效权威。要抓好改革任务落地见效，真正"让审理者裁判、由裁判者负责"，提高司法公信力，努力让人民群众在每一个司法案件中感受到公平正义。加强法治乡村建设是实施乡村振兴战略、推进全面依法治国的基础性工作。要教育引导农村广大干部群众办事依法、遇事找法、解决问题用法、化解矛盾靠法，积极推进法治乡村建设。要落实行政复议体制改革方案，优化行政复议资源配置，推进相关法律法规修订工作，发挥行政复议公正高效、便民为民的制度优势和化解行政争议的主渠道作用。

会议强调，坚持全面依法治国，是中国特色社会主义国家制度和国家治理体系的显著优势。中国特色社会主义实践向前推进一步，法治建设就要跟进一步。我国社会主义法治凝聚着我们党治国理政的理论成果和实践经验，是制度之治最基本最稳定最可靠的保障。要推进全面依法治国，发挥法治在国家治理体系和治理能力现代化中的积极作用，提高党依法治国、依法执政能力，用法治保障人民当家作主，坚持和完善中国特色社会主义法治体系，更好发挥法治对改革发展稳定的引领、规范、保障作用，建设高素质法治工作队伍，逐步实现国家治理制度化、程序化、规范化、法治化。要坚持顶层设计和法治实践相结合，健全保证宪法全面实施的体制机制，加强对法律实施的监督，健全社会公平正义法治保障制度，提升法治促进治理体系和治理能力现代化的效能。各级领导干部要强化法治意识，带头尊法学法守法用法，做制度执行的表率。要加大全民普法工作力度，弘扬社会主义法治精神，增强全民法治观念，完善公共法律服务体系，夯实依法治国社会基础。要坚持依法治国和以德治国相结合，把社会主义核心价值观融入法治建设，努力形成良好的社会风尚和社会秩序。要加强国际法治领域合作，加快我国法域外适用的法律体系建设，加强国际法研究和运用，提高涉外工作法治化水平。

2020年3月13日，为贯彻落实《中央全面依法治国委员会关于依法防控新型冠状病毒感染肺炎疫情 切实保障人民群众生命健康安全的意见》，保证国境卫生检疫所涉行政执法和刑事司法的有效衔接、相关法律法规的准确适用，为防控疫病疫情跨境传播、维护公共卫生安全和社会安定有序提供有力的法治保障，最高人民法院、最高人民检察院、公安部、司法部、海关总署联合制定了《关于进一步加强国境卫生检疫工作 依法惩治妨害国境卫生检疫违法犯罪的意见》，要求充分认识国境卫生检疫对于维护公共卫生安全的重要意义，依法惩治妨害国境卫生检疫的违法犯罪行为和健全完善工作机制，保障依法科学有序防控。①

【教学建议】本案例适用于思想道德修养与法律基础课程第六章中第三节"建设中国特色社会主义法治体系"部分的教学。

---

① 本案例摘选自：《习近平：全面提高依法防控依法治理能力为疫情防控提供有力法治保障》，中共中央党校网，https://www.ccps.gov.cn/xtt/202002/t20200205_137859.shtml；《关于进一步加强国境卫生检疫工作 依法惩治妨害国境卫生检疫违法犯罪的意见》，中华人民共和国司法部中国政府法制信息网，http://www.moj.gov.cn/subject/content/2020-03/17/1451_3244171.html。

5. 抗"疫"故事

（1）北京林业大学黄昊天"逆行"宣言："把自己上交国家，令行禁止、使命必达"

北京林业大学工学院机械 18-3 班的大二学生黄昊天，现服役于武警湖北总队荆州支队。1 月 27 日晚 8 点，黄昊天所在的荆州支队接到任务，紧急集合，前往武警湖北总队医院参与抗疫救援。由于任务特殊，要求救援人员必须经过一定的医学训练。但支队完全符合要求的卫生员还肩负本单位的疫情监控，很难抽调离开。得知后，黄昊天主动报名。"没多想，因为我妈妈以前是护士，我在家也学过一些医护知识，有一定经验。"

顺利通过筛选，当晚，黄昊天和战友们一同赶到武警湖北总队医院，协助地方救援力量承担搬运东西、陪床、接车、准备药剂等外围工作，几乎一夜未眠。第二天收工后，来不及休息，又紧急赶回支队执勤。

虽然了解本次疫情具有传染性，黄昊天说，但去之前其实并不害怕，因为支队的防护措施做得非常到位，相信科学防控肯定没问题。"到了现场，又看到那么多医护人员冒着感染风险，救死扶伤，而我们只是在外围协助，不进重症区，也会相对放心一些。"此时，黄昊天谈起当时的想法似乎非常轻松，但在被问及家人时，他却回答，那时候怕家人担心，没有告诉他们！

"别问，问就是上交国家"，这是黄昊天的微信名，初看时，隔着屏幕都能感受到这个"00 后"大学生对成为一名武警战士的满满光荣和自豪。

2019 年 9 月，在北京林业大学读大二的黄昊天应征入伍。聊起当初的选择，他说，这源于 2008 年汶川地震时，在电视上看到很多 32 年前唐山大地震中被救的幸存者赶往灾区救援的画面，十分触动。这些年总是心想，如果我有机会能向人民喊出一句"中国人民解放军上等兵黄昊天志愿前来支援，请指示"，想想就能骄傲一辈子！"我就想给自己一次机会。"想给自己一次机会做什么？黄昊天没有接着说。但如今，他正在用实际行动践行自己的誓言，让青春在军营中闪光，让所学在奉献中绽放。

（2）河北工业大学张永萍的抗疫假期："大学生党员也要冲锋在前"

"您好，请配合测量体温。"2 月 26 日 9 时许，大学生志愿者张永萍站在京新高速北辛堡东公安检查站，逐一为进京车辆上的司乘人员测量体温。

张永萍是河北工业大学大四学生，这个寒假是她大学里最后一个假期。放假前她就把假期生活安排妥当：列毕业论文提纲、准备教师资格考试、学习办公软件、做家务……然而，突如其来的疫情，让张永萍放弃了所有的计划。

1月26日，正月初二。从朋友圈得知怀来骨泰医院急需疫情防控志愿者，张永萍毫不犹豫报了名。"我是一名共产党员，大学生党员也要冲锋在前。"

4天后，张永萍被安排到怀来县最东端的北辛堡东公安检查站，负责健康筛查。这里毗邻延庆、联通北京，春节期间每天四五百辆机动车由此进京，疫情防控任务繁重。"既然站在防控一线，就要守住这道关。"

每天早上，张永萍顶着凛冽的寒风，乘1个多小时的车来到工作岗位，穿上隔离服，戴好口罩、手套，手握体温枪，开始一天的工作。"感谢您支持我们工作。"这句话，张永萍每天都要说上几百遍，最多的一天她检查了849人。

"这项工作需要细致和耐心。"检测时，有人介意近距离接触，唯恐体温枪碰到他们皮肤，张永萍就尽量保持一定的距离。为了数据准确，需要分别对额头和耳朵测量两遍，有人嫌耽误时间不愿意配合，她总微笑着解释："现在是非常时刻，这样做是为了您和大家的安全，咱们不能有一点大意。"

新年伊始，怀来县气温持续偏低，体温枪经常被冻得"罢工"。为了车辆快速通行，张永萍随身带一个暖手宝，不时把体温枪放进去保暖，而她的双手则被冻得又红又肿。看她只戴一副做手术用的隔离手套，家里人心疼，给她找出棉手套，她悄悄塞进包里，一次都没有用。"戴棉手套手指不灵活，影响检查速度。"

上午9时到晚9时，晚9时再到次日上午9时，张永萍和同事们两班倒，顶风冒雪一干就是12个小时。身着隔离服上厕所不方便，她除了吃饭时间坚持不喝一口水。面对艰苦繁重的工作，这位1997年出生的学生党员没有丝毫退缩："党员就要全力以赴，为大家的健康布好'隔离带'、穿上'防护衣'。"①

【教学建议】本案例适用于思想道德修养与法律基础课程第六章第六节"依法行使权利与履行义务"部分的教学。

---

① 本案例摘选自：《高校思政优质素材资料选编》，全国高校思想政治工作网，https://mp.weixin.qq.com/s/V2GAPA2JzbWE7Ofgz1Q5bw；http://hebei.hebnews.cn/2020-02/28/content_7722269.htm；http://m.lnrbxmt.com/105016.html。

六、教学活动建议

1. 阅读一本书

学习和掌握基本的法律知识,是培养法治思维的前提。督促学生阅读法律相关的经典书籍或权威文章,了解法律法治基本原理知识和法律法规条文知识,让学生在阅读时分析和思考法律问题,提高法律素养,做好读书笔记,写好读后感作业。读后感写作要求格式参考论文格式,包含内容摘要、关键词、正文、参考文献,字数1000字左右。在本学期课程结束之前,按照要求完成作业交给各组组长,最后汇总上交老师。各小组代表在课堂上进行教学展示,实行五级评定标准:"优秀""良好""中等""及格"和"不及格"。

推荐阅读书目和文献资料如下:

①《中华人民共和国民法典》(可任选一部分);
②《青少年法治教育大纲》;
③《中国特色社会主义法律体系》;
④《在首都各界纪念现行宪法公布施行30周年大会上的讲话》;
⑤《法学思维小学堂:法律人的6堂思维训练课》。

2. 观看一部电影

通过观看相关法律电影,引导大学生树立正确的法治观和权利义务观,使其养成自觉守法的好习惯,妥善处理现实生活中遇到的各种矛盾和法律问题,结合实际,写好观后感作业。观后感写作要求格式参考论文格式,包含内容摘要、关键词、正文、参考文献,字数1000字左右。在本学期课程结束之前,按照要求完成作业交给各组组长,最后汇总上交老师。各小组代表针对电影中的突出问题进行发言,在课堂上进行教学展示,实行五级评定标准:"优秀""良好""中等""及格"和"不及格"。

推荐影视片如下:

①《秋菊打官司》;
②《十二公民》;
③《马背上的法庭》;
④《全民目击》;

⑤《法庭内外》。

3. 组织一次辩论

通过学习本章法律基本理论知识,结合当前国内发生的相关法治热点事件,选择相关辩论主题,把学生分为正方和反方两个代表队,搜集文献资料,开展激烈辩论,最后得出相关结论,以实现"以辩促学",培养大学生的法治思维。辩论主题在课程开课之初或提前一周发布辩论会辩题,并给予推荐辩题相关阅读材料和进行有效指导。此外,针对学生特点组建辩论小组,再选出裁判小组成员。学生在参加辩论前需要提交辩论文稿,文稿格式要求包括标题、正文、署名、日期等部分。

课堂辩论会推荐辩题如下:
① 迟来的正义是不是正义?
② 依法治国重要还是以德治国重要?
③ 民事纠纷应该寻求私力救济还是公力救济?
④ 当代中国是否应废除死刑?
⑤ 法律人工智能是否有可能取代法官审判?

4. 进行一场模拟法庭活动

敢于打破传统法律教育说教的弊端,让学生积极参与模拟法庭等校园法治文化活动。通过与庭审现场的"亲密接触",把课本中法律知识直观地展现在学生面前,让其体验"法"的威严,认识到执法、用法的重要性,激发其对法的兴趣,弘扬法治精神,锻炼法治思维。模拟法庭活动人员主要由审判长、审判员、书记员、公诉人、辩护律师、嫌疑人、证人、鉴定人和法警等组成,各司其职、分工明确。书记员核对当事人情况和宣布起立;法官介绍案件基本情况,提问归纳,并询问是否调解,之后判定;原告宣读起诉书,被告宣读答辩意见等。模拟法庭的评委由院系书记、班主任和任课教师担任,主要从法律术语、语言表达、临场应变、角色扮演和公文规范等方面进行评价。

后 记

本书是一本全国高等院校思想政治理论课"思想道德修养与法律基础"课程教学综合性指导用书,主要适用于"思想道德修养与法律基础"课程教师使用。

本书坚持以习近平新时代中国特色社会主义思想为指导,充分反映党和国家思想道德建设和法治建设最新理论成果,及时吸收高校思想政治理论课建设,特别是"思想道德修养与法律基础"课程最新教学研究成果。

本书由天津市高校思想道德修养与法律基础协同创新中心策划,天津市高校重点马克思主义学院"思想道德修养与法律基础"课程任课教师编写而成。具体分工为:绪论,南开大学朱雪微;第一章,天津医科大学杨艳红;第二章,天津科技大学苏海生;第三章,天津理工大学高俊龙;第四章,天津师范大学张丽娟、李秀艳;第五章,天津工业大学邢靖懿、姜莉莉;第六章,天津城建大学赵艳波、杨宇。

天津城建大学张广森主持编写,南开大学傅佩缮对全书的体例和章节的编写进行了指导,天津医科大学杨艳红对"案例精选""教学活动建议"进行了指导,天津商业大学于俊如对全书进行了审核,天津城建大学贾恒欣统稿。

同时,本书在编写过程中引用、参考了诸多学界同仁的研究成果,在此一并致谢!但由于能力和水平有限,本书尚有许多不足之处,希望使用本书的老师和同学们提出意见和建议。

本书编写组

2021 年 1 月